21世纪高职高专规划教材

酒店管理系列

酒吧服务与管理

（第3版）

主　编　何立萍　卢正茂

副主编　张雪丽　杜金玲

BAR SERVICE AND MANAGEMENT

中国人民大学出版社

·北京·

前　言

PREFACE

酒吧是现代社会交往的场所之一，自然成为酒店服务的重要组成部分。研究顾客的饮酒习俗、消费心理，控制酒水成本和管理好酒吧等，对酒吧服务与管理起着积极的促进作用。因此，为了适应和满足我国高职高专旅游管理与饭店管理专业教学和日益发展的酒吧业的需要，我们编写了《酒吧服务与管理》一书。

本书在编写过程中所体现的特点是:

第一，从职业岗位入手，根据酒店对经营管理和服务人才的要求及国家职业标准，科学编写，使本书紧紧贴近酒店酒吧管理岗位实际工作要求。

第二，针对高职高专旅游管理与饭店管理专业的学生培养目标和实际需要，强调理论联系实际。在理论上以必需、够用为度，在实践上着重培养学生的服务与管理能力和创新能力。

第三，注重编入酒店管理的新理念及新方法，突出先进性和实用性，与行业发展同步。在编写过程中，本书吸收了国内外酒吧管理的大量先进经验，反映了企业酒吧实践和研究的新成果，内容具有相当的前瞻性。

本书既可作为高职高专旅游管理与饭店管理专业学生的教材，也可作为酒店酒吧从业人员的培训教材或自学用书。

本书由浙江旅游职业学院何立萍副教授和浙江世贸君澜大饭店酒吧经理卢正茂先生共同担任主编，张雪丽和杜金玲讲师担任副主编。在编写过程中，我们参阅了大量国内外文献和著作，并得到了中国人民大学出版社、浙江世贸君澜酒店管理集团以及诸多酒吧的大力支持和有益帮助，在此一并表示感谢。

由于编者水平有限、经验不足，书中错漏之处在所难免，敬请各位读者批评指正。

编　者

2020 年 3 月

目　录

CONTENTS

模块一 酒吧产品认知

学习目标

- 了解酒吧的类型
- 了解酒吧的空间布局和吧台设计
- 掌握酒吧经营所需的设备和用具

项目导入

某饭店由于经营提升，想开一个小型酒吧，根据需求首先要确定酒吧布局和吧台设计，购买酒吧需要的各种设备和用具。具体如何完成这些任务呢？我们需要学习很多关于酒吧产品的知识，了解酒吧的各种类型，以便开展工作。

项目一 酒吧概述

酒吧起源于欧洲乡村，在美洲大陆发展并成为经济发达国家和地区的主要休闲场所。如今，各式各样的酒吧融入开放、现代的都市，成为人们生活的一部分。

一、酒吧的定义

酒吧是指提供酒水和服务，以营利为目的，有计划经营的一种经济实体，常作为人们休闲、聚会和商务洽谈的场所。从字义上来看，“酒”就是指含有酒精的饮料，所以酒吧首先是卖酒的场所。而“吧”这个词源于英文的 bar。在英文中，bar 的原意为长条的木头、金属、栅栏、柜台之类的东西。到了 16 世纪，bar 有了卖饮料的柜台这个含义。相传，早期的酒吧经营者为了防止意外，减少酒吧的财产损失，一般不在店内设桌椅，而在吧台外设栅栏，栅栏的设置一方面起到了阻碍作用，另一方面可以为骑马而来的饮酒者提供拴马的地方。久而久之，人们就把这种“有栅栏的地方”叫作 bar。

二、酒吧的类型

根据服务方式，酒吧可以分为六种类型：立式酒吧、服务型酒吧、鸡尾酒廊、宴会酒吧、歌舞厅酒吧以及其他类型的酒吧。

（一）立式酒吧

立式酒吧实际上是典型的传统酒吧。在立式酒吧里，顾客不需要人员到位服务，而是自己直接到吧台上点取饮料。这很容易让人想起西部牛仔走进美式酒吧的那一刻。“立式”并不是指顾客必须站立喝酒，它只是一种传统习惯上的称呼。

在立式酒吧里，有相当一部分顾客坐在吧台前的高脚椅上饮酒，而调酒师则站在吧台里边，面对顾客进行操作。因为调酒师始终处在与顾客的直接接触中，所以也要求调酒师始终保持整洁的仪表、谦逊有礼的态度，当然还必须掌握熟练的调酒技术。

立式酒吧的调酒师一般都单独工作，因为不仅要负责酒类以及饮料的调制，还要负责收款工作，同时必须掌握整个酒吧的营业情况，所以立式酒吧是以调酒师为中心的酒吧。

（二）服务型酒吧

服务型酒吧与立式酒吧的不同，就在于需要通过服务员将酒水端到顾客的面前。这样的酒吧多见于酒店的餐厅、娱乐和休闲型酒吧。在服务型酒吧里，调酒师通常不和顾客接触。

不同于立式酒吧的是，在服务型酒吧中，调酒师需要与服务员合作，按顾客的点单配酒，提供各种酒类饮料。由于调酒师不与顾客直接接触，因此相对来说，服务型酒吧对调酒师的技术要求较低，酒店也通常会将一些初学者安排在服务型酒吧中工作。服务型酒吧是以餐厅和服务员为中心的酒吧。

（三）鸡尾酒廊

鸡尾酒廊比立式酒吧更具有舒适自如的气氛。酒廊内设有桌椅及雅座，供顾客聚会之用，除供应各种鸡尾酒和清凉饮料外，还备有精美小食。鸡尾酒廊的顾客一般停留时间较长，在许多情况下，鸡尾酒廊有音乐伴奏或其他形式的娱乐。多数鸡尾酒廊还提供一些空间供顾客跳舞，故在灯光、音响、家具、环境等方面均有较高的要求。

鸡尾酒廊较为特殊，需要有多名酒吧服务员。因为有时会用数个吧台，每一个吧台有一位酒吧服务员为顾客服务，所以在通常情况下，服务员还兼任收银员。但在一些十分正规的鸡尾酒廊中，有专职的收银员收款，酒吧服务员的职责主要是清洗、摆放玻璃杯和提供各种饮品。

（四）宴会酒吧

宴会酒吧又称临时性酒吧，它是为各种宴会临时设立的。宴会酒吧的大小和造型由各种宴会和酒会的规模和形式决定。宴会酒吧最大的特点是临时性强，供应酒水的品种随意性大。因此，宴会酒吧的营业时间灵活、服务员工作集中、服务速度快。通常，宴会酒吧的工作人员必须事前做好充分的准备工作，如布置酒台、准备酒水、酒杯、冰块、工具等，营业结束后还要做好整理工作和结账工作。

（五）歌舞厅酒吧

歌舞厅酒吧经营各种酒品、冷热饮料、小食品，往往设有乐队、舞池、卡拉 OK、时装表演等，其吧台在总体设计中所占空间较小，而舞池较大。歌舞厅酒吧气氛活泼、热烈，青年人较喜欢这种刺激、豪放类酒吧。因为顾客的消费不仅停留在酒水方面，所以他们对服务设施等其他方面的要求都很高。

歌舞厅酒吧的服务员除了为顾客提供常规服务外，还是酒水的促销人员，而且在通常情况下会兼任收银员。

（六）其他类型的酒吧

一些酒店还会根据自身的功能需求和经营特点，设置各种酒吧及经营酒水的设施。如游泳池酒吧，为游泳顾客提供酒水服务；客房小酒吧，这种酒吧是在房间内的小酒柜和小冷藏箱里面存放各种酒水和小食品，以方便住店顾客随时取用。

在欧美国家，还有一种和快餐结合在一起的综合经营形式的酒吧，即吧台内侧装有简单的烹调设备，如电磁炉、微波炉等，顾客在饮酒的同时可以点一些简单的快餐。

总之，酒吧设计和经营是随着市场需求的变化而变化的，其经营方式与方法不应受到种类的限制。

三、酒吧的空间布局

空间布局是酒吧营造氛围的最基本内容。空间布局的合理与否不仅直接关系到酒吧的接待能力，而且不同的空间形式会形成不同的酒吧主题和氛围。酒吧的空间布局，一要依据酒吧现有建筑结构，二要体现酒吧主题需要，三要满足酒吧的色彩、灯光、音乐和装饰需要，四要符合服务活动的要求。

酒吧一般由吧台区、音控室、主题活动区、座位区、包厢（单间）、卫生间和娱乐活动区组成。

（一）吧台区

吧台区是酒吧向顾客提供酒水及其他服务的工作区域，是酒吧的核心部分。吧台区通常由吧台（前吧）、吧柜（后吧）以及操作台（中心吧）组成。吧台区的大小以及组成形状也因具体条件有所不同。吧台区的重要性在于：

（1）吧台区是酒吧酒水展示中心——酒水的展示、陈列；

（2）吧台区是酒吧服务组织中心——酒水的调制、操作；

（3）吧台区是酒吧经营控制中心——收银、结账；

（4）吧台区是酒吧气氛控制中心——酒吧最显眼的地方，一些酒吧的音响、灯光设在吧台区。

（二）音控室

音控室是酒吧灯光、音响的控制中心。音控室不仅为酒吧座位区域或包厢的顾客提供点歌服务，而且对酒吧进行音量调节和灯光控制，以满足顾客听觉上的需要，通过灯光控制来营造酒吧气氛。音控室一般设在舞池区，也有的根据酒吧空间条件设在吧台附近。

（三）主题活动区

主题活动区是一般酒吧不可缺少的空间，需要突出个性化的品位及独到的文化，并以此反映酒吧的特色。根据酒吧的主题可以设计出具有一定功能的活动区。歌舞厅（如Disco酒吧）可以设计舞台，不仅可供演奏或演唱人员专用，还可以用来跳舞。主题酒吧（如高尔夫吧）可以设计果岭区和高尔夫用品展示区。主题活动区主要根据酒吧的需求来设计，小到50平方米，大到150平方米。

（四）座位区

座位区是顾客的休息区，也是顾客聊天、交谈的主要场所。因酒吧类型不同，座位区布置也各不相同，如火车座式、圆桌围座式。不管怎样，座位区都是围绕舞池而设立的，一般以台号来确定座席。酒吧饮料很多都是由服务员向座位区的顾客提供的。

（五）包厢（单间）

包厢是为一些不愿被人打扰的团体或友人聚会提供的场所。包厢有大有小，一般要求内设舞池，有隔音墙、高级沙发、高级环绕音响、大屏幕电视机、电子点歌台等。

（六）卫生间

卫生间是酒吧不可缺少的设施，卫生间设施档次的高低及卫生洁净程度反映了酒吧的档次。卫生间的设施及通风状况要符合卫生防疫部门规定的标准。

（七）娱乐活动区

娱乐项目是酒吧吸引客源的主要因素之一，所以选择何种娱乐项目，规格多大，档次多高，要符合经营目标。酒吧娱乐项目有保龄球、台球、飞镖、室内游泳、桑拿、按摩、卡拉OK等。

四、吧台设计

（一）吧台设计要求

吧台设计要因地制宜，一般应注意如下几点：

（1）醒目。吧台是整个酒吧的中心。当顾客迈进酒吧之时，便要能看到吧台的位置，感觉到吧台的存在，因此吧台应设置在最显眼的位置，如距门近处、正对门处等。

（2）方便服务。酒吧中任一位置的顾客都能得到来自吧台的快捷服务，服务人员的服务活动更为经济方便。

（3）空间布置合理。既要多容纳顾客，又要使顾客感觉不到拥挤和杂乱无章，同时要满足顾客对环境的特殊要求。同样大小的空间，其形状不同、布置方式不同，顾客的感觉也会有所不同。

（二）吧台的形式

直线形吧台、U形吧台和中心吧台是目前最基本的三种吧台设计形式，不同类型的吧台形式有其各自的优缺点。

（1）直线形吧台。直线形吧台在设计上比较简单，常见的是两端封闭的直线形吧台。直线形吧台的长度没有固定尺寸，吧台可以设置在服务区内，也可以与后吧相通。直线形吧台的优点是调酒师和酒吧服务员不会背对着顾客，可以随时观察服务区顾客的动向，保持有效的控制，这对顾客是一种尊重。缺点是如果吧台太长，服务人员数量就要增加。

（2）U形吧台。U形吧台呈马蹄形。在设计时，可以与整体服务区协调起来，统一格调，常见的是将吧台与一面墙设计在一起。U形吧台的中间一般设有用于储藏和操作的工作柜及冰箱。U形酒吧的优点在于，可以在吧台上容纳更多的顾客，调酒师有更多的空间与顾客交流。

（3）中心吧台。中心吧台实际上是一种环形设计的吧台，或称中空形吧台。吧台的中间通常设一个“小岛”陈列酒类和储存物品。中心吧台的优点在于能够充分展示酒类，也能为顾客提供较大的空间。许多超大型酒吧都喜欢采用这样的设计。其缺点在于服务难度较大，要求服务员能充分照顾到整个服务区域。

吧台的形式多种多样，除了上述三种基本形式外，还有半圆形、椭圆形、波浪形等。

（三）吧台的结构

因酒吧的空间形式、经营特点不一样，吧台最好由酒吧经营者自行设计。常见的吧台结构见图1-1。

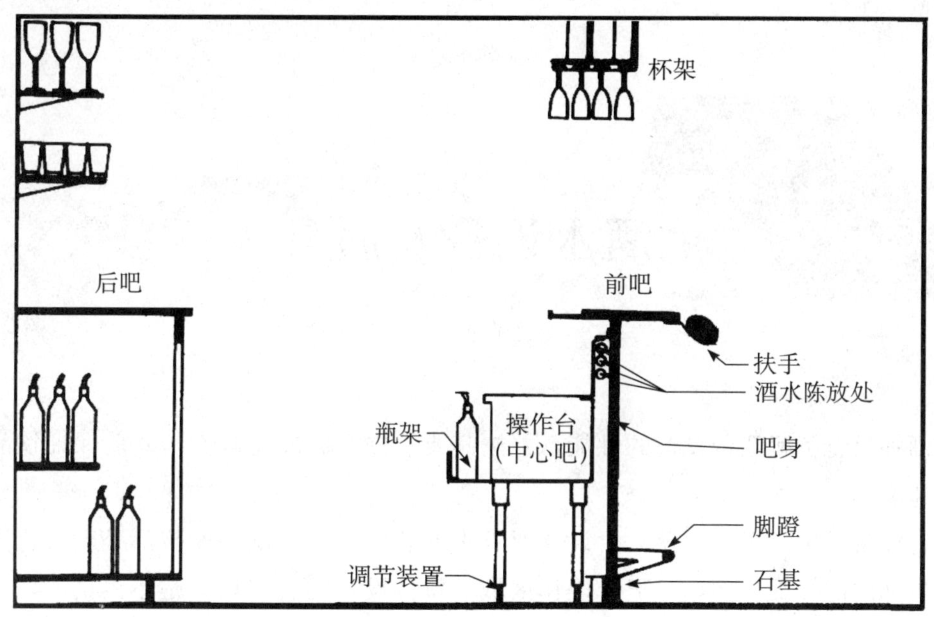

图1-1 常见的吧台结构

出于操作方便及视觉美观，在设计吧台结构时应注意以下几点：

（1）吧台要包括前吧、操作台及后吧三部分。

（2）按照西方标准，吧台高度应为42～46英寸，约合1.07～1.17米。吧台高度应随调酒师的平均身高而定。正确的计算方法为：吧台高度＝调酒师平均身高×0.618。

（3）按西方标准，吧台宽度应为16～18英寸，约合41～46厘米。另外，应外延一部分，即顾客坐在吧台前时放置手臂的地方，通常外加8英寸，约20厘米。其厚度通常为4～5厘米，外沿常以厚实皮革包裹或以钢管装饰。同时配有80～90厘米高的吧凳，吧台下面的脚蹬应使顾客感到格外舒适和愉快。

（4）前吧下方的操作台，通常高度约为30英寸，约合76厘米，但也并非一成不变，应根据调酒师身高而定，一般操作台高度应在调酒师手腕处，这样比较省力。操作台宽度通常约为 18 英寸，约合 46 厘米，应以不锈钢制造以便清洗消毒。

（5）后吧高度通常在 1.75 米以上，但顶部不可高于调酒师伸手可及处。下层一般为 1.10 米左右，或与前吧等高。后吧实际上起着贮藏、陈列的作用。一般而言，后吧上层的橱柜陈列酒具、酒杯及各种瓶装酒，一般多为配制混合饮料的各种烈酒；下层橱柜存放红葡萄酒及其他酒吧用品，安装在下层的冷藏柜则用来冷藏白葡萄酒、啤酒以及各种水果原料。

（6）前吧至吧台的距离，即服务员的工作走道，一般为 1 米，且不可有其他设备向走道突出，走道的地面应铺设塑料、木头条架，或橡胶垫板，以减少服务员长时间站立而产生的疲劳。在服务型酒吧中，服务员走道应相应增宽，有的可达 3 米，因为餐厅有宴会业务，饮料、酒水供应量变化较大，而较宽的走道便于在供应量较大时堆放各种酒类、饮料、原料。

项目二　酒水设备及酒具

调酒师只有了解吧台设备的性能，并按其要求进行标准化操作，才能保证饮品品质和服务速度。

吧台设备是按酒吧结构及吧台设置要求来安装的，任何设备安装都必须符合国家和地区卫生部门的标准。例如：吧台操作区域的每件设备的表层均应是不锈钢的，以保证表层美观、光亮，容易清洗，不易被杀菌用化学清洗剂腐蚀，同时又能保证设备经久耐用；每件设备脚的高度必须保证在 6 厘米以上，以便安装水管和清洁打扫等。

吧台设备的位置一般都是按酒水服务操作要求来确定的。吧台酒水服务一般分为两种：吧台饮料消费区，即顾客坐或站在吧台前边点饮料边消费，吧台调酒师边调制边服务；饮料取走服务区，即顾客点饮料的订单由酒吧服务员送交调酒师，调好的饮料由酒吧服务员取走呈递给顾客，调酒师只负责按单调制，不直接服务顾客。在大型的酒吧中，这两个服务区是严格分开的，而且设备主要集中在便于调酒师操作的位置。

酒吧的设备和用具很多，这里按照各种设备的摆放位置依次说明。

一、前吧设备及酒具

一套完善的前吧设备应包括三格洗涤槽或洗杯机、冰槽、酒瓶架、酒杯搁置架、饮料或啤酒配出器、生啤机和电动搅拌机等。

（1）三格洗涤槽通常放置在两个服务区中心或最便于调酒师操作的地方，具有初洗、刷洗、消毒功能。三格中一是清洗，二是冲洗，三是消毒清洗。

（2）洗杯机的优点是可以节省人力并保持卫生。许多酒吧管理人员认为，传统的酒吧洗涤槽既洗酒杯和餐具，又洗烟灰缸和布巾，很不卫生。使用洗杯机后可以将酒杯、餐具和其他物品分开洗涤，洗杯机不仅有洗涤功能，还有消毒功能。小型洗杯机既不占太大的空间，又灵活方便，自动化强，很适合酒吧使用。

（3）冰槽是由不锈钢制成的盛放冰块的专用槽。冰槽有时分为两个槽：一个用于盛冰块，另一个用于盛碎冰。

（4）酒瓶架用来贮放常用酒瓶。一般为烈性酒，如威士忌、白兰地、金酒、伏特加等。常用酒要放在便于操作的位置，其他酒则陈放在吧柜里。

（5）酒杯搁置架，又称沥水槽，三格洗涤槽两边都设有便于洗过的酒杯沥水的沥水槽。将酒杯倒扣在沥水槽上，可以让杯里的水顺槽沟流入池内。

（6）饮料或啤酒配出器，又称苏打枪，是制作二氧化碳饮料的设施。这种机器包括一个喷嘴和 7 个按钮，可配出 7 种饮料：苏打水、汤力水、可乐、七喜、干姜水、薄荷水和哥连士饮料（Collins Mix）。

（7）生啤机，属于急冷型设备，整桶的生啤无须冷藏，只要将桶装的生啤酒连接在该设备上，输出的便是冷藏的生啤酒，泡沫厚度可以根据需要加以控制。

（8）电动搅拌机，某些鸡尾酒需用小型电动搅拌机将冰块和水果等原料搅碎，因此，多功能的电动搅拌机也是酒吧中的必要设备。

二、后吧设备及酒具

后吧通常包括冷藏箱、制冰机、葡萄酒贮藏柜等。

（1）冷藏箱是用于冷藏酒水和饮料的设备，箱内温度通常在 6℃～12℃，箱内分数层，以存放不同种类的酒品和饮料。根据酒水饮用温度不同，香槟酒、白葡萄酒、玫瑰红葡萄酒、啤酒及果汁等需放入冷藏箱中冷藏。

（2）制冰机是酒吧常用设备，有不同的尺寸和类型，制出的冰块形状也分为正方体、扁圆体、长方体及较小颗粒等。酒吧可以根据需要制作冰块。

（3）葡萄酒贮藏柜是存放香槟酒和葡萄酒的地方。某些大型饭店中需要这种设备。由木质材料做成，里面分横竖成行的格子，酒放入格子内存放，温度可以根据酒的品种进行调节。这样可以保持酒水的木塞湿润，从而保证瓶中酒的芳香和味道。

三、吧台常见用具

酒吧用具是指日常操作中用于制作各类酒水的必备工具，吧台常见用具详见表 1 - 1。

表 1 - 1　　吧台常见用具

序号	名称	图示	用途
1	冰桶		盛装冰块的容器，有玻璃制品和不锈钢制品两种。
2	压汁器	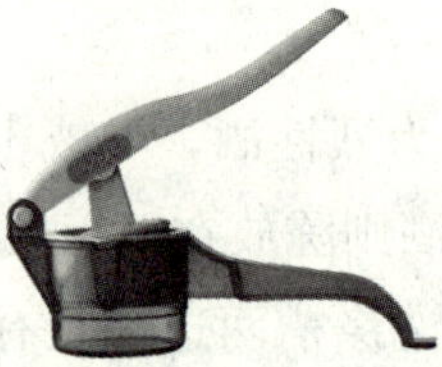	挤压新鲜的柠檬汁或橙汁时使用的工具。
3	量杯		也叫盎司杯，酒吧中最主要的量酒工具。
4	调酒器		也叫摇酒壶或调酒壶，调制鸡尾酒的工具，由壶盖、滤冰器、壶身组成。
5	果汁机		有多种型号，主要作用有两个：一是冷冻果汁；二是自动稀释果汁（浓缩汁放入后可自动与水混合）。

续前表

序号	名称	图示	用途
6	砧板		切水果等装饰物的板子，由无毒塑料制成。
7	水果刀		切水果和装饰物的小刀。
8	调酒杯		调制鸡尾酒和饮料的容器。将易于混合的鸡尾酒材料放入酒杯中，经勾兑和搅拌制成混合饮品。
9	调酒匙		搅拌酒水的工具，一端呈匙状，另一端呈叉状，中部呈螺旋状。

延伸阅读

有趣的酒吧

飞鸟酒吧：巴格达有一家酒吧饲养了30只美丽的小鸟，走进酒吧，你会陶醉在悦耳的鸟语声中。顾客进餐完毕，这些小鸟便会将桌上的剩菜一一啄光。

喝不醉酒吧：意大利米兰有家喝不醉酒吧，实行分档次服务，酒吧有专门的调酒师，对每个档次的顾客供酒都有科学定量，并配有各种饮料、食品，酒客可随意品尝。由于是定量供酒，酒客一般不会喝醉。

读书酒吧：在美国俄亥俄州的乔保德城，有20家酒吧以世界文坛大作家的名字命名，顾客可根据自己崇拜的作家挑选酒吧，一边喝酒一边读书。

热带园林动物酒吧：美国芝加哥有家热带园林动物酒吧，四周是郁郁葱葱的人造热带雨林，酒吧门口有鹦鹉欢迎顾客，酒吧内有各种仿真的电子动物，形态逼真。

家庭小酒吧设计三要点

如果你想自己设计家庭酒吧，要注意三个最主要部分的设计，即吧台、吧柜、吧凳。

吧台是调制饮料和配制果盘的工作台，也是人们在休闲坐歇与饮用时伏靠的案台，亦可成为实用的便餐台。吧台大多设双层，其上层为抽屉，供收储筷勺之用；下层为格状的贮藏空间，可放置不常用的杯盘、器皿等。吧台形式有单层台面式、双层内分式、两端分割式和双层一端下落式等。

吧柜不仅具有存放饮料、水果、烟酒、杯盘、器皿的功能，而且有重要的展示功能。吧柜的结构可采用吊挂、壁挂、单体独立、嵌入墙体等多种设计，吧柜的造型有格架式、橱柜式、火墙层板式等。

吧凳设计强调坐视角度的灵活性和烘托吧台主体所需的简洁性，它特别注重造型的洗练和精致感。吧凳形式较多，一般可分为有旋转角度与调节高度作用的中轴式钢管吧凳和固定式高脚木制吧凳两类。在选择吧凳时，要注意三点：首先，吧凳面与吧台面应保持40厘米左右的落差，吧台面较高时，相应的吧凳就要高一些；其次，吧凳与吧台下端落脚处应设有支撑脚部的支杆物，如钢管、不锈钢管或台阶等；最后，较高的吧凳宜带靠背，坐起来会感觉更舒服些。

［资料来源］傅生生，郑渊．酒水服务与酒吧管理［M］．2版．大连：东北财经大学出版社，2011.

课后练习

1. 常见的酒吧可以分为哪些种类？
2. 吧台的设计主要有哪些形式？
3. 酒吧常用的设备有哪些？

模块二 调酒师职业认知

学习目标

- 掌握调酒师的职业素质要求
- 掌握调酒师的仪容仪态规范
- 了解调酒师的工作要求

项目导入

走进灯影闪烁的迷人酒吧，总是被调酒师高超的调酒技艺所吸引。调酒师舞弄着酒瓶，一瞬间，一杯神奇绚丽的鸡尾酒便诞生了。调酒师职业成为许多年轻人的梦想。怎样才能成为一名合格的调酒师呢？让我们进入酒吧，对调酒师的职业进行认知。

项目一 调酒师的专业素质

如何成为一名合格的调酒师呢？首先要具备一定的专业素质，包括服务意识、专业知识和专业技能。

一、服务意识

(一) 角色意识

酒吧调酒师所担任的角色是使顾客在物质和精神上得到满足的服务者角色，角色要求如下：

(1) 执行酒吧的规章制度，履行岗位职责。

(2) 站在顾客的角度考虑所需要的服务，即将心比心，提供顾客所需的热情、快捷、高雅的服务。

(二) 顾客意识

酒吧调酒师应增强顾客意识，提高责任心和荣誉感。想顾客之所想，做顾客之所需。

(三) 服务意识

(1) 预测或及时到位地解决顾客遇到的问题。

(2) 遇到特殊情况，提供专门服务、附加服务，以满足顾客的特殊需要。

二、专业知识

(1) 酒水知识。掌握各种酒的产地、特点、制作工艺、名品及饮用方法，并能鉴别酒的质量、年份等。

(2) 原料贮藏、保管知识。了解原料的特性，以及酒吧原料的贮藏、保管、领用知识。

(3) 设备、用具知识。掌握酒吧常用设备的使用要求、操作过程和保养方法，以及用具的使用、保管知识。

(4) 酒具知识。掌握酒杯的种类、形状及使用要求、保管知识。

(5) 营养卫生知识。了解饮料的营养结构，酒水与菜肴的搭配以及饮料操作的卫生要求。

(6) 安全防火知识。掌握安全操作规程，注意灭火器的使用范围及要领，掌握安全自救的方法。

（7）酒单知识。掌握酒单的结构，所有酒水的品种、类别以及酒单上各类酒水的调制方法、服务标准。

（8）酒谱知识。熟练掌握酒谱上每种原料的用量标准、配制方法、用杯及调配程序。

（9）定价知识。掌握酒水的定价原则和方法。

（10）习俗知识。掌握主要客源国的饮食习俗、宗教信仰和习惯等。

（11）英语知识。掌握酒吧饮料的英文名称、产地的英文名称，以及酒吧服务常用英语。

三、专业技能

（1）设备、用具的操作使用技能。正确使用设备和用具，掌握操作程序，不仅可以延长设备、用具的寿命，还可以提高服务的效率。

（2）酒具的清洗技能。掌握酒具的冲洗、清洗、消毒等技能。

（3）装饰物制作技能。掌握装饰物的不同形状、薄厚、造型等的制作方法。

（4）调酒技能。掌握调酒的动作、姿势等方法，以保证酒水的质量和口味的一致。

（5）沟通技能。善于发挥信息传递渠道的作用，进行准确、迅速的沟通，同时提高口头和书面表达能力，善于与顾客沟通和交谈，能熟练处理顾客的投诉。

（6）经营和计算的能力。有较强的经营意识，尤其要对价格、成本、毛利和盈亏的分析计算反应较快。

（7）解决问题的能力。要善于在错综复杂的矛盾中抓住主要矛盾，对紧急事件及顾客投诉有从容不迫的处理能力。

项目二　调酒师的仪容仪态

一、仪容仪表

调酒师的职业要求是容貌端正、举止大方、端庄稳重、不卑不亢、态度和蔼、待人诚恳、服饰庄重、整洁挺括、打扮得体、训练有素、言行恰当。总体要求如下：

（1）头发梳理整齐、前不遮眉、后不过领，男性不得留鬓角、胡须，女性如留长发，应用酒吧统一的发夹把头发夹好。

（2）女性调酒师不得留长指甲、涂指甲油，不得佩戴任何首饰（除一枚婚戒外），要化淡妆、涂口红。

（3）按酒吧规定着制服，要爱护制服，洗涤干净、熨烫平整，纽扣要齐全、扣好，不可缺少，不可卷起袖子，要佩戴好工号牌，穿酒吧指定鞋袜，且鞋袜整齐，不可将鞋子当拖鞋用。

（4）仪容仪表端正大方，上岗时要充满自信，班前不吃生葱、生蒜等有浓烈异味的食品。

二、行为举止

（1）手势要做到正规、得体、适度、手掌向上。

（2）服务过程中要做到三轻：说话轻、走路轻、操作轻。

（3）在顾客面前不可交头接耳、指手画脚。

（4）递交物品时，要双手递交且态度谦逊，不得随便将物品扔给或推给顾客。

总之，调酒师在上岗时精神饱满、着装整齐、充满自信，不仅表达了对顾客的重视和尊敬，而且充分展示了酒吧的形象和管理水平。

项目三 调酒师的工作要求

根据酒吧工作实际，并结合国际调酒师协会对调酒师的要求，下面将不同级别水平的调酒师的工作内容进行简单介绍，以便读者在工作和学习过程中参考。

一、入门级调酒师工作要求

（一）知识要求

（1）熟悉娱乐业和餐饮业的相关法规和管理制度。

（2）掌握酒吧酒单的基本结构，熟悉酒单所供应饮品的名称、产地、特征及售价。

（3）掌握蒸馏酒和发酵酒的名品代表、产地、特征及酿造期。

（4）掌握世界著名啤酒的种类及特征。

（5）掌握世界著名的茶的种类、产地及沏泡方法。

（6）掌握世界著名的咖啡的产地、特征及煮咖啡的方法。

（7）了解酒吧用具、器皿的性能及使用方法，熟悉酒吧设备的操作规范。

（8）具有基本的饮品成本核算知识。

（9）熟悉酒吧操作规范和流程。

（10）掌握最流行的10种鸡尾酒的调配原理。

（11）掌握最基本的酒水服务知识。

（12）掌握水果的保鲜、储藏知识。

（13）具有酒吧卫生和个人卫生常识。

（14）掌握基本的专业外语词汇，具有良好的语言表达能力。

（二）技能要求

（1）掌握鸡尾酒调制的摇荡、搅拌、兑和、果汁机混合等方法。

（2）能独立配制酒吧营业前的辅料和饮品。

（3）能独立调制最常见的10种鸡尾酒，并能按饮品要求掌握用杯、选料技巧，使其色、香、味、形符合标准。

（4）能制作鸡尾酒的各种装饰物。

（5）能操作酒吧的基本设备和用具，并了解保养方法。

（6）掌握煮咖啡和泡茶的方法。

（7）了解各项安全制度、防火制度、急救制度，并懂得如何操作。

（8）能操作收银机，计算酒品成本。

（9）具有一定的表达能力，会讲普通话。

（10）能熟练掌握各种葡萄酒、啤酒、蒸馏酒和其他各种饮料的服务技巧。

（11）掌握酒水的储藏要求和方法。

（12）能按规范进行酒吧清扫工作。

二、高级调酒师工作要求

（一）知识要求

（1）了解世界著名酒品的生产工艺及特征。

（2）掌握酒品的色、香、味、形，以及识别酒的质量优劣的知识。

（3）掌握不同类别鸡尾酒的特征及调制要求。

（4）掌握酒吧日常经营和管理知识。

（5）熟悉酒吧设计与布局原理。

（6）掌握水果的特征及营养成分。

（7）掌握咖啡的特征、生产制作过程、选配料知识。

（8）掌握茶的种类、茶具、水温、用量、冲泡方法等。

（9）掌握乳品饮料和碳酸饮料的知识。

（10）掌握酒吧各种设备和用具的性能、使用及保养知识。

（11）掌握酒吧采购、验收、储藏、出库、上架的控制流程。

（12）掌握饮料与菜肴的搭配知识。

(13) 掌握酒吧饮品所用的基本英文专业术语和词汇。
(14) 掌握一定的酒会活动的组织经营和管理知识。
(15) 掌握果雕和水果拼盘相关知识。

(二) 技能要求

(1) 熟练掌握鸡尾酒的调制方法，动作娴熟。
(2) 掌握水果拼盘造型设计，熟悉果盘的基本刀工。
(3) 掌握茶和咖啡的制作方法。
(4) 掌握冷冻饮料、果蔬饮料的制作方法。
(5) 能够自创具有色、香、味、形的鸡尾酒。
(6) 能够控制饮品的领取、保管、销售及酒品饮料的成本。
(7) 能够根据客源对象，独立编制酒单，确定酒吧经营项目。
(8) 能够处理酒吧异常事件，并观察和控制顾客饮酒的情形。
(9) 负责酒吧工作的分工和服务员安排，并督促检查工作。
(10) 能够参与组织大型酒会。
(11) 具备基本的音响操作、调试能力。
(12) 具备插花和制作花篮、花束、花环的知识和能力。

延伸阅读

与调酒师相关的职业：品酒师和侍酒师

1. 品酒师

品酒师是应用感官品评技术评价酒体质量，指导酿酒工艺、贮存和勾调，进行酒体设计和新产品开发的专业人员。

一个真正的品酒师应对酒有着浓厚的兴趣。“闻香识酒”是品酒师的必备技巧，亦是其成就的标志。

品酒步骤主要为“一看，二嗅，三尝”。首先观察酒色，看是否有悬浮、沉淀、杂物等；其次是闻酒气，按照先品香气淡或浓度低的酒样，再品香气浓或浓度高的酒样的顺序；再次是品尝酒味，包括鼻孔呼出的香气、回味、后味等；最后确定酒的风格、酒体和个性等。除了要掌握每种香型酒的特点，还要在同一类型、不同质量酒的品评中找出其相互间的差别，对不同等级的酒做出鉴评。

2. 侍酒师

侍酒师的国际通用名称叫 sommelier，从字面意义上看，是指在餐厅里负责酒水饮料的侍者。一位好的侍酒师不仅要具备专业的酒水基础知识和技能，还要懂得设计酒品配菜，具有深厚的鉴酒能力和评酒基础，熟悉酒品采购要求，以及善于对酒窖进行管理。

侍酒师要有基本的美学修养，有敏感的时尚感知，有高尚的品位，只有这样才能有好的鉴赏力，才能真正懂酒。

侍酒师传达给顾客的是一种文化，在愉悦顾客味蕾的同时，让顾客从内心深处感受到酒文化的博大、美好。例如：掌握葡萄酒的最佳侍酒温度，能够为顾客营造出最完美的口感；懂得何种菜肴搭配哪一款酒，能够让顾客的餐宴更加美妙；提供精彩的醒酒表演，能够为顾客带来精神与感官的完美体验。

花式调酒

花式调酒起源于美国，其特点是在较为规矩的英式调酒过程中加入一些花样的调酒动作，如抛瓶等，以及魔幻般的互动游戏，起到活跃酒吧气氛、增加娱乐性的作用。花式调酒充满动感，观赏性强，是时下很多酒吧的卖点，见图2-1。

图2-1　花式调酒

近几年，随着私人酒吧的兴起，花式调酒被融入酒吧的表演中，影响日益扩大，许多娱乐性酒吧由于缺少花式调酒师，只能采取特约、特聘的形式，邀请为数不多的花式调酒师进行兼职表演。

花式调酒通过表演动作串联调酒过程，难度远远大于英式调酒，调酒师要在调酒过程中提高鸡尾酒制作的速度。花式调酒的常用动作有：

(1) 花式倒酒。右手握住瓶额，与胸同高，把酒液倒入另一只手拿的调酒壶中。

(2) 手背立瓶。用右手的拇指、食指、中指提瓶颈，将左手伸平、手背向上，让酒瓶立停在左手手背上。

(3) 后抛前接。酒瓶立停在左手手背上，右手握瓶向身后抛瓶，酒瓶抛出的同时右手手腕向上勾瓶，左手迅速在身前接住瓶颈。

(4) 右抛左接。右手握瓶颈，与胸同高，向左手抛瓶，瓶抛出后旋转两周，用左手接住。

课后练习

1. 酒吧调酒师的总体职业要求有哪些？
2. 酒吧调酒师的基本技能有哪些？

模块三 酒水认知

学习目标

- 明确酒水的概念及分类
- 掌握非酒精饮料和酒精饮料的基本知识
- 掌握鸡尾酒的基本知识

项目导入

走进酒吧，酒柜中摆设着来自世界各国的琳琅满目的酒水。作为调酒师，你熟知酒吧中所有的酒水吗？它们是如何酿造出来的？属于哪一类型？其特性是什么？应如何保管？调酒师只有掌握一定的酒水知识，才能更好地为顾客推荐酒水。让我们一起来认知酒水吧！

项目一 酒水的概念及分类

一、酒水的定义

酒水就是人们通常所说的饮料（beverage）的总称。酒水，顾名思义，既包含酒，也包含水。其中，“酒”是人们熟悉的含有乙醇的饮料，而“水”是饭店业和餐饮业的专业术语，是指所有不含乙醇的饮料或饮品。一般而言，酒水按照是否含酒精，分成非酒精饮料和酒精饮料两大类。

（一）非酒精饮料

非酒精饮料（non-alcoholic drink）又称软饮料（soft drink），是指酒精浓度不超过0.5％（容量比）的提神解渴饮料。绝大多数非酒精饮料不含有任何酒精成分，但也有极少数含有微量酒精成分，不过其作用也仅仅是调节饮品的口味或改善饮品风味而已。软饮料是日常生活中人们补充水分的来源之一，碳酸饮料和其他的非碳酸饮料如茶、果汁等，不仅能解渴，而且在饮用时能够使人产生愉快感。酒吧中常见的非酒精饮料有茶水、咖啡、苏打水、汤力水、干姜水、矿泉水和酸奶等。

（二）酒精饮料

酒精饮料（alcoholic drink）也就是人们日常生活中常说的酒，是指酒精浓度在0.5％（容量比）以上的饮料。它是一种比较特殊的饮料，是以含淀粉或糖质的谷物或水果为原料，经过发酵、蒸馏等工艺酿制而成的。酒精饮料含有酒精成分，所以带有一定的刺激性，能够兴奋神经、麻醉大脑，是人们日常生活中重要的饮品。

二、酒度表示法

酒度又称酒精度，是指乙醇在酒液中的含量，是对饮料中所含有的乙醇量多少的表示。目前，国际上酒度的表示方法有以下三种：

（一）国际标准酒度

国际标准酒度是指在20℃条件下，每100毫升饮料中含有的乙醇的毫升数。它是由法国著名化学家盖・吕萨克发明的，因此国际标准酒度又称盖・吕萨克酒度（GL），用％（V/V）表示。例如：12％表示在100毫升酒液中含有12毫升的乙醇。

该标准于 1983 年 1 月 1 日起在欧洲地区实行。我国酒水类规定也采用此标准，例如：五粮液的酒度有 48 度、52 度等，这就表明其每 100 毫升酒液中含有 48 毫升、52 毫升的乙醇。

（二）英制酒度

英制酒度是在 18 世纪由英国人克拉克所创造的一种酒度计算方法，将衡量酒度的标准含量称为 proof。proof 是设定在 51℉环境下，比较相同体积的酒精饮料与水，在酒精饮料的重量是水重量的 12/13 的前提下，酒精饮料的酒度为 1 proof。1 proof 等于 57.06%（V/V）的国际标准酒度。英制酒度也使用 sikes 作为单位，1 proof 等于 100 sikes。

（三）美制酒度

美制酒度是指在 60℉环境下，200 毫升的饮料中所含有的乙醇的毫升数，美制酒度使用 proof 作为单位。美制酒度大约是国际标准酒度的 2 倍，例如：一杯酒精含量为 40%（V/V）的伏特加酒，其美制酒度是 80 proof。

英制酒度和美制酒度的发明都早于国际标准酒度，它们都用酒精纯度来表示，但三种酒度之间可以进行换算（见表 3-1）。如果知道英制酒度，想知道对应的美制酒度或国际标准酒度，只要通过下列公式就可以换算出来：

国际标准酒度×1.75＝英制酒度

国际标准酒度×2＝美制酒度

英制酒度×8/7 ＝美制酒度

表 3-1　酒度换算

国际标准酒度 %（V/V）	40	43	46	50	53	60
英制酒度 proof	70	75.25	80.50	87.50	92.75	105
美制酒度 proof	80	86	92	100	106	120

三、酒的分类

酒精饮料有很多种类型，按照生产方式、配餐方式（饮用方式）和酒精含量的不同，可以分为很多种类。

（一）按生产方式分类

酒的生产方式通常有三种：发酵、蒸馏、配制，生产出来的酒分别被称为发酵酒、蒸馏酒和配制酒。

（1）发酵酒。发酵酒又称为原汁酒、酿造酒，是指将酿造原料（通常是谷物或水果）直接放入容器中，并加入酵母菌进行发酵酿制而成的含有乙醇的饮料。饭店里常见的发酵酒有葡萄酒、其他水果酒、啤酒、黄酒、米酒等。

（2）蒸馏酒。蒸馏酒又称为烈酒，是指将经过发酵处理的含有乙醇的原料（发酵酒）加以蒸馏提纯，然后经过冷凝处理而获得的含有较高乙醇纯度的饮料。饭店里常用的蒸馏酒有金酒、威士忌、白兰地、朗姆、伏特加、特基拉和中国的白酒（如茅台、五粮液等）。

（3）配制酒。配制酒是酒与酒之间相兑或者酒与药材、香料和植物等浸泡而成的。配制酒的方法很多，常用浸泡、混合、勾兑等。

1）浸泡制法。浸泡制法多用于药酒。在蒸馏后得到的高度酒液或发酵后经过滤清的酒液中，按配方放入不同的药用植物或动物，然后装入容器中密封一段时间后，使浸泡物的成分溶解于酒液中，饮用后便会得到不同的治疗效果和刺激效果，如国外的味美思酒、比特酒，中国的人参酒、三蛇酒等。

2）混合制法。混合制法是将蒸馏后的酒液加入果汁、蜜糖、牛奶或其他液体混合制成。

3）勾兑制法。勾兑也是一种酿制工艺，通常可以将两种或数种酒兑和在一起。例如：将不同地区的酒勾兑在一起，将高度数酒和低度数酒勾兑在一起，将年份不同的酒勾兑在一起……就可以形成新的口味或者得到色、香、味更加完美的酒品。

（二）按配餐方式（饮用方式）分类

按西餐的配餐方式（饮用方式），酒可分为如下六种类型：

（1）餐前酒（开胃酒）。可以刺激食欲的酒都可以称为餐前酒或开胃酒，具有刺激食欲等功效。

（2）佐餐酒（葡萄酒）。佐餐酒是西餐配餐的主要酒类，包括红葡萄酒、白葡萄酒和玫瑰红葡萄酒等。佐餐酒中包含酒精、天然色素、脂肪、维生素、碳水化合物、矿物质、酸类等营养成分，对人体非常有益。

（3）餐后酒（利口酒）。餐后饮用的是糖分较多的酒类，饮用后有帮助消化的作用。餐后酒有多种口味，原料有两种类型，即果料类和植物类。果料类包括水果、果仁、果籽等；植物类包括草药、茎叶类植物、香料植物等。用烈酒加入各种配料和糖即可配制成餐后酒。

（4）烈酒。烈酒通常是指酒度在40度以上的酒。这类酒包括金酒、威士忌、白兰地、朗姆、伏特加和特基拉。

（5）啤酒。啤酒是用谷物、水、酵母和啤酒花直接发酵制成的低度酒，其主要原料为大麦、小麦、燕麦、稻谷、玉米等谷物，也称“液体面包”。一般而言，啤酒中含有水分87％～91％、酒精8.5％、碳水化合物4％～5％、蛋白质0.2％～0.4％、矿物质0.2％、二氧化碳0.4％～0.45％。啤酒营养丰富，美味可口，度数较低，深受大众欢迎。

（6）鸡尾酒。鸡尾酒是指混合两种或两种以上的酒水材料制作出来的饮料。

（三）按酒精含量分类

按酒精含量的多少，酒可分为低度酒、中度酒、高度酒三种类型。

（1）低度酒。酒度在20度以下的酒为低度酒，常见的有葡萄酒、桂花陈酒、香槟酒、低度药酒，以及部分黄酒和日本清酒。

（2）中度酒。酒度为20～40度的酒为中度酒，常见的有餐前开胃酒（如味美思、茴香酒等）、餐后甜酒（钵酒、雪利酒）等。国产的竹叶青、米酒等也属于此类。

（3）高度酒。酒度在40度以上的烈性酒为高度酒，一般国外的蒸馏酒都属于此类酒。国产的如茅台、五粮液、汾酒、泸州老窖等白酒也属于此类。

项目二　非酒精饮料认知

非酒精饮料又称软饮料，是指酒精浓度不超过0.5%（容量比）的提神解渴饮料。非酒精饮料的分类方法有很多，例如：按其是否含有二氧化碳，可将其分为碳酸饮料和非碳酸饮料；按其物理状态，可将其分为固体饮料和液体饮料；按其原料，可将其分为茶、咖啡、碳酸饮料、果蔬饮料、乳品饮料及矿泉水等。现按照原料分类，介绍非酒精饮料的基本知识。

一、茶知识介绍

根据茶的制造方法和品质特点，可将茶分为红茶、绿茶、乌龙茶、白茶、黄茶、黑茶和再加工茶。

（一）红茶

红茶是我国第二大茶类，属于全发酵茶，是用鲜芽叶以一芽二叶或一芽三叶为原料加工、发酵制成的，基本工艺过程含萎凋、揉捻、发酵、干燥四个工序。其中，萎凋是红茶初制的重要工序，萎凋的目的是使鲜叶蒸发掉一部分水分，使叶片软化，便于揉捻成条，并为发酵工作准备条件。萎凋的方法有自然萎凋和加温萎凋两种。发酵是使叶子中的单宁氧化，去掉苦涩和青草味，产生“红叶红汤”的特有的香气和滋味。我国的红茶可分为小种红茶、工夫红茶和红碎茶三种类型。除我国外，印度、英国等国也有畅销世界的红茶。下面介绍几种红茶名品：

（1）祁门红茶。祁门红茶又叫祁门工夫红茶，是我国传统工夫红茶的珍品，主要产于安徽祁门、池州等地。其内质香气浓郁绵长，似蜜糖香，又蕴藏有兰花香，汤色红艳，滋味醇厚，回味隽永，叶底嫩软红亮。清饮能领略祁门红茶的特殊香味，加奶后乳色粉红，其香味犹存。祁门红茶被列为我国的国礼茶，用来表达中国人民的好客热情。

（2）滇红。滇红是云南红茶的简称，有条形茶和红碎茶两种，产于云南凤庆、临沧、勐海等地。滇红的特点是条形重紧，身骨壮实，茸毛金黄，色泽乌红光润，香高鲜浓且持久，滋味浓强醇爽，汤色红浓艳明。特别是凤庆、勐海所产之金芽，尤其受到国际茶叶市场赞誉。

（3）小种红茶。小种红茶主产于福建崇安、政和等县，以产于崇安县星村的品质最佳，称为“正山小种”或“星村小种”。小种红茶的特点是条形粗壮重实，色泽乌黑润泽，汤色鲜艳呈金黄色，芽叶肥柔光滑，香气高烈并带有特殊松烟味，滋味浓厚，入口甘醇清爽。

（4）阿萨姆红茶。阿萨姆红茶产于印度东北喜马拉雅山麓的阿萨姆溪谷一带。茶叶外形细扁，呈深褐色；汤色深红稍褐，带有淡淡的麦芽香、玫瑰香，滋味浓，属烈茶，是冬季品饮的最佳选择。

（5）大吉岭红茶。大吉岭红茶产于印度西孟加拉邦北部喜马拉雅山麓的大吉岭一带。当地年均气温 15℃左右，白天日照充足，但日夜温差大，山谷里常年云雾弥漫，是孕育此茶独特芳香的一大因素。大吉岭红茶以 5—6 月的二号茶品质最优，被誉为“红茶中的香槟”，拥有高昂的身价。大吉岭红茶最适合清饮，但因为茶叶较大，需稍久焖（约 5 分钟）使茶叶尽舒，才能得其味。

（6）立顿红茶。“立顿”是全球最大的茶叶品牌。1850 年出生在英格兰格拉斯哥一个贫穷家庭的汤姆斯·立顿是这一品牌的创始人。有一回，出门旅游的立顿来到了著名的红茶产区锡兰，锡兰红茶是英国人非常钟情的饮料，但由于售价高昂，只有上流社会的人才能享用到。立顿敏感地意识到，如果能把红茶引入大众的日常生活，则必然能成为一门好生意。1890 年他正式在英国推出立顿红茶，1898 年立顿被英国女王授予爵位，得到“世界红茶之王”的美名。

（二）绿茶

绿茶是我国历史上最早的茶类，也是我国茶量最大的茶类。绿茶属于不发酵茶，是以鲜嫩的芽叶为原料，不经过发酵，保持茶叶原有的特征，其干茶色泽和冲泡后的茶汤、叶底以绿色为主调，故此得名。绿茶的制造工艺过程包括杀青、揉捻、干燥三个主要加工工序。杀青是用铁锅高温杀灭鲜叶中的酶，保持鲜叶青绿色；揉捻就是将杀青后的鲜叶揉捻成条，使其外形美观，并缩小体积；干燥是蒸发鲜叶的水分，以便于保存。

绿茶的特性是较多地保留了鲜叶内的天然物质。其中，茶多酚、咖啡因保留 85%以上，叶绿素保留 50%左右，维生素损失也较少，从而形成了绿茶“清汤绿叶，滋味收敛性强”的特点。最新科学研究结果表明，绿茶中保留的天然物质成分对防衰老、防癌、抗癌、杀菌、消炎等均有特殊效果，为其他茶类所不及。我国绿茶名品很多，不但香高味长，品质优异，且造型独特，具有较高的艺术欣赏价值。根据茶叶干燥方法的不同，绿茶可分为蒸青、炒青、烘青和晒青四大类。绿茶的名品有西湖龙井、黄山毛峰、洞庭碧螺春、信阳毛尖、庐山云雾、六安瓜片等。

（1）西湖龙井。西湖龙井产于杭州西湖。龙井产茶，历史悠久。西湖龙井的特点是色绿、香郁、味醇、形美，人称“四绝”。西湖龙井叶扁，形如雀舌，光滑整齐，泡在杯中，嫩匀成朵，一旗一枪，交错相映，汤清明亮，滋味甘美。高级龙井茶全凭一双手在一口光滑的特制铁锅中不断变换手法炒制而成。炒制手法有抖、搭、捺、甩、抓、拓、推、扣、压、磨，号称“十大手法”。只有熟练掌握了技艺的人，才能炒出色、香、味、形俱佳的龙井茶。龙井茶产地集中在狮峰山、翁家山、云栖、虎跑、灵隐等地，历史上有狮、龙、云、虎四个品类，如今分为狮、龙、梅三类，三个品类中以狮峰龙井品质最佳。

（2）黄山毛峰。黄山毛峰产于安徽歙县，因地近黄山而得名，是国礼茶，也是国际名茶之一。特级黄山毛峰堪称我国毛峰之极品，其形似雀舌，匀齐壮实，锋显毫露，色如象牙，叶底嫩黄，肥壮成朵。其中，“金黄片”和“象牙色”是特级毛峰的两大明显特征。黄山毛峰有“轻如蝉翼，嫩似莲须”之说，汤色油润光亮，绿中泛黄，冲泡之后，雾气结顶，清香四溢。茶凉之后仍有余香，人称“幸有冷香”。

（3）洞庭碧螺春。洞庭碧螺春产于江苏苏州太湖洞庭山一带，是我国名茶的珍品，以形美、色艳、香浓、味醇闻名中外。洞庭碧螺春外形条索分明，卷曲成螺，幼嫩整齐，茸毛遍布，内质香气浓烈芬芳，滋味鲜醇甘厚，汤色嫩绿鲜艳。品饮碧螺春时，采用洁净透明的玻璃杯，先冲开水后放茶。碧螺春投入杯中即沉底，瞬时间“白云翻滚，雪花舞醉”，清香袭人。

（4）信阳毛尖。信阳毛尖产于河南省信阳市，主产于其境内云雾山、车云山、天云山及白龙潭、黑龙潭一带。信阳毛尖外形细直、圆紧，光滑多毫，内质清香持久，滋味醇厚，汤色翠绿，叶底嫩绿匀整。饮后回味生津，耐泡味醇，属特种茶类。

（5）庐山云雾。庐山云雾产于江西九江市附近的庐山，其主要产地在海拔 800 米以上的汉阳峰一带。春夏之交，庐山云雾缭绕，飘漫各山，故有“云雾茶”之称。其品质外形条索挺秀似针，香如幽兰，色泽翠绿，银毫披露，滋味浓厚，鲜爽甘醇，经久耐饮，余香悠长，素以“香馨、味厚、色翠、汤清”著称于世。

（6）六安瓜片。六安瓜片产于安徽省六安市的金寨、霍山等县，以金寨齐云山一带所产品质最优，称为齐云瓜片。因金寨旧为六安所辖，又称六安瓜片。瓜片的品质与其他茶叶不同，其外形像瓜子，叶片边缘稍微向上弯曲，色泽翠绿有光。冲泡后香气清高，滋味鲜醇，回味甘爽，汤色清澈，叶底肥厚。

（三）乌龙茶

乌龙茶属于半发酵茶，呈青褐色，故又叫“青茶”。乌龙茶是我国几大茶类中独具特色的茶叶品类，它综合了绿茶和红茶的制法，品质介于二者之间，既有红茶的浓鲜，又有绿茶的清新和芬芳，所以有“绿叶红镶边”的美誉。乌龙茶饮后齿颊留香，回味甘鲜，其药用作用主要突出在分解脂肪、减肥、健美等方面。在日本，乌龙茶也被称为“美容茶”“健美茶”。乌龙茶为我国特有的茶类，主要产于福建（闽北、闽南）、广东和台湾。近年来，四川、湖南等地也有少量生产。业界习惯根据其产区不同，将乌龙茶分为闽北乌龙、闽南乌龙、广东乌龙、台湾乌龙四个种类。乌龙茶的名品有安溪铁观音、武夷岩茶、凤凰单丛等。

（1）安溪铁观音。安溪铁观音产于福建安溪一带，又名“红心观音”或“红样观音”。铁观音原是茶树品种名，由于适合制作乌龙茶，其乌龙茶成品随之命名为“铁观音”。铁观音叶形椭圆，叶缘齿疏而钝，叶面呈波浪状隆起，具有明显的肋骨形状，略向背面反卷，叶肉肥厚，叶色浓绿光润，叶基部稍钝，叶尖端稍凹，向左稍歪，略下垂，嫩芽呈紫红色。泡饮时先将小巧的陶瓷小壶、小盅烫热，装入约占茶壶容积 7/10 的茶叶，然后冲上开水，此时即有一股殊香扑鼻而来。铁观音一向为闽、粤、台人民及海外侨胞所珍爱。

（2）武夷岩茶。武夷岩茶产于福建武夷山地区，是乌龙茶的始祖。武夷岩茶品质奇特，其条索肥壮紧结且卷曲，形似蜻蜓，色泽砂绿，香气馥郁，滋味醇厚，汤色晶莹黄亮，饮后齿颊留香，喉底回味甘鲜。有人把其特点归纳为“香、清、甘、鲜齐备”。武夷岩茶品目众多，以肉桂、水仙、乌龙和大红袍最为有名。

（3）凤凰单丛。凤凰单丛产于广东省潮州市潮安区，为凤凰水仙中的珍品。其特点是外形长壮卷曲，色泽浅黄带绿，汤色红艳衬绿，香高清长，有天然花香，滋味浓郁回甘。冲泡十余次，余香尚在，甘味犹存。

（四）白茶

白茶属轻微发酵茶，是我国茶类中的特殊珍品。因其成品茶多为芽头，满披白毫，如银似雪而得名。

白茶的主要产区在福建建阳、福鼎、政和、松溪等地（台湾也有少量生产）。白茶的制作工艺一般分为萎凋和干燥两道工序，关键是萎凋。白茶制法的特点是既不破坏酶的活性，又不促进氧化作用，且保持毫香显现，汤味鲜爽。白茶的名品有白牡丹、白毫银针等。

（1）白牡丹。白牡丹是采摘大白茶树、大毫茶树或者部分水仙种的一芽二叶制成的白茶，芽叶相间，芽很多。主产区在福建政和附近，其他白茶产地也有生产。

（2）白毫银针。最早是采摘菜茶一芽制成，后期工艺改进，采摘福鼎大白、福鼎大毫、福安大白、政和大白茶粗壮的单芽制成，没有幼叶或者老叶。银针分北路和南路银针，北路银针指的是福鼎、福安地区所产的银针，外形优美、芽头壮实、富有光泽、汤色成杏黄色、香气清淡、滋味醇和；南路银针指的是政和、建阳、松溪一带的银针，芽长粗壮、毫毛略薄、香气清鲜、滋味浓厚。

（五）黄茶

人们从炒青绿茶中发现，由于杀青揉捻后干燥不足或不及时，叶色即变黄，于是产生了新的品类——黄茶。

黄茶属发酵茶类，黄茶的制作与绿茶有相似之处，不同点是多一道闷堆工序。这个闷堆工序是黄茶制法的主要特点，也是它同绿茶的基本区别。

黄茶按鲜叶的嫩度和芽叶大小，分为黄芽茶、黄小茶和黄大茶三类。

（1）黄芽茶。芽头肥壮，色泽黄亮，甜香浓郁，滋味甘甜醇和。它是采摘单芽或一芽一叶加工而成，原料非常细嫩。黄芽茶的名品有湖南岳阳的君山银针、四川雅安的蒙顶黄芽。此外，安徽霍山的霍山黄芽在历史上也属此类茶，但由于消费习惯的变化，霍山黄芽加工中的闷黄时间越来越短，闷黄程度越来越轻，其品质已十分接近绿茶。潇湘是湖南的通称，故人们谈及黄茶时，常用“潇湘黄茶数两山”之句。这里的两山，一座是岳阳的君山，另一座是为宁乡的沩山。君山银针和沩山毛尖都属黄茶类，是湖南茶中的极品。

（2）黄小茶。由较细嫩的芽叶加工而成，其名品主要有湖南的北港毛尖、沩山毛尖和湖北的远安鹿苑、浙江的平阳黄汤。沩山毛尖产于沩山乡，沩山乡是沩山上的一个天然盆地，群山环抱，常年云烟缥缈，景色宜人。

（3）黄大茶。由较粗老的芽叶加工而成，其名品主要有安徽霍山的霍山黄大茶和广东韶关一带的广东大叶青。

（六）黑茶

黑茶是我国生产历史十分悠久的特有茶类。在加工过程中，鲜叶经渥堆发酵变黑，故称黑茶。黑茶既可直接冲泡饮用，也可以压制成紧压茶（如各种砖茶）。黑茶主要产于湖南、湖北、四川、云南和广西等地。因以销往边疆地区为主，故以黑茶制成的紧压茶又称边销茶。黑茶的名品有安化黑茶、湖北佬扁茶、四川藏茶、广西六堡茶等，代表茶有普洱茶等。

（七）再加工茶

以基本茶类——绿茶、红茶、乌龙茶、白茶、黄茶、黑茶的原料经再加工而成的产品称为再加工茶。再加工茶包括花茶、紧压茶、萃取茶、果味茶和药用保健茶等，分别具有不同的品味和功效。

花茶是我国特有的品种，又名窨花茶、香花茶、香片，是以绿茶、红茶、乌龙茶茶坯，以及符合食用需求、能够吐香的鲜花为原料，熏制而成的茶。我国用于制作花茶的鲜花有茉莉花、白兰花、珠兰花、桂花、柚子花、玳瑁花、玫瑰花、米兰花等。在国内与国际市场上最受欢迎的是茉莉花茶，这是因为茉莉的香气为广大饮花茶的人所喜爱，被誉为“众花之冠”。花茶既具有鲜花馥郁鲜灵的芳香，又具有茶叶原有的醇厚滋味。茶引花香，花增茶味，相得益彰，既保护了浓郁爽口的茶味，又有鲜灵芬芳的花香。冲泡品啜，花香袭人，甘芳满口，令人心旷神怡。花茶不仅有茶的功效，而且其花香具有良好的药理作用，裨益人体健康。

紧压茶属于再加工茶，是将黑茶、绿茶、乌龙茶等茶类分别作为原料，经过蒸制后放入模具中，压制成不同的形状，然后经过干燥处理制成的。制造紧压茶是为了缩小茶叶的体积，便于贮存、运输、携带。紧压茶的代表品种有云南沱茶、普洱方茶、老青砖茶、湖南茯砖茶、六堡砖茶、湘尖茶、金尖茶、米砖茶、竹筒香茶、黑砖茶、湘砖茶、花砖茶、康砖茶、青刺尖茶、方包茶、圆茶。

二、咖啡知识介绍

咖啡原产于埃塞俄比亚。传说在1000多年前，一个牧羊人看到他放牧的羊吃了一种无名灌木的果实之后便兴奋、激动、跑跳不停，于是牧羊人也亲口尝了这种无名的果实，结果同样感到精神振奋，这种果实便是咖啡豆。当地因信奉伊斯兰教，禁止教徒饮酒，于是用咖啡代替酒的方法很快便传播开来。咖啡树为茜草科多年生常绿灌木，白色的花，红色的果，外形像樱桃，除去外皮后内藏的种子被称为咖啡豆。

（一）咖啡的主要分类

1. 按咖啡的产地分类

（1）巴西。巴西是目前世界上最大的咖啡生产国和出口国，以圣多斯（Santos）咖啡最有名。适度的苦味、轻柔的风味、奔放的热带口感，是混合咖啡的绝佳基底。

（2）哥伦比亚。哥伦比亚特级咖啡豆品质优良，具有圆滑的酸味和甜香，醇厚浓郁。

（3）印度尼西亚。印度尼西亚最出名的咖啡是苏门答腊的高级曼特宁（Mandheling）咖啡，其香味沉淀、厚重，口味微酸。

（4）埃塞俄比亚。埃塞俄比亚的摩卡（Mocha）咖啡有着与葡萄酒相似的酸味和浓香，质性浓厚。

（5）墨西哥。墨西哥是中美洲主要的咖啡生产国，科特佩（Coatepec）咖啡被认为是世界上最好的咖啡之一，口感舒适，芳香迷人。

（6）危地马拉。危地马拉著名的安提瓜（Antigua）咖啡享有世界上品质最佳的咖啡之美誉，酸味上等，余香芳醇。

（7）牙买加。牙买加蓝山（Blue Mountain）咖啡因生长于海拔3000米以上的蓝山区而得名，是世界上最著名、最昂贵的咖啡，被人们称作“黑色宝石”，是咖啡中的极品。

（8）中国。云南小粒种咖啡浓而不苦、香而不烈且带一点水果风味，被国际咖啡组织评为一类产品，在国际咖啡市场上大受欢迎，是咖啡中的上品。

2. 按咖啡调制时配料的不同分类

（1）单品咖啡。单品咖啡是用原产地出产的单一咖啡豆磨制而成，饮用时一般不加奶或糖的纯正咖啡。单品咖啡有强烈的特性，口感特别，成本较高，因此价格也比较高。如牙买加蓝山咖啡、巴西咖啡、哥伦比亚咖啡等，都是以咖啡豆的出产地命名的单品咖啡。

（2）拿铁咖啡。拿铁咖啡是意大利浓缩咖啡与牛奶的经典混合，意大利人喜欢把拿铁咖啡作为早餐的饮料。

（3）卡布奇诺咖啡。卡布奇诺是将咖啡、牛奶与奶泡按1∶1∶1比例调配的饮品。咖啡上的奶泡沫，与天主教卡布奇诺教会教士们所穿的披风上的帽子很像，这正是这种咖啡名称的由来。

（4）皇家咖啡。皇家咖啡最大的特点是先在咖啡杯中倒入煮好的热咖啡，再在杯上放置一把特制的汤匙，汤匙上搁着浸过白兰地的方糖和少许白兰地。用火柴点燃方糖，就可以看到美丽的淡蓝火焰在方糖上燃烧，等火焰熄灭、方糖也融化的时候，将汤匙放入咖啡杯中搅匀，香醇的皇家咖啡立现。

（5）爱尔兰咖啡。爱尔兰咖啡是一种既像酒又像咖啡的咖啡，原料是爱尔兰威士忌加咖啡豆。爱尔兰咖啡杯是一种方便烤热的特殊的耐热杯。烤热可以去除烈酒中的酒精，更能够让酒香与咖啡直接调和。

（6）摩卡咖啡。在拿铁咖啡中加入巧克力，就可以调制成香浓的摩卡咖啡。摩卡咖啡制作十分简单，把1/3的意大利浓缩咖啡、1/3的热巧克力和1/3的热牛奶依次倒入咖啡杯搅拌即可。

3. 按咖啡豆调制前的形态分类

咖啡分为两大类：豆制咖啡和速溶咖啡。传统的豆制咖啡要将咖啡豆烘焙、研磨、冲煮。速溶咖啡是用咖啡豆制成的，咖啡豆经过烘焙、研磨、融水萃取、真空浓缩、喷雾干燥，形成了速溶咖啡的颗粒。世界上第一杯速溶咖啡——雀巢咖啡，是由雀巢公司于1938年发明的，并很快就在全球盛行起来。

（二）咖啡的冲泡技巧

1. 水的选择

冲泡咖啡应注意选用纯水、净水、蒸馏水，不要用矿泉水。选用普通的自来水也是可以的，但早上的自来水是前一天存放的水，要避免使用，最好使用净水器或装有活性炭的过滤器净化后的水，以避免水中的杂质及气味破坏咖啡的味道。

2. 糖的选择

加糖的目的是缓和咖啡的苦味。控制糖的量，可以创造出完全不同的味道。不同的糖有不同的特色，可以根据咖啡的风格选用（见表3-2）。

表 3-2 糖的选择

糖的类别	目　的
糖粉	糖粉属于一种精制糖，没有特殊味道，易于溶解，通常采用 5～8 克的小包装，便于顾客使用。
方糖	方糖由精制糖加水凝固成块状而成，保存很方便，且溶解速度快。
白砂糖	属精制糖，色白，多采用 8 克小包装，以方便每次使用。
黑砂糖	褐色砂糖，有焦味，多用于调制爱尔兰咖啡。
冰糖	呈透明结晶状，甜味较淡，且不易溶解，通常要先磨成细颗粒。
咖啡糖	专门用于冲饮咖啡的糖，为咖啡色的砂糖或方糖。与其他糖相比，咖啡糖留在舌头上的甜味更持久。

3. 奶制品的选择

选择不同的奶制品，能够赋予咖啡不同的风味，让顾客享受变化多端的口感。

（1）鲜奶油。鲜奶油又称生奶油，是从新鲜牛奶中分离出的高脂肪浓度奶油。鲜奶油用途很广，制作牛油、冰激凌、蛋糕或冲泡咖啡时都用得到。鲜奶油的脂肪含量最高为 50%，最低也有 25%。冲泡咖啡通常使用脂肪含量为 25%～35%的鲜奶油。

（2）发泡式奶油。生奶油经搅拌发泡后，就变成发泡式奶油。这种奶油配合含有苦味的浓咖啡饮用，味道最佳。

（3）炼乳。把牛奶浓缩 1～2.5 倍，就成为无糖炼乳。一般的罐装炼乳经过加热杀菌，但开罐后容易腐坏，不能长期保存。冲泡咖啡时，生奶油会在咖啡上浮一层油脂，而炼乳却会沉淀到咖啡中。

（4）牛奶和奶精。牛奶适用于调和浓缩咖啡，或作为花式咖啡的原料来使用，奶精则方便使用且容易保存。在咖啡中加入鲜奶油，表面有时会出现羽状的油脂，这是高脂肪的鲜奶油加入酸味强的咖啡，或使用不新鲜的奶制品时所产生的脂肪分离现象。在冲调咖啡时，除了要注意奶制品的新鲜度外，高脂肪的鲜奶油应该和酸味比较缓和的咖啡调配。

4. 其他香料

因为各地人们的喜好不同，咖啡有许多不同的饮用方式。为了变换咖啡的口味，可以使用各式各样的添加物。

（1）香料。香料包括肉桂（制成粉状或棒状）、可可、豆蔻、薄荷、丁香等，其中肉桂、可可常用于制作卡布奇诺咖啡。

（2）水果。水果包括柳橙、柠檬、菠萝、香蕉等，常用于花式咖啡的调味及装饰。

（3）酒类。酒类包括白兰地、威士忌、朗姆、薄荷利口酒等，常用于调配花式咖啡。

5. 适当的温度

对于一杯完美的咖啡而言，温杯至少占了 20%的功劳。无论咖啡煮得多么好，只要倒入冰冷的杯子里，咖啡的温度会立即降低，香气也会抵消过半。

若事先把咖啡杯温杯，咖啡倒入后不但热度得以保存，而且杯子的温度更适于酝酿香气，使咖啡的香味完全释放出来。温杯的方式有多种，可放入烘碗机温热，也可以放在热水槽中浸泡，或将热水倒入杯中烫热。

咖啡冲泡的适宜温度为83℃，倒入杯中的最佳温度为80℃，而到口中时的温度以61℃～62℃最为理想。冲泡咖啡时应注意不用沸水，否则会破坏咖啡的香浓口感。

6. 适当的分量

饮咖啡不能像喝啤酒或果汁那样，一口气喝上三四杯。咖啡的味道有浓淡之分，需要小口慢慢品味。

提供咖啡饮品，以正式咖啡杯的容量最为适宜，咖啡杯不要倒满，七八分满即为适量。一般而言，最佳冲泡浓度是1袋咖啡粉加100毫升的水。但也有特例，如超级黑咖啡的最佳浓度就是加150毫升水。

（三）咖啡术语

咖啡术语是帮助判断咖啡品质与冲泡方式适当与否的专业术语（见表3-3）。

表3-3　咖啡术语

名　称	解　释
酸度（Acidity）	是指咖啡清新、活泼的特质。一杯适当酸度的咖啡，会给人芳醇、柔润的口感。
气味（Aroma）	是指刚煮出来的咖啡所散发的气息与香味。用于形容气味的词包括：焦糖味、炭烤味、巧克力味、果香味、草味、麦芽味等。
苦味（Bitter）	苦味的感觉来自舌根。苦味通常是烘焙时间过长或研磨太细所致。
醇度（Body）	是指冲煮完成的咖啡入口后给人的重量感及浓度感。用于形容醇度的词包括：淡薄、中等、高等。
风味（Flavour）	是指酸度、香气和醇度给人的整体印象。用于形容咖啡中某种特定的风味，如坚果味、香辛味、霉味。
芳醇（Mellow）	用于形容低至中酸度、平衡性佳的咖啡。
温和（Mild）	是指咖啡具有调和、细致的风味。例如：生长于高原的拉丁美洲高级咖啡，通常被形容为质地温和。
醇郁（Rich）	用于形容咖啡强烈的芳香气味和醇度。
发酸（Sour）	是指一种非常强烈的酸苦味，来自还没有完全成熟的咖啡豆。
辛香（Spicy）	是指咖啡具有某种特定香料（如胡椒）的风味或气味。
浓烈（Strong）	用于形容深色烘焙咖啡强烈的风味。
香甜（Sweet）	是指咖啡均匀可口，没有艰涩风味。
狂野（Wild）	是指咖啡具有极端特性的口味，通常指埃塞俄比亚产的咖啡。
酒味（Winy）	用于形容一种令人联想到葡萄酒的迷人风味。

三、碳酸饮料知识介绍

碳酸饮料又叫汽水，是含二氧化碳气体的饮料的总称。碳酸饮料不包括自身产生二氧化碳气体的饮料，如香槟等。碳酸饮料的特点是在饮料中充入二氧化碳气体，成品中二氧化碳气体的含量（20℃时的体积倍数）不低于1.5倍。饮用碳酸饮料时，泡沫多而细腻，外观漂亮，饮后爽口清凉，具有清新口感。常见的碳酸饮料有可乐、汤力水、苏打水、干姜水、橙汁汽水等。

（一）碳酸饮料的种类

按原料或产品的特性，可将碳酸饮料分为普通型、果味型、果汁型和可乐型四类。

（1）普通型。普通型碳酸饮料通过加工压入二氧化碳气体，饮料中不含有人工合成香料，也不使用任何天然香料，常见的有苏打水等。

（2）果味型。主要是指依靠食用香精和着色剂，赋予一定水果香型和色泽的汽水。这类汽水的原果汁含量低于2.5%，色泽鲜艳，价格低廉，不含营养素，一般只起清凉解渴作用。果味型碳酸饮料品种繁多，产量也很大。人们几乎可以用不同的食用香精和着色剂来模仿任何水果的香型和色泽，制造出各种果味汽水，如橘子汽水、柠檬汽水、汤力水和干姜水。

（3）果汁型。这是在原料中添加了一定量的新鲜果汁制成的碳酸饮品。果汁型碳酸饮料除了具有相应水果所特有的色、香、味之外，还含有一定的营养，有利于身体健康。当前，在饮料向营养型发展的趋势中，果汁汽水越来越受到人们的欢迎，生产量也大为增加。一般果汁汽水的原果汁含量大于2.5%，如橘汁汽水、橙汁汽水、菠萝汁汽水或混合果汁汽水等。

（4）可乐型。可乐型碳酸饮料是将多种香料与天然果汁、焦糖色素混合后充气而成。风靡全球的可口可乐，其香味除来自古柯树树叶的浸提液和柯拉树种子的抽取液外，还来自砂仁、丁香等多种混合香料，因而味道特别，极受人们欢迎。

（二）碳酸饮料的选购

含有适量的二氧化碳气体是碳酸饮料的重要特征。碳酸饮料具备特有的甜、酸感和清凉口感。清汁类碳酸饮料外观透明，无沉淀；浑汁类碳酸饮料浑浊均匀，允许有少量果肉沉淀。

瓶装的碳酸饮料液面距瓶口应为3～6厘米，瓶口干净，无锈迹。塑料瓶或易拉罐装的碳酸饮料用手捏不动，上下摇动，瓶中会产生大量气泡，这表明密封良好。

清汁类碳酸饮料倒置后对光检查，不得有云雾状物质或小颗粒；浑汁类碳酸饮料不得有分层和明显沉淀物。若甜味不足，有异味，表明碳酸饮料已变质。若二氧化碳的清凉刺激感不明显，表明饮料中二氧化碳含量低。

四、果蔬饮料知识介绍

果汁饮料是用新鲜或冷藏水果为原料加工制成的软饮料。果汁饮料是所有软饮料中最有营养价值，也是最受欢迎的饮料之一。

蔬菜汁饮料是用新鲜或冷藏蔬菜（包括可食的根、茎、叶、花、果实，食用菌，食用藻类及蕨类）等为原料加工制成的饮品。

（一）果蔬饮料的分类

果蔬饮料种类繁多，一般酒吧中常用的果蔬饮料有三种，即天然果汁、果汁饮料、果蔬菜汁饮料。

1. 天然果汁

天然果汁是指采用各种方法，将水果加工制成未经发酵的汁液，或者在浓缩果汁中加入与果汁浓缩时失去的天然水分等量的水所形成的软饮料。果汁具有原水果果肉的色泽、风味，果汁含量为100%。天然果汁用新鲜水果压榨而成，不稀释，无任何添加物，如葡萄汁、橙汁、西瓜汁等。

2. 果汁饮料

果汁饮料是指在果汁（或浓缩果汁）中加入水、糖液、酸味剂等调制而成的清汁或浑汁制品。果汁饮料中果汁含量为10%～30%，常见的有橙汁饮料、草莓汁饮料、西瓜汁饮料、苹果汁饮料等。

3. 果蔬汁饮料

果蔬汁饮料是指加了水果汁和香料的各种蔬菜汁，如番茄汁等。国内果蔬菜汁饮料品牌有汇源、康师傅、统一等。

（二）果蔬饮料的选购

1. 果汁饮料的选购

（1）看果汁含量、配料。果汁含量的多少，往往决定了果汁营养成分的多少，更是衡量价格的标准之一。配料表上标明了产品组成内容，如标明为鲜榨浓缩汁、鲜果浆、饮用水等成分，则为果汁饮料；而标明使用色素、食用香精等为主剂的果汁产品，则属果味水。

（2）看生产日期及保质期。果汁一般保质期为9～12个月。在此期间饮用，可获得较佳的风味和营养。

（3）看有无防腐剂。纸质无菌包装的果汁均不含有防腐剂，用耐热材料瓶装的果汁也不含有防腐剂。

（4）看果汁饮料的质量。首先根据标签上标注的原果汁，判断饮料与其名称是否一致，其次看包装有无渗漏和胀气现象。具体判断方法是：瓶装或罐装饮料的瓶口、瓶身不得有糖渍或污物；瓶盖、罐身等不凸起；软包装饮料手捏不变形。

（5）看果汁饮料的外观。凡不带果肉的清汁类饮料，应清澈透明，无任何漂浮物和沉淀物；不带果肉的浑汁类饮料，内容物应均匀一致，不分层；果肉型饮料，可见不规则的细微果肉，静置后允许有适当的分层现象，允许有沉淀。

2. 蔬菜汁饮料的选购

蔬菜汁饮料浆液应均匀混浊，允许有少量的微小蔬菜颗粒悬浮在汁液中，静置后允许有轻度分层，浓淡适中。摇动后，应保持现有的均匀浑浊状态，汁液黏稠适度。

五、乳品饮料及矿泉水知识介绍

乳品饮料是以鲜乳或乳制品为原料（经发酵或未经发酵），经加工制成的饮品。这类饮品主要有新鲜牛奶、乳脂饮料、发酵乳饮和冰激凌等。

矿泉水以含有一定量的有益于人体健康的矿物质、微量元素或游离二氧化碳气体而区别于普通的地下水。矿泉水由于没有受到人为的污染，不含热量，且含有一定量的有益于人体健康的矿物质，因此是人类理想的保健饮料。

（一）乳品饮料

1. 乳品饮料的分类

（1）新鲜牛奶。新鲜牛奶在市面上销售量最大，其主要特征是经过杀菌消毒。常见的有以下几种：

1）脱脂牛奶。把牛奶中的脂肪去掉。

2）强化牛奶。在脱脂或低脂牛奶中增加各种脂溶性维生素A、B、D、E等营养成分。

3）风味牛奶。在牛奶中增加有特殊风味的原料，以改变其味道。最常见的是巧克力奶、可可奶以及各种果汁奶。

（2）乳脂饮料。乳脂饮料是指牛奶中所含脂肪较高的饮品（一般在10%～40%）。常见的乳脂饮料有以下几种：

1）奶油。脂肪含量为30%～40%，常作为其他饮料的配料。

2）餐桌乳饮。脂肪含量为16%～22%，通常用来作为咖啡的伴饮。

3）乳饮料。脂肪含量为10%～12%。

（3）发酵乳饮。乳品经杀菌、降温、添加特定的乳酸菌发酵剂，再经均质或不均质恒温发酵、冷却、包装等工序，即可制成发酵乳制品。常见的发酵乳饮主要有以下两类：

1）酸乳。用脂肪含量在18%以上的乳品，加入乳酸菌发酵后，再加入特定的甜味料，使其具有苹果、菠萝等特殊风味的酸乳饮料。

2）酸奶。酸奶是一种有较高营养价值和特殊风味的饮料，它是以牛乳等为原料，经乳酸菌发酵制成的产品。酸奶能增强食欲，刺激肠道蠕动，促进机体的物质代谢，从而增进人体健康。酸奶的种类很多，按组织形态的不同，可分为凝固型酸奶和搅拌型酸奶；按产品的化学成分和脂肪含量的不同，可分为全脂酸奶、脱脂酸奶和半脱脂酸奶；按加糖与否，可分为甜酸奶和淡酸奶。

（4）冰激凌。冰激凌是以牛乳或其制品为主要原料，加入糖类、蛋品、香料及稳定剂，经混合配制、杀菌冷冻制成的松软冷冻食品。冰激凌具有鲜艳的色泽、浓郁的香味、绵软的口感，是一种营养价值很高的夏令饮品。

冰激凌种类很多，按颜色可分为单色、双色和多色冰激凌。按形状可分为杯状、蛋卷状和冰砖冰激凌。按风味分类，有以下几种：

1）奶油冰激凌。脂肪含量为8%～16%，总干物质含量为33%～42%，糖分含量为14%～18%。在其中加入不同物料成分，又可制成香草、巧克力、草莓、胡桃、葡萄、果汁、鸡蛋以及夹心冰激凌。

2）牛奶冰激凌。脂肪含量为5%～8%，总干物质含量为32%～34%。按配料可分为牛奶型、香草型、可可型、果浆型。

3）果味冰激凌。脂肪含量为3%～5%，总干物质含量为28%～32%。配料中有果汁或水果香精，食之有新鲜水果风味。常见的有橘子、香蕉、菠萝、杨梅、草莓等冰激凌。

2. 乳品饮料的饮用服务

（1）热奶服务。将奶加热到77℃左右，用预热过的杯子服务。加热牛奶时，不宜使用铜器皿，因为铜会破坏牛奶中的少量维生素C，从而降低其营养价值。牛奶在加热过程中不宜放糖，否则牛奶和糖在高温下的结合物——乳果糖基赖氨酸会严重破坏牛奶中的蛋白质。另外，早餐牛奶宜和面包、饼干等食品同时进食，但应避免同含草酸的巧克力混吃。

（2）冰奶服务。把消毒过的奶放在4℃以下的冷藏柜中，饮用时倒入水杯或果汁杯中上桌。

（3）酸奶服务。酸奶在低温下饮用风味最佳。若非加温不可，千万不要将酸奶直接加热。可将酸奶放在温水中缓缓加温，其上限为不超过人的体温。酸奶应低温保存，而且存放时间不宜过长。

3. 乳品饮料的选购

乳品饮料的色泽为均匀乳白色或乳黄色；果蔬汁发酵的乳品可带有果蔬汁的色泽。外观上看，乳浊液无絮状沉淀，不得凝结，不应有异常的黏稠性，可允许有少量脂肪上浮及蛋白质沉淀。需要特别指出的是，乳品饮料标签上必须标明蛋白质含量。果汁型植物蛋白饮料必须标明原果汁含量，包装损坏、发生泄漏或胀袋的含乳饮料不能饮用。

4. 乳品饮料的贮存

乳品饮料在室温下容易腐坏变质，应冷藏在4℃的环境中。牛乳易吸收异味，冷藏时应包装严密，并与有刺激性气味的食品隔离。牛奶冷藏时间不宜太长，应每日采购新鲜牛奶。冰激凌应在－18℃以下的环境中冷藏。

（二）矿泉水

从1868年法国佩里埃公司生产第一瓶饮用天然矿泉水开始，矿泉水的商业化运营至今已有150多年的历史。20世纪三四十年代，矿泉水的生产与消费已遍及欧洲各国。20世纪70年代以后，矿泉水的生产与消费又遍及美洲、亚洲各国，其年平均增长速度达到

10%以上，大大超过同期其他工业的发展速度。瓶装矿泉水越来越受到人们的欢迎，法国、意大利是世界上最大的瓶装矿泉水生产国和消费国，同时也是最大的出口国。始建于1905年的青岛崂山矿泉水有限公司（原青岛汽水厂），是我国最早生产瓶装矿泉水的企业。

1. 矿泉水的分类

（1）重碳酸盐类矿泉水。负离子以碳酸氢盐为主，这类矿泉水包括碳酸氢钠矿泉水、碳酸氢钙矿泉水、碳酸氢镁矿泉水等，以及它们的复合型矿泉水。

（2）碳酸矿泉水。这类矿泉水中含有大量二氧化碳气体，饮之有特殊的碳酸饮料刺激气味。

（3）医疗矿泉水。这类矿泉水中含有对某种疾病有特殊治疗效果的成分，是天然合成“药水”。我国东北地区和西南地区的一些矿泉水有特殊的医疗效果。

（4）特殊成分矿泉水。如含铁矿泉水、含硅矿泉水、锶型矿泉水等。

2. 世界著名矿泉水品牌

（1）阿波利纳斯（Apollinaris）。阿波利纳斯矿泉水是德国莱茵地区的著名瓶装矿泉水品牌，含有天然的碳酸气体，具有较好的口感。

（2）依云（Evian）。依云又称埃维昂，产自法国，为重碳酸钙镁型淡矿泉水，以纯净、无泡、略带甜味而著称于世。

（3）巴黎水（Perrier）。巴黎水又称佩里埃矿泉水，是法国出产的高度碳酸型矿泉水品牌，来源于法国加尔省布洋天然气泡泉（Bouillens）喷出的“沸滚水”，装在当地朗格多克玻璃厂生产的著名的绿色瓶中，是世界上最著名的矿泉水品牌之一。除直接饮用外，还适合与威士忌酒兑饮。法国的许多酒吧、俱乐部将其作为苏打水来使用。

（4）伟图（Vittel）。伟图是产自法国的无泡型矿泉水品牌，略带咸味，是全球公认的最佳天然矿泉水之一，非常适合在就餐时饮用，如果冰镇则口感更佳。

（5）维希（Vichy-Cellestins）。维希是法国著名的矿泉水品牌，略带咸味，口感上佳，以其医药价值而闻名全球。

（6）圣培露（San Pellegrino）。圣培露是意大利的气泡型天然矿泉水品牌，富含矿物质，口感甘洌而味美。

（7）卡瑞·克斯堡（Garci Crespo）。卡瑞·克斯堡是墨西哥的天然矿泉水品牌，富含各种矿物质，碳酸气体含量较少，也无其他强烈的味道。

（8）崂山矿泉水。崂山矿泉水产自中国青岛，是碳酸氢钙矿泉水，含有极丰富的矿物质元素，口感清纯，质量及品牌居我国矿泉水之冠。

此外，世界著名的矿泉水品牌还有德国的德劳特沃（Gerolsteiner）、比利时的威活（Valvert）、法国的康婷（Contrex），以及美国的山谷（Mountain Valley）和魅力（Magnetic Springs）等。

3. 其他饮用水

随着消费水平和生活质量的提高，人们对饮用水质量的重视程度也日益提高。从过去传统饮用的井水、自来水、矿泉水，到现在名目繁多的纯净水、蒸馏水、离子水、富氧水等，人们挑选饮用水的范围进一步扩大，对饮用水的质量和健康要求越来越高。

（1）纯净水。纯净水是以符合生活饮用水卫生标准的水为原料，通过电渗析法、离子交换法、反渗透法、蒸馏法及其他适当的加工方法制成的，密封于容器中且不含任何添加物，可直接饮用。

大多数正规的纯净水生产厂家会采用反渗透法生产纯净水。反渗透法是一种净化水的方法，即将水加压通过孔径为0.0001微米的反渗透膜，颗粒直径大于此孔径的各种离子、分子及颗粒物均被阻于膜的一侧，透过这层膜的即为纯净水。此法可将水中的细菌、病毒等微生物除去，各种化合物、氯消毒副产物和其他有机物绝大部分被除去，故可生饮，口感较好。

（2）蒸馏水。蒸馏水是对原水进行过滤、净化、软化和高温蒸馏，将水气化出来再冷凝而制成的。蒸馏水因加入活性氧后转化回纯氧，其含氧量较天然水高出许多。但目前有许多人认为，饮用太纯的水会遗漏较多的营养元素，对身体不利，这实际上是没有太多科学依据的。有关人士研究认为，人在吃各种食物的时候体内已摄取了足够多的营养元素。饮水的作用，只是补充体内的水分，没有必要过分强调添加其他微量元素，因此对饮用水最重要的要求是水质的纯与净。而蒸馏水经过蒸馏后可将细菌、悬浮物等杂质有效去除，正好符合“纯与净”的标准。

（3）离子水。离子水是将原水（自来水、地下水）送入净化装置，过滤去除水中的余氯、铁锈等多种有机毒物和原水中的杂质，再经过矿化处理，使许多人体必需的矿物质及微量元素进入水中，而后进入电解槽进行电解而制成的。电解时所有菌类均已被杀死，而带正电的矿物质集于阴极成为碱性离子水，带负电的矿物质集于阳极成为酸性离子水。供饮用的主要是碱性离子水，长期饮用具有降血脂、降血糖、抗疲劳及抗氧化的作用。另外，酸性离子水则具有漂白、杀菌、收敛和美容洁肤的作用。

（4）富氧水。最初的富氧水是在纯净水的基础上添加活性炭的一种饮用水，属于医疗用水。经过科学家多年的研究测试与工艺改进，富氧水逐渐进入日常生活领域。富氧水不仅能改善人体的运动表现力，增强体力、体质和体能，还可使人保持头脑清醒和精神集中、反应敏捷、增强记忆力等。研究结果表明，在同等环境中或运动状态下，喝富氧水是保持人体血液中氧平衡、增强人体器官功能的有力手段。

我国比较著名的饮用水品牌有屈臣氏、娃哈哈、乐百氏、正广和、农夫山泉、景田、康师傅等。另外，国际知名的雀巢公司也在国内津、沪两地设立了现代化的水厂，天津水厂生产天然矿泉水，上海水厂生产纯净水、蒸馏水及矿化水。

项目三 酒精饮料认知

酒精饮料，也就是人们日常生活中常说的酒，是指酒精浓度在0.5%（容量比）以上的饮料。它是一种比较特殊的饮料，是以含淀粉或糖质的谷物或水果为原料，经过发酵、蒸馏等工艺酿制而成的。酒精饮料因为含有酒精成分，所以带有一定的刺激性，能够兴奋神经、麻醉大脑，是人们日常生活中重要的饮品。

一、发酵酒

（一）葡萄酒知识

葡萄酒是以葡萄为原料，经过压榨、破碎、发酵、熟化、换桶、澄清等工艺流程酿制而成的发酵酒。

1. 葡萄酒的分类

（1）根据酒的颜色，可分为红葡萄酒、桃红葡萄酒、白葡萄酒。

1）红葡萄酒（Red Wine）。红葡萄酒也称红餐酒或红酒，使用红色或紫色葡萄为原料，经破碎后，果皮、果肉与果汁混合在一起进行发酵，使果皮或果肉中的色素浸出，然后将发酵的酒与原料分离。此酒颜色呈紫红、深红宝石色，酒体丰满醇厚，略带涩味，适宜与颜色深、口味浓重的菜肴配合饮用。

2）桃红葡萄酒（Rose Wine）。桃红葡萄酒又称玫瑰葡萄酒，其酿造方法前期基本上与红葡萄酒的方法相同，但皮渣在葡萄破碎液中浸泡的时间较短，或使用呈色较浅的原料，其发酵汁与皮渣分离后的发酵过程则完全与白葡萄酒的酿制方法相同。这种酒的颜色呈淡淡的玫瑰红色或粉红色，晶莹悦目。它既有白葡萄酒的芳香，又有红葡萄酒的和谐丰满，并且酒中单宁含量极少，可以在宴席间与各种菜肴配合饮用。

3）白葡萄酒（White Wine）。白葡萄酒是将葡萄原汁与皮渣分离后单独发酵制成的葡萄酒，酒的颜色从深金黄色、浅麦秆色至接近无色不等。白葡萄酒外观清澈透明，果香芬芳清新，幽雅细腻，口感微酸，舒适爽口，常与鱼虾、海鲜配合饮用。

（2）根据葡萄汁含量，可分为全汁葡萄酒、半汁葡萄酒。

1）全汁葡萄酒。全汁葡萄酒是发酵原酒，酒中除加入杀菌剂外，不另外加入酒精、糖等其他成分。

2）半汁葡萄酒。在半汁葡萄酒中，除酒精、糖分及50%的葡萄汁外，其余为辅料。

（3）根据含糖量，可分为干葡萄酒、半干葡萄酒、半甜葡萄酒、甜葡萄酒。

1）干葡萄酒。干葡萄酒含糖量≤4克/升，品尝时感觉不出甜味。

2）半干葡萄酒。半干葡萄酒含糖量一般为4～12克/升，品尝时微有甜感。

3）半甜葡萄酒。半甜葡萄酒含糖量一般为12～45克/升，品尝时有甘甜爽顺感。

4）甜葡萄酒。甜葡萄酒含糖量在45克/升以上，品尝时具有甘甜醇厚感。

2. 葡萄酒的酿造工艺

不同种类的葡萄酒在酿造工艺上也存在差异，下面介绍白葡萄酒、红葡萄酒和香槟酒的酿造工艺。

（1）白葡萄酒的酿造工艺。白葡萄酒既可使用白葡萄来酿造，也可用去掉葡萄皮的红葡萄的果汁来酿造，无须经过果汁与葡萄皮的浸渍过程，可以直接用果汁单独发酵。酿制过程中应注意发酵槽的温度要比制作红酒低一些，这样做的目的是更好地保护白葡萄酒的果香味和新鲜口感。白葡萄酒的酿造工艺流程是：红、紫、白色葡萄→去梗及破皮→压榨去果皮取汁→发酵→换桶除去沉淀物→澄清→过滤→装瓶。

（2）红葡萄酒的酿造工艺。红葡萄酒必须由红色葡萄或紫色葡萄来酿造，品种可以是皮红肉白的葡萄，也可以是皮肉皆红的葡萄。酒的红色均来自葡萄皮中的红色素，绝对不能使用人工合成的色素。红葡萄酒的压榨过程是在发酵后进行的，因此果皮、果核中的单宁、色素和芳香物质就会在发酵过程中溶解于葡萄发酵液当中，对葡萄酒起到着色、增香的作用。红葡萄酒的酿制工艺流程为：红、紫色葡萄→去梗及压榨→连皮发酵→换桶除去沉淀物→澄清→过滤→装瓶。

（3）香槟酒的酿造工艺。香槟酒是一种独特的法定产区葡萄酒，它的酿造过程和销售都受到严格的管制。首先，用于酿酒的葡萄是手工采摘的，以便随时舍弃那些损坏及尚未成熟的葡萄；而比诺罗瓦、比诺曼尼和霞多丽必须分开来采摘。采收的葡萄运抵酒窖后，每种葡萄都经过垂直式压榨机或水平式压榨机压榨。将葡萄汁灌装在注明产区的酒瓶或酒桶内进行第一次发酵。几周后，这些葡萄汁就会变成葡萄酒。将不同产区、不同品种和不同年份的酒进行勾兑，在经过勾兑的酒中加入少量的蔗糖和酒曲，装瓶加盖后，将酒瓶平放在香槟地区阴凉酒窖里的木板条上。糖在酒曲的作用下慢慢溶解产生气泡。在酒窖里存放几年，直到它具有完美的品质。装瓶后进行第二次发酵，这时会产生沉淀物。当地人一般会采用独特的生产工艺，在不用倒出瓶中的酒的情况下，通过摇瓶和除渣的方法去除这些沉淀物。然后加入适量的甜酒，其加入量决定了酒的种类（特干、干、半干型），最后在酒瓶上加盖，贴上标签，这便是正宗的香槟酒。

3. 酿造葡萄酒的葡萄品种

（1）酿造红葡萄酒的葡萄品种。

1）梅洛（Merlot）。

典型香气：玫瑰、梅子、辛烈香。产自法国波尔多，为该区种植最广的葡萄品种，早熟且产量大。和赤霞珠比起来，梅洛以果香著称，酒精含量高，单宁质地较柔顺，口感以圆润厚实为主，酸度也较低，极适合久存陈年。它雍容大度，丰厚甘美，温暖的口感和丰富多彩的果味，有着如同王后般高贵的修养和温润如玉的性格。

2）赤霞珠（Cabernet Sauvignon）。

典型香气：黑醋栗、柏木、薄荷、巧克力、烟草。原产自法国波尔多，是全世界最受欢迎的黑色酿酒葡萄，易存活，能适应多种不同气候，现已于各地普遍种植。

世界上高品质的红葡萄酒不少都是使用赤霞珠来酿制的。它是晚熟品种，皮厚而黑，果粒小，果皮和果汁比例比别的葡萄都高，所以它能酿造出颜色深、浓郁、单宁重的红葡萄酒。这类酒通常有着青椒和黑色浆果（如黑加仑、李子、黑樱桃、桑葚等）的香气，如果在新的木桶中陈年，一般会有烟熏、香草、胡椒的香气，如果是陈年的老酒还会有菌菇类、森林里的干树叶、动物皮毛、矿物的香气。

3）黑皮诺（Pinot Noir）。

典型香气：红莓、玫瑰、紫罗兰、野生动物。黑皮诺是法国勃艮第产区红葡萄酒的唯一品种，适合种植于偏寒的气候下、石灰黏土的山坡地，由于法规所限和果农经验丰富，勃艮第能产出最优质的黑皮诺葡萄酒。黑皮诺酿的酒既有樱桃、草莓的果香，又有湿土、雪茄、蘑菇和巧克力的味道。它的单宁和辛辣的口感都不及其他著名的葡萄品种。除了法国，在新西兰、美国和澳大利亚也有不错的黑皮诺品种。

4）品丽珠（Cabernet Franc）。

典型香气：巧克力、黑醋栗、青椒、覆盆子。它特有的个性是浓烈青草味，混合可口的黑加仑和桑葚的果味。因酒体较轻淡，品丽珠的主要功能是调和梅洛和赤霞珠，不过世界知名的白马酒庄（Chateau Cheval Blanc）却以它为主要成分。温度低而湿润的泥土较适合品丽珠的生长，它钟情于大陆性气候，且不怕在收割期碰上恶劣的天气。

5）佳美（Gamay）。

典型香气：香蕉、蓝莓、樱桃。它的名气虽然不及梅洛、赤霞珠、黑皮诺响亮，但在法国博若莱（Beaujolais）酿制而成的博若莱新酒却每年为法国赚进亿万欧元的外汇。在用佳美葡萄酿酒时，大多采用二氧化碳发酵法，即原颗葡萄发酵，不经压榨和橡木桶陈酒便装瓶出售。用佳美葡萄酿制的酒有明显的新鲜樱桃、香蕉和桑葚香味，酒色呈紫红色，不适久存，简单易饮。

6）西拉（Syrah）。

典型香气：覆盆子、黑莓、皮革、辛烈香。原产自法国罗讷河谷，主要集中在北部，单宁丰厚，有明显的黑胡椒、黑莓香气。现在是澳大利亚种植最广泛的品种，并且有着相当优异的表现，在其他国家也有种植。果皮色素丰富，具有独特香气。

7）仙粉黛（Zinfandel）。

典型香气：草莓、覆盆子、蓝莓、樱桃。仙粉黛是美国加利福尼亚最有特色的黑葡萄，原产自欧洲，如今，红色仙粉黛已经成为加利福尼亚的标志。该品种是酿造红葡萄酒的良种，将它与赤霞珠、品丽珠等勾兑，可制成优良的干红起泡红葡萄酒，在我国华北等有条件的地区可适量栽培。

8）佳美娜（Carmenere）。

典型香气：蓝莓、黑莓、黑加仑、樱桃。佳美娜是智利最具特色的葡萄品种，它是稀有的葡萄品种，需要较长的成熟过程。这个品种发源于法国波尔多，但在 19 世纪中期由于葡萄根瘤蚜病在法国绝迹，而智利的气候恰好适合它的生长。在智利，佳美娜曾一度被认为是梅洛，但有关机构 1991 年对这个品种进行了 DNA 测验，证明这是佳美娜品种，于是智利宣称这是智利的本土品种，在其他国家都罕有栽种。

（2）酿造白葡萄酒的葡萄品种。

1）霞多丽（Chardonnay）。

典型香气：黄油、苹果、梨子、香草。原产自法国勃艮第，是目前全世界最受欢迎的酿酒葡萄，属早熟型品种。由于适合各类型气候，耐冷，产量高且稳定，容易栽培，几乎已在全球各产酒区普遍种植，是各白葡萄酒最适合橡木桶培养的品种。其酒香味浓郁，口感圆润，经久存可变得更丰富醇厚，主要用于制造干白葡萄酒及气泡酒。

2）雷司令（Riesling）。

典型香气：苹果、橘子、烤面包。原产自德国，是德国古老的著名酿酒白葡萄品种，是莱茵河和摩泽尔河的主要栽培品种。德国是雷司令最大的生产国，有世界顶级的雷司令著名产区。最精华的雷司令葡萄园也在德国。德国人根据不同成熟度，能将雷司令酿造出既有清新细腻、也有精致清甜、更有浓郁甜蜜的葡萄口味。法国的阿尔萨斯地区的雷司令也有上佳表现，只是酿造出来的葡萄酒和德国有很大不同。

3）长相思（Sauvignon Blanc）。

典型香气：草味、醋栗。原产自法国波尔多，适合温和的气候，土质以石灰土最佳，主要用来酿制适合年轻人饮用的干白酒，或混合塞美蓉以制造贵腐酒。长相思酸味强，辛辣口味重，酒香浓郁且风味独具，非常容易辨认。

4）塞美蓉（Sémillon）。

典型香气：柠檬、橙子、菠萝、甜瓜。原产自法国波尔多，但以智利种植面积最广，法国居次。塞美蓉虽非流行品种，但在世界各地都有生产。它适合温和型气候，产量大，所产葡萄粒小，糖分高，容易氧化。塞美蓉以生产贵腐酒著名，其霉菌不仅可以吸取葡萄中的水分以增加塞美蓉的糖分含量，而且其于葡萄皮上所产生的化学变化可提高酒石酸度，产生如蜂蜜及糖渍水果等特殊的香味。

4. 世界主要葡萄酒产区

葡萄酒的诞生，需要最适宜的地理位置：北纬 30°～52°，南纬 15°～42°。最适宜的气候和阳光：阳光照射适度，若太少会酸，若太多则过甜。最适宜的土壤：沙砾般贫瘠的土地。最适宜的湿度：看得见河流的地方才能酿出好酒。世界主要葡萄产区如下：

（1）法国。

葡萄酒概况：法国是世界著名的葡萄酒产地，其生产葡萄酒的历史悠久。法国从1935年开始实施AOC系统，以防范那些在酒名上投机的生产者，保障酿酒者和葡萄园达到一定的品质要求。AOC系统不仅对于法国，甚至对于世界都有深远影响。

AOC系统将葡萄酒分为4级：日常餐酒（Vin de Table，VDT）、地区餐酒（Vin de Pays，VDP）、优良地区餐酒（Vin Délimité de Qualité Supérieure，VDQS）、法定产区葡萄酒（Appellation d'Origine Contrôlée，AOC）。一般而言，等级越高，价格越高。

2009年8月，为了配合欧洲葡萄酒的级别标注形式，法国对葡萄酒的级别进行了改革。2011年1月1日起，装瓶生产的葡萄酒产品使用新的等级标记：

- AOC葡萄酒（法定产区葡萄酒）变成AOP葡萄酒（Appellation d'Origine Protégée）；
- VDP葡萄酒（地区餐酒葡萄酒）变成IGP葡萄酒（Indication Géographique Protégée）；
- VDT葡萄酒（日餐餐酒葡萄酒）变成VDF葡萄酒（Vin De France），属于无IG的葡萄酒，意思是酒标上没有产区提示的葡萄酒（Vin Sans Indication Géographique）；
- VDQS餐酒从2012年开始不复存在。

1）日常餐酒（VDF，原VDT）。

可用法国同一产区或不同产区的酒调配而成。法国酿酒历史悠久，调配技术高超，因而日常餐酒品质稳定，是法国大众餐桌上最常见的葡萄酒。此类酒最低酒精含量不得低于8.5%或9%，最高则不超过15%。

2）地区餐酒（IGP，原VDP）。

由最好的日常餐酒升级而成。其产区必须与标签上所标示的特定产区一致，而且要使用被认可的葡萄品种。除此之外，地区餐酒还要通过专门的法国品酒委员会核准。

3）优良地区餐酒（VDQS）。

等级位于地区餐酒和法定产区葡萄酒之间。这类葡萄酒的生产受到法国原产地名称管理委员会（Institut National des Appellations d'Origine）的严格控制。

4）法定产区葡萄酒（AOP，原AOC）。

最高等级的法国葡萄酒，其使用的葡萄品种、最低酒精含量、最高产量、培植方式、修剪以及酿酒方法等都受到最严格的监控。只有通过官方分析和化验的法定产区生产的葡萄酒，才可获得AOP证书。正是这种非常严格的规定，才确保了AOP等级的葡萄酒始终如一的高贵品质。

著名产区：香槟产区、阿尔萨斯产区、勃艮第产区、汝拉-萨瓦产区、普罗旺斯-科西嘉岛产区、罗纳河谷产区、朗格多克-露喜龙产区、西南产区、波尔多产区、卢瓦尔河谷产区。

（2）德国。

葡萄酒概况：生产量大约是法国的1/10，约占全世界生产量的3%。大约有85%是白葡萄酒，其余15%是桃红葡萄酒、红葡萄酒及气泡酒。德国白葡萄酒有芬芳的果香及清爽的甜味，酒精度低，特别适合不太能喝酒的人及刚入门者。

著名产区：主要为莱茵河及其支流莫塞尔河地区。莫塞尔酒的酒瓶是绿色的，而莱茵酒的酒瓶是茶色的。莱茵酒的口味更浓郁。

（3）西班牙。

葡萄酒概况：葡萄种植面积世界第一，产酒量世界第三（仅次于意大利和法国）。

著名产区：全国各地几乎都生产葡萄酒，以安达卢西亚、加泰罗尼亚最为有名。其中，安达卢西亚的里奥哈是西班牙最著名的葡萄酒产区。靠近首都马德里的拉曼恰地方街道所产的葡萄酒约占西班牙所有葡萄酒产量的一半。

（4）意大利。

葡萄酒概况：最大的葡萄酒生产国之一，出口量与法国不相上下，产地面积仅次于西班牙，也是全世界最早的酿酒国家之一。

著名产区：皮蒙、威尼托、托斯卡纳等。

（5）南非。

葡萄酒概况：南非地处非洲大陆最南端，气候炎热干燥，绝大部分地区都不适合种植葡萄，葡萄园大部分集中在西开普省西部大西洋沿岸地区，这里受到南极本格拉寒流的影响，为典型的地中海气候。南非内陆地区降水稀少，气温较高，类似于沙漠气候，种植葡萄必须依靠人工灌溉，而且葡萄成熟过快，风味匮乏，酸度不足，因此大都用来酿造低端葡萄酒或制成浓缩葡萄汁。南非虽然天气炎热，但是白葡萄种植面积超过葡萄园总面积的一半，而且葡萄种类繁多，最为重要的白葡萄品种是白诗南（Chenin）、长相思和霞多丽，主要的红葡萄品种是赤霞珠、梅洛和品丽珠。

著名产区：从大西洋海岸地区的北部一直延伸到沙漠，有 300 余座酒窖和酒厂。南非的葡萄园主要集中在西开普省，这个南非最重要的葡萄酒产区内又有四大重点子产区，分别是海岸产区、布里厄河谷产区、克林克鲁产区和奥勒芬兹河产区。

（6）澳大利亚。

葡萄酒概况：与美国并称为两大新兴葡萄酒国，无论在气候还是土壤条件上，都很适合栽种葡萄。1788 年，最早一批移民来到澳大利亚，便开始酿造葡萄酒。在英殖民地时期，生产主力是雪利和波特。1950 年以后，则以无气泡葡萄酒为主。

著名产区：最具代表性的葡萄酒产地有南澳大利亚州、新南威尔士州及维多利亚州等。

（7）阿根廷。

葡萄酒概况：受西班牙和意大利的影响深远，阿根廷最有系统的葡萄园和酒厂均是由该两国的移民后裔设立的。红葡萄酒是阿根廷最好的酒，葡萄品种主要是赤霞珠、梅洛以及最著名的马尔贝克。

著名产区：阿根廷根据地理位置从北到南分为三个葡萄酒产区：一是北部地区，主要是卡塔马卡省、萨尔塔省、图库曼省；二是库约地区，主要是拉里奥哈省、门多萨市、圣胡安省；三是巴塔哥尼亚地区，主要是拉潘帕省、内乌肯省、尼格罗河。

(8) 智利。

葡萄酒概况：南美洲的第二大产酒国，产量仅次于阿根廷，但出口量遥遥领先。葡萄园集中在中部的山谷中。

著名产区：沿海地区、安第斯山脉和沿海山脉之间地区和安第斯山地区。

(9) 美国。

葡萄酒概况：新兴葡萄酒大国。最早酿酒始自16世纪中叶，近30年奋起直追，成为优良葡萄酒生产国。

著名产区：90%的美国葡萄酒在加州酿造，主要产区为纳帕山谷、索罗马山谷和俄罗斯河山谷。最大、最著名的产地是威廉美特山谷，此外还有华盛顿等地。

(10) 中国。

葡萄酒概况：20世纪80年代后进入较快发展时期，现有葡萄酒厂总数在500家左右，主要的企业有张裕、长城、王朝、威龙、华夏等，均引进国际著名葡萄品种以提高质量。

著名产区：山东烟台、河北昌黎等地。

5. 葡萄酒的储存

(1) 温度。葡萄酒最理想的储存温度在11℃左右，但最重要的是保持温度的恒长稳定，因为温度变化造成的热胀冷缩最易让葡萄酒渗透软木塞，从而使葡萄酒加速氧化。

(2) 湿度。70%左右的湿度对葡萄酒的储存是最佳的，太湿容易使软木塞及葡萄酒的标签腐烂，太干则容易让软木塞失去弹性，无法紧封瓶口。

(3) 光度。酒窖中最好不要留下任何的光线，因为光线容易造成葡萄酒变质，特别是日光灯和霓虹灯易让酒产生还原变化，发出浓重难闻的气味。香槟酒和白葡萄酒对光线最敏感，所以要特别小心。

(4) 通风。葡萄酒像海绵一样，能够将周围的味道吸附到酒瓶里去，酒窖中最好能够通风以防止霉味太重。此外还应避免将洋葱、大蒜等味道重的东西与葡萄酒放在一起。另外，将酒放在冰箱中最好也不要太久，以免冰箱中其他食物的味道渗透到葡萄酒里。

(5) 振动。过度振动会影响葡萄酒的品质，长途运输后的酒需经数日才能稳定其品质，就是最好的证明。所以要尽量避免将酒搬来搬去或置于经常振动的地方，尤其是储存年份久的葡萄酒更应注意。

(6) 摆放。传统摆放酒的方式是将酒平放，使葡萄酒和软木塞接触以保持软木塞湿润。干燥皱缩的软木塞无法完全紧闭瓶口，容易导致酒的氧化。

6. 葡萄酒的品鉴

(1) 外观分析。好的葡萄酒的酒液应澄清透亮。白葡萄酒的颜色会随着时间由浅到深地变化，而红葡萄酒则是由深到浅地变化。一款年轻的白葡萄酒通常呈绿色，带一点点黄色，随着它的成熟逐渐变成稻黄色，然后变成金黄色，再发展下去就会变成琥珀色。若白葡萄酒中带有棕色调，则表示这款白葡萄酒已经坏了。对于红葡萄酒来说，年轻的时候色泽很深，多为紫红色，随着时间的推移，紫色慢慢褪掉，两三年以后就会变成红宝石色，再随着时间的推移，会变成砖红或瓦红色，这时就是红葡萄酒的巅峰期。如果出现棕色，同样表明这款红葡萄酒坏了。葡萄酒在保质期内的储存过程中，瓶中会有微量的单宁——色素沉淀——聚集在瓶底。这对于葡萄酒的质量没有影响，只需在饮用前醒酒和换瓶即可。

（2）香气分析。握住杯颈或杯座，逆时针摇动，将鼻子伸入酒杯仔细闻香。葡萄酒的香气大致分为以下三类：

1）一类香气，源于葡萄浆果的香气，又叫果香或品种香，如霞多丽具有柑橘、柠檬味的果香。

2）二类香气，源于发酵的香气，又叫发酵香或酒香，如酒液和酵母长期接触，可增添酵母风味，并让酒更加芬芳馥郁。

3）三类香气，源于陈酿的香气，又叫陈酿香或醇香，如橡木味、香草味、烟熏味等。

（3）口感分析。饮用葡萄酒时尽量不要用手触碰杯体。酒进入口腔后，将口微张轻轻吸气，使葡萄酒的香气通过鼻咽通路得到感知，搅动舌头使口中的酒均匀地分布在舌头表面。将葡萄酒在口内保留10秒以上，咽下少量葡萄酒，将其余部分吐掉，并鉴别余味。好的葡萄酒的香气应该包含葡萄的果香、发酵的酒香、陈酿的醇香，这些香气应该平衡、协调、融为一体，香气幽雅，令人愉快；差的葡萄酒则有突出暴烈的水果香（外加香精），或酒精味突出，或有其他异味，使人嗅而生厌。任何一款好的葡萄酒，其口感都应该是令人舒畅愉悦的，各种香味应细腻、柔和，酒体丰满完整，有层次感和结构感，余味绵长。

7. 葡萄酒的饮用与服务

（1）饮用温度的控制。

1）白葡萄酒。饮用时，不甜的白酒适饮温度为8℃～12℃；较甜的白酒，适饮温度为6℃～8℃。一般冰镇时间为15～20分钟，而冰桶内放置的冰与水比率为6∶4较佳。

2）红葡萄酒。口感较浓郁的红酒适饮温度为12℃～18℃；口感较清淡的红酒适饮温度为12℃～14℃。

3）桃红葡萄酒。适饮温度为8℃～12℃，可加冰块一同饮用。

4）香槟及气泡酒。适饮温度为4℃～6℃，杯子和酒瓶皆须浸泡在冰水内，一般冰镇时间大约为30分钟，冰桶内放置的冰与水比率以6∶4为佳。饮用前，亦可将酒杯先放置于冰箱内，或一同冰镇。

（2）酒杯选用的技巧。常见的葡萄酒饮杯见图3-1。

1）白葡萄酒：所用酒杯的杯口不能太大，使用中小型的杯子，这种杯子又称Burgundy Glass。

2）红葡萄酒：饮用时可使用杯口较大的杯子，这种杯子又称Bordeaux Glass。

3）桃红葡萄酒：选用的杯子与白葡萄酒所使用的杯子相同。

4）香槟及气泡酒：饮用香槟使用的是香槟杯，一般有两种：一种是宽口、碟形高脚杯；另一种是杯身较长的郁金香形玻璃杯。后者便于欣赏气泡上升情况，容量约 150 毫升。气泡酒与香槟酒所使用的杯子相同。

图 3-1 葡萄酒杯

（3）葡萄酒开瓶技巧。首先，用开瓶器的小刀，从切口往瓶口方向，沿着瓶口突出瓶颈的圆圈部分，整齐地将封口锡箔割开。其次，取出开瓶钻，从瓶塞正中央略偏一点的位置垂直钻入，如此才能将开瓶钻旋转入正中央位置。钻入软木塞后改用自然旋转，大约螺旋旋转 4 圈（切忌钻穿软木塞）后，将开瓶钻旁的活动侧架打开，架在瓶口上作为施力点，以左手抓住瓶颈固定酒瓶，右手将开瓶器的横杆下压，利用杠杆原理垂直往上拔出并拉起瓶塞，留 0.5 厘米左右在瓶内。再次，右手拿服务巾包住瓶口，以前后摇动方式将木塞拔出，使木塞与开瓶器分离，将软木塞置于面包盘上交给顾客检视。最后，用服务巾擦拭瓶口。

（二）啤酒知识

1. 啤酒的原料

（1）大麦。大麦有良好的生物学特性，对土壤和气候的要求较低，所以它能在地球上广泛分布。大麦便于发芽，酶系统完全，制成的啤酒别具风味。大麦比小麦等其他谷物更适宜啤酒酿造的机械化工艺。另外，大麦的价格在谷物中是较低的。

（2）啤酒花。啤酒花被誉为啤酒的灵魂，啤酒清爽的苦味实际上是啤酒花的贡献，这种苦味物质不但可以防止啤酒中腐败菌的繁殖，还能杀死发酵过程中所产生的乳酸菌和酪酸菌。

（3）酵母。酵母是一种不能运动的单细胞低等植物，在啤酒生产中，酵母需要经过纯粹的培养才能获得。啤酒中的酒精和二氧化碳都是啤酒酵母发酵产生的。

（4）水。水是啤酒的“血液”，啤酒中至少含有 90%的水分，水中无机物的含量、有机物和微生物的存在会直接影响啤酒的质量。一般啤酒厂都需要建立一套酿造用水的处理系统，也有些啤酒厂采用天然高质量的水源，甚至有些采用冰川雪水来酿造啤酒。

2. 啤酒的品鉴

（1）色泽。看啤酒的色泽是否正常：在啤酒的色泽上，普通淡色啤酒应该是淡黄色或金黄色；黑啤酒为红棕色或淡褐色。啤酒的色泽深浅不是主要的，因为不同的啤酒品种要求不同的颜色，其色泽的深浅不影响啤酒的饮用价值，但啤酒的色泽应和品种、类别相对应。

（2）透明度。看啤酒的酒液是否透亮：好啤酒的酒液应清亮透明，有光泽，无悬浮物或沉淀物。

（3）泡沫。看泡沫是否丰富：啤酒泡沫的好坏应从四个方面观察，即起泡性、泡沫形态、泡沫挂杯颜色和持久性。啤酒倒入杯中应立即有泡沫升起；泡沫形态要细腻，粗的泡沫消失快；泡沫颜色要洁白，表面也可微带黄色；品质优良的啤酒，其泡沫持久性应在3分钟以上；泡沫逐渐落下后，杯壁上应有白色泡沫环和痕迹，即泡沫挂杯。

（4）香气。把酒杯端起来，用鼻子轻轻吸气，应能闻到明显的酒花香气，无老化气味及不正常的生酒花或变质酒花气味。一般而言，品质优良的啤酒，应具有显著的麦芽香和酒花特有的香气；品质较次的啤酒，麦芽香和酒花香气不明显，甚至还会有其他异味。

（5）味道。优质的啤酒喝到嘴里具有非常爽口的感觉，没有酵母味或其他怪味、杂味，但有二氧化碳的刺激，使人感到“杀口”；而品质较次的啤酒，不仅口味平淡，而且会带有苦味、涩味，有的还会带有酵母臭味及其他异味。

（6）二氧化碳含量。二氧化碳含量直接影响泡沫，足够的含量利于起泡，让人饮后有一种舒适的刺激感，习惯上称为“杀口”；若二氧化碳含量不足，则“杀口”不好，像一杯乏味的苦水。

3. 啤酒的品牌

啤酒普及性很强，深受各阶层消费者的欢迎，各国都有比较畅销和知名的品牌（见表3-4）。

表3-4　国内外知名啤酒品牌

产　地	品　牌
德国	慕尼黑（Muncher）、多特蒙德（Dortmunder）、亨格（Henninger）、贝克（Beck's）、柏龙（Paulaner）、卢云堡（Lowenbrau）、福斯坦堡（Fürstenberg）
英国	健力士（Guinness）、贝斯（Bass）、波特（Porter）
荷兰	喜力（Heineken）、高仕（Grolsch）、阿姆斯特尔（Amstel）、宝龙（Bavaria）
丹麦	嘉士伯（Carlsberg）、乐堡（Tuborg）
比利时	复活节小兔（Easter Bunny）
意大利	莫纳迪（Birra Moretti）、德莱赫（Dreher）、福斯特（Forst）
法国	传统（Tradition）、克伦堡（Kronenbourg）
奥地利	哥瑟（Gosser）、莫劳厄（Murauer）

续前表

产　地	品　牌
瑞典	斯珈尔（Skal）、三皇冠（Three Crowns）
瑞士	红雀（Cardinal）、戈尔腾（Gurten）
芬兰	芬兰（Finlandia）
挪威	夫利登伦德（Frydenlund）
卢森堡	迪基希（Diekirch）
西班牙	圣马丁（San Martin）
葡萄牙	萨格雷斯（Sagres）
美国	百威（Bud Weiser）、美乐（Miller）、蓝带（Blue Ribbon）、汉姆斯（Hamms）、铁锚（Arrowhead）、百威英博（Anheuser-Busch）、圣达菲（Santa Fe）
加拿大	黑方（Black Label）、魔尔森（Molson Candian）、木斯赫德（Moosehead）
墨西哥	卡达·布兰卡（Carta Blanca）、科罗娜（Corona）、苏尔（Sol）
新西兰	世好（Stein Lager）、莱克（Rheineck）
澳大利亚	库伯斯（Coopers）、天鹅（Swan）、皇冠（Crown）、牡鹿（Stag）
日本	朝日（Asahi）、奥利恩（Orion）、三宝乐（Sapporo）、麒麟（Kirin）、三得利（Suntory）
新加坡	虎牌（Tiger）、力加（Anchor）
菲律宾	生力（San Miguel）
中国	燕京啤酒、青岛啤酒、珠江啤酒、哈尔滨啤酒、西湖啤酒、雪花啤酒

4. 啤酒的饮用与服务

啤酒最好冰镇后饮用，最佳饮用温度为 8℃～10℃。啤酒所含二氧化碳的溶解度是随温度高低变化而变化的。温度高，二氧化碳逸出量大，泡沫随之增加，但消失快；温度低，二氧化碳逸出量少，泡沫也随之减少。因此，啤酒的饮用温度很重要。适宜的温度可以使啤酒的各种成分协调平衡，给人以最佳的口感。

常见的标准啤酒杯有三种形状（见图 3-2）：第一种是杯口大、杯底小的喇叭形平底杯，也称比尔森杯；第二种是类似于第一种的高脚或者矮脚啤酒杯，这两种酒杯斟酒比较方便，常用来斟倒瓶装啤酒；第三种是带把手的生啤杯，杯身容量大，一般用于饮用桶装啤酒。

（比尔森杯）

（矮脚啤酒杯）

（生啤杯）

图 3-2　啤酒杯

油脂是啤酒泡沫的大敌，能销蚀啤酒的泡沫。因此盛啤酒的容器、杯具要热洗冷刷，保持清洁无油污。服务时，切勿用手指触及杯沿及杯内壁。

啤酒不宜细饮慢酌，否则酒在口中升温会加重苦味。喝啤酒的方法有别于喝烈性酒，宜大口饮用，让酒液与口腔充分接触，以便品尝啤酒的独特味道。

（三）黄酒知识

黄酒的主要原料是糯米、粳米、黍米。原料经蒸煮、摊晾后，加入酒曲和浸米水或加入酵母搅拌，在缸内进行糖化和发酵，经多种微生物共同作用，即可酿成这种低度原汁酒。经压榨收集的米酒液，因色泽澄黄，故称黄酒。

1. 黄酒的特点

黄酒色泽黄亮透明，香气浓郁芬芳，口味鲜美醇厚，风格独特，酒度适中，营养丰富，并有健胃、明目之功效。

2. 黄酒的分类

黄酒的品种很多，分类方法各异。下面以中国黄酒为例进行说明。

（1）根据原料、风味、产区不同，可分为：

1）南方糯米、粳米黄酒。长江以南地区，以糯米、粳米为原料，以麦曲为糖化剂、酵母为发酵剂酿制黄酒，在全国的黄酒销售中占有很大比重，其中以绍兴老酒最为著名。

2）北方黍米黄酒。华北和东北地区，以黍米（又称黄米）为原料，以米曲或麦曲为糖化剂，以酵母为发酵剂酿制黄酒，以山东即墨老酒、山西黄酒为代表。

3）红曲黄酒。以糯米或粳米为原料，以红曲为糖化发酵剂制成，福建以闽北红曲黄酒为代表，浙江以温州乌衣红曲黄酒为代表。

4）大米精酒。是一种改良的大米黄酒，以粳米为原料，以米曲为糖化剂、酵母为发酵剂酿制而成。酒色淡黄透明，糖度、酸度均较低，具有清酒特有的香味。大米精酒以吉林清酒、山东即墨特级清酒为代表。

（2）根据含糖量不同，可分为：

1）干黄酒。“干”表示酒中的含糖量少，总含糖量低于或等于15.0克/升，口味醇和、鲜爽、无异味。

2）半干黄酒。“半干”表示酒中的糖分还未全部发酵成酒精。在生产时，这种酒的加水量较低，相当于在配料时增加了饭量，总含糖量为15.0～40.0克/升，故又称“加饭酒”。我国大多数高档黄酒，口味醇厚、柔和、鲜爽、无异味，均属此种类型。

3）半甜黄酒。这种酒采用的工艺独特，成品酒中的糖分较高，总含糖量为40.1～100克/升，口味醇厚、鲜甜爽口，酒体协调，无异味。

4）甜黄酒。这种酒一般是采用淋饭操作法，拌入酵母，先酿成甜酒酿，当糖化至一定程度时，加入40%～50%浓度的米白酒或糟烧酒，以抑制微生物的糖化发酵作用，总含糖量高于100克/升，口味鲜甜、醇厚，酒体协调，无异味。

3. 黄酒的品鉴

(1) 观其色泽，应晶莹透明，有光泽，无混浊或悬浮物，无沉淀物泛起荡漾于其中，具有极富感染力的琥珀红色。

(2) 将鼻子移近酒盅或酒杯，闻其幽雅、诱人的馥郁芳香。此香不同于白酒的香型，更有别于化学香精，是一种深沉的脂香和黄酒特有的酒香的混合。若是十年以上的陈年高档黄酒，哪怕不喝，放一杯在案头，也能让人心旷神怡。

(3) 用嘴轻啜一口，搅动整个舌头，徐徐咽下。

4. 黄酒的饮用与服务

黄酒因具有香气协调、脂香浓郁、入口清爽、鲜甜甘美、酒味柔和、无刺激性等特点，以及自身特有的活血舒筋功效，所以在饮用上有其特殊要求。

(1) 温饮黄酒。黄酒最传统的饮法当属温饮。温饮的显著特点是酒香浓郁、酒味柔和。温酒的方法一般有两种：一种是将盛酒器放入热水中烫热，另一种是隔火加温。但黄酒加热时间不宜过久，否则酒精都挥发掉了，反而淡且无味。一般而言，冬天盛行温饮。

(2) 冰镇黄酒。目前，在年轻人中盛行一种冰黄酒的喝法，尤其在我国香港及日本，流行黄酒加冰后饮用。如将之置于温控冰箱，温度应控制在3℃左右。饮用时在杯中放几块冰，口感会更好。也可根据个人口味，在酒中放入话梅、柠檬等，或兑些雪碧、可乐、果汁，有消暑、促进食欲的功效。

(3) 佐餐黄酒。黄酒的配餐也十分讲究，以不同的菜配不同的酒，则更可领略黄酒的特有风味。以绍兴酒为例，干型的状元红酒，宜配蔬菜类、海蜇皮等冷盘；半干型的加饭酒，宜配肉类、大闸蟹；半甜型的善酿酒，宜配鸡鸭类；甜型的香雪酒，宜配甜菜类。

(四) 清酒知识

1. 清酒的特点

日本清酒虽然借鉴了中国黄酒的酿造法，但也有别于中国的黄酒。该酒色泽呈淡黄色或无色，清亮透明，芳香宜人，口味纯正，绵柔爽口，其酸、甜、苦、涩、辣诸味和谐，酒精含量在15%以上，含多种氨基酸、维生素，是营养丰富的饮料酒。

日本清酒的制作工艺十分考究。精选的大米要经过磨皮，使大米精白，浸渍时吸收水分快，而且容易蒸熟；发酵时又分成前、后两个阶段；杀菌处理在装瓶前、后各进行一次，以确保酒的保质期；勾兑酒液时注重规格和标准。

2. 清酒的分类

最常见的是根据制法不同，将清酒分为以下几类：

(1) 纯米酿造酒。纯米酿造酒即纯米酒，仅以米、米曲和水为原料，不外加食用酒精。

（2）普通酿造酒。普通酿造酒属低档的大众清酒，是在原酒液中兑入较多的食用酒精，即 1 吨原料米的醪液添加浓度为 100%的酒精 120 升。

（3）增酿造酒。增酿造酒是一种浓而甜的清酒，在勾兑时添加了食用酒精、糖类、酸类、氨基酸、盐类等原料。

（4）本酿造酒。本酿造酒属中档清酒，食用酒精加入量低于普通酿造酒。

（5）吟酿造酒。制作吟酿造酒时，要求所用原料的精米率在 60%以下。日本酿造清酒很讲究米的精白程度，以精米率来衡量精白度，精白度越高，精米率就越低。精白后的米吸水快，容易蒸熟、糊化，有利于提高酒的质量。吟酿造酒被誉为“清酒之王”。

3. 清酒的名品

清酒的名品很多，仅日本《铭酒事典》中介绍的就有 400 余种，命名方法各异。有的用一年四季的花木和鸟兽及自然风光等命名，如白藤、鹤仙等；有的以地名或名胜定名，如富士、秋田锦等；有的以清酒的原料、酿造方法或酒的口味取名，如本格辣口、大吟酿、纯米酒等；还有的以各类誉词作酒名，如福禄寿、国之誉、长者盛等。最常见的日本清酒品牌有月桂冠、樱正宗、大关、白鹰、贺茂鹤、白牡丹、千福、日本盛、松竹梅及秀兰等。

光线的照射是清酒的天敌，为了防止光线照射，市面上常见的酒瓶大多设计成深褐色或青绿色等遮阳效果较佳的颜色，其目的就是避免光线对清酒造成损害。

4. 清酒的饮用与服务

（1）酒杯。饮用清酒时可采用浅平碗或小陶瓷杯，也可选用褐色或青紫色玻璃杯。

（2）饮用温度。清酒一般在常温下饮用，冬天需温烫后饮用，加温一般加至 40℃～50℃，用浅平碗或小陶瓷杯盛饮。

（3）饮用时间。清酒可作为佐餐酒，也可作为餐后酒。

二、蒸馏酒

（一）中国白酒

1. 白酒的原料

选择含淀粉或糖较高的谷物、薯类和某些含淀粉的野生原料。谷物是酿造白酒的主要原料，主要包括高粱、玉米、大米、大麦等。采用固态发酵法时，必须加入一定的辅料，调整淀粉浓度有利于糖化发酵。酿造白酒常加入的辅料有稻壳、谷壳、花生壳和玉米芯等。发酵时加入酒曲，酒曲中有各种微生物，可以分解出淀粉酶，使原料中的淀粉转化为可发酵糖，继而将可发酵糖转化为酒精。水也是酒中的主要成分之一，水质的好坏直接影响酒的质量和风味，俗话说“名酒产地，必有佳泉”。酿造白酒所用的水最低也应符合饮用水标准。

2. 白酒的酿造工艺

(1) 固态发酵法。固态发酵法生产的白酒，糖化和发酵都是在低温下进行的，这样可以防止酵母过早衰老，提高发酵力。采用固态发酵法时，原料含水量为50%～60%。经过一次糖化发酵后，原料中还有较多的淀粉，经过多次糖化发酵，可提高原料中淀粉的利用率，形成较多的呈香呈味物质，有利于提高白酒的风味。

(2) 液态发酵法。液态发酵法生产的白酒，目前采用一步法发酵工艺，在风味和质量上达不到要求，只能将它作为酒基（半成品），再经工艺浸香、调香、串香等。

(3) 麸曲白酒生产工艺。麸曲白酒以高粱、玉米、薯干为原料，采用纯种麸曲酒母代替大曲（麦曲）作糖化发酵剂，发酵周期短，淀粉出酒率高，特别是酒中酯含量低，香气不浓，质量一般。麸曲白酒生产工艺的特点是麸曲加酒曲，合理配料，低温发酵，定温定烧。

3. 白酒的香型

(1) 清香型。以山西杏花村汾酒为代表，又称汾香型，主香成分是乙酸乙酯和乳酸乙酯。酒质清香芬芳，甘润爽口，醇厚绵软，口味纯正，具有传统的老白干风格，如西凤酒、宝丰酒等。

(2) 浓香型。以四川泸州特曲和五粮液为代表，又称泸香型和窖香型，主香成分是乙酸乙酯和适量的丁酸乙酯。入口甜、落口绵，芳香浓郁，绵柔甘洌，回味悠久，饮后尤香，香气浓，如全兴大曲、五粮液、泸州老窖特曲（四川产）、古井贡酒（安徽产）。

(3) 酱香型。以贵州茅台酒为代表，又称茅香型，主香成分是挥发性的酚元化合物，还含有多元醇和多元酚等。回香绵长，留杯不散，醇香优雅。

(4) 米香型。以桂林三花酒为代表，又称蜜香型，主香成分是乳酸乙酯、乙酸乙酯和高级醇。入口绵甜，幽香纯净，如全州湘山酒等。

(5) 复香型。又称兼香型，兼有两种以上香型的白酒，如凌川白酒、白沙液等。

(6) 其他香型。以上香型外其他不同类型的白酒都属于此类型，如贵州董酒、老龙口酒等。

4. 白酒的感官鉴定

对以下各项指标采用记分法，最后根据分数，全面、正确地评价白酒质量。

(1) 色泽。将酒倒入无色透明的高脚酒杯中，酒液应无色透明，无悬浮物，无沉淀，一些名优酒贮存期较长，允许酒中存在极轻微黄色，如茅台酒。

(2) 香气。白酒倒入杯中后，易挥发的呈香物质分散在杯口周围的空气中，可通过嗅觉来检验酒的香气。一般酒应具有一定的溢香；名酒和优质酒，不仅应有溢香，还应有较好的喷香和留香。白酒中不应有异味、糠味和腐臭味。

(3) 口味。白酒的口味应协调、和谐，过甜、过酸、过涩、过辣都会破坏白酒的口味。

(4) 酒体。也称风格，通过色、香、味三方面评价酒体。酒体要求色、香、味正常，具有典型性。名酒和优质酒要求风格突出，一般酒虽风格不突出，但不能有异味。如果白酒中某一成分超过平衡要求，就会出现异常的气味和口味。

5. 白酒的保管

刚蒸馏出来的白酒，酒味燥辣，刺激性强，香气不突出，酒味不协调。需经过一段时间贮存，风味方能改善。在贮存中，白酒的风味变好，刺激性减弱，口味变柔和，这种变化称为白酒的老熟。

白酒保管的重点是保证白酒的质量，降低损耗及防火。成品瓶装白酒，应选择在干燥、通风、清洁的仓库进行保管，避免阳光直射。

6. 白酒的著名品牌

（1）茅台酒。茅台酒历史悠久、源远流长，它以优质高粱为原料，用小麦制成高温曲，用曲量多于原料。茅台酒用曲多、发酵期长，多次发酵、多次取酒等独特工艺是其风格独特、品质优异的重要原因。茅台酒是风格完美的酱香型大曲酒之典型，故“酱香型”又称“茅香型”。其酒质晶亮透明，微带黄色；酱香突出，令人陶醉；敞杯不饮，香气扑鼻；开怀畅饮，满口生香；饮后空杯，留香更大，持久不散。口味幽雅细腻，酒体丰满醇厚，回味悠长。

（2）泸州老窖。泸州老窖是四川省泸州老窖酒厂的产品。1952 年，泸州老窖大曲产品按其内在风格的细微差异进行分级，分为特曲、头曲、二曲、三曲。品级最高的为特曲，是供出口的泸州老窖大曲酒。泸州老窖的主要原料是当地的优质糯高粱，用小麦制曲，大曲有特殊的质量标准，酿造用水为龙泉井水和沱江水，酿造工艺是传统的混蒸连续发酵法。此酒无色透明，窖香浓郁，清洌甘爽，饮后尤香，回味悠长，具有浓香、醇和、味甜、回味长四大特色。

（3）汾酒。杏花村的酿酒史最迟可以追溯到 1500 年前。汾酒是我国清香型白酒的典型代表，该酒无色、清亮透明，无悬浮物，无沉淀，清香纯正，具有以乙酸乙酯为主体的清雅的复合香气，绵甜爽净，自然谐和，余香净长，具有清香纯正、醇厚绵软、甜润净洁的特点。

（4）剑南春。剑南春酒是四川省绵竹县剑南春酒厂的产品。此酒以高粱、大米、糯米、玉米、小麦为原料，小麦制大曲为糖化发酵剂。其工艺有：红糟盖顶，回沙发酵，去头斩尾，清蒸熟糠，低温发酵，双轮底发酵等，配料合理，操作精细。剑南春酒质无色，清澈透明，芳香浓郁，酒味醇厚，醇和回甜，酒体丰满，香味协调，甘洌净爽，余香悠长，属浓香型大曲酒。

（5）洋河大曲。洋河大曲始兴于隋唐，为中国浓香型白酒的正宗代表，2003 年获得国家原产地标记保护。洋河大曲优良的品质来自独特的地理位置和优越的自然环境。洋河地处淮河名酒带，空气中存在大量适宜酿酒的微生物群，用水是清澈甘甜的“美人泉”，以优质高粱、小麦、大麦、豌豆为原料，采用独特工艺，形成了“入口甜、落口绵、酒性软、尾爽净、回味香”的淡雅风格，在浓香型白酒中独树一帜。

(6) 五粮液。五粮液酒是四川省宜宾五粮液酒厂的产品。五粮液酒厂有旧糟坊的老窖遗物，为明代所遗，迄今已有300余年历史。五粮液的酿造原料为红高粱、糯米、大米、小麦和玉米五种粮食。五粮液酒无色、味醇厚，清澈透明，香气悠久，入口甘绵，入喉净爽，各味谐调，恰到好处。饮后无刺激感，不上头。开瓶时，喷香扑鼻；入口后，满口溢香；饮用时，四座飘香；饮用后，余香不尽。属浓香型大曲酒中出类拔萃之佳品。

(7) 古井贡酒。古井贡酒是安徽省亳州市古井酒厂的产品。古井贡酒以本地优质高粱做原料，以大麦、小麦、豌豆制曲，沿用陈年老发酵池，继承了混蒸、连续发酵工艺，并运用现代酿酒方法加以改进，博采众长，形成了独特工艺和独特风格。古井贡酒酒液清澈如水晶，香醇如幽兰，酒味醇和，浓郁甘润，黏稠挂杯，余香悠长，经久不绝。

(8) 董酒。董酒是贵州省遵义董酒厂的产品，1991年获日本东京第三届国际酒博会金奖；1992年在美国洛杉矶国际酒类展评交流会上获“华盛顿金杯奖”。董酒无色，清澈透明，香气幽雅舒适，既有大曲酒的浓郁芳香，又有小曲酒的柔绵、醇和、回甜，还有淡雅舒适的药香和爽口的微酸，入口醇和浓郁，饮后甘爽味长。由于酒质芳香奇特，被人们誉为其他香型白酒中独树一帜的“药香型”或“董香型”典型代表。

(二) 白兰地

白兰地（Brandy）一词有广义和狭义之分。从广义上讲，所有以水果为原料发酵蒸馏而成的酒都称为白兰地，如苹果白兰地；从狭义上讲，现在已经习惯把葡萄酒经过蒸馏和放在木桶里经过相当长时间陈酿而成的酒，称为白兰地。

1. 白兰地的诞生

17世纪末18世纪初，法国的夏朗德河（Charente）码头因交通方便，成为酒类出口的商埠。由于当时整箱葡萄酒占船的空间很大，于是法国人便想出了双蒸的办法，去掉葡萄酒的水分，提高葡萄酒的纯度，减少占用空间而便于运输，这就是早期的白兰地。1701年，法国卷入西班牙战争，白兰地销路大减，酒被积存在橡木桶内。战争结束以后，人们发觉贮存在橡木桶内的白兰地酒酒质更醇、芳香更浓，而且还有晶莹的琥珀色。因此，用橡木桶贮存和贮存的年份便成为酿制白兰地的关键。

2. 白兰地的贮存

白兰地之所以经贮存后，口感醇和、芳香浓郁，是因为所用的橡木桶对白兰地有微妙的“交换作用”，使本来没有颜色的酒神奇地变成橡木桶的琥珀色，而且增添了白兰地特有的香气。贮存时间越久，白兰地的风格越柔顺，香气越精美，价格也越昂贵。但这并不等于说，白兰地可以无限制地陈酿于木桶中。白兰地的最佳酒龄为20～40年，一般不超过50年，最多也不超过70年。时间过长，白兰地的品质将走向衰败。一般而言，到了年头的酒改用搪瓷罐贮存，可以保证酒的品质长期不变。最好的白兰地是由不同酒龄、不同来源的多种白兰地勾兑而成的。勾兑后的白兰地先在适当的容器中存放6个月，使之更加稳定，即可装瓶出售。为了突出贮存年份、抬高酒价，酒瓶的商标上还要有醒目的特殊标记，这些标记各有不同的意义（见表 3－5）。

表 3－5　　白兰地酒瓶的标记及其意义

标记	指代年份	标记中的字母	意义
★	3 年陈	E	especial 特别的
★★	4 年陈	O	old 老陈
★★★	5 年陈	P	pale 浅色、清澈的
V. O	10～12 年陈	S	superior 优越的；soft 柔顺的
V. S. O	12～20 年陈	V	very 非常
V. S. O. P	20～30 年陈	X	extra 格外的、特高档的
F. O. V	30～50 年陈	C	cognac 干邑
X. O	50 年陈	F	fine 好的、精美的
X.	70 年陈		

需要指出的是，这些标记的含义不都是很严格的，不仅所代表的酒龄没有严格的限制，而且相同的标记在不同的地区和厂家所代表的意义也不尽相同。

3. 白兰地的名品

（1）干邑白兰地（Cognac Brandy）。干邑是法国南部的一个地区，位于夏朗德省境内，是法国最古老、最著名的白兰地产区。干邑地区生产白兰地有悠久的历史和独特的加工酿造工艺。干邑之所以享有盛誉，与其原料、土壤、气候、蒸馏设备及生产方法和老熟方法密切相关。干邑白兰地被称为“白兰地之王”。

干邑白兰地酒体呈琥珀色，清亮透明，口味讲究，风格豪壮英烈，十分独特。干邑白兰地的原料选用的是圣埃美隆（Saint-Emilion）、鸽笼白（Colombard）、白福尔（Folle Blanche）三个著名的白葡萄品种，以夏朗德壶式蒸馏器两次蒸馏，再盛入新橡木桶内贮存，一年后移至旧橡木桶，以避免吸收过多的单宁。

干邑是白兰地的极品，受到法国政府的严格限制和保护。依照 1909 年 5 月 1 日法国政府颁布的法令：只有在干邑地区（包括夏朗德省及附近的 7 个区）生产的白兰地才能称为干邑。

干邑白兰地的名品很多，远销世界各地，常见的有：人头马 V. S. O. P（Remy Martin V. S. O. P）、马爹利 V. S. O. P（Martell V. S. O. P）、轩尼诗 V. S. O. P（Hennessy V. S. O. P）、拿破仑 V. S. O. P（Courvoisier V. S. O. P）、百利来 V. S. O. P（Polignac V. S. O. P）、百事吉 V. S. O. P（Bisquit V. S. O. P）、蓝带马爹利（Martell Cordon Blue）、人头马俱乐部（Remy Martin Club）、轩尼诗 X. O（Hennessy X. O）、马爹利 X. O（Martell X. O）、人头马 X. O（Remy Martin X. O）、卡慕 X. O（Camus X. O）、拿破仑 X. O（Courvoisier X. O）、人头马路易十三（Remy Martin Louis XIII）、天堂轩尼诗（Hennessy Paradise）、天堂马爹利（Martell Paradise）、豪达 V. S. O. P（Otard V. S. O. P）、豪达 X. O（Otard X. O）、御鹿 V. S. O. P（Hine V. S. O. P）、御鹿 X. O（Hine X. O）、卡慕 V. S. O. P（Camus V. S. O. P）、奥吉尔 V. S. O. P（Augier V. S. O. P）、金路易拿破

仑（Louis D'or Napoleon）等。V. S. O. P 以下级别的杂牌较多，质量也参差不齐。

一些知名品牌的白兰地包装见图 3－3。

（拿破仑V.S.O.P） （轩尼诗V.S.O.P） （轩尼诗X.O） （蓝带马爹利）

（金牌马爹利） （名士马爹利） （人头马俱乐部） （人头马V.S.O.P）

（马爹利X.O） （人头马X.O） （人头马路易十三）

图 3－3　干邑白兰地名品

（2）雅邑白兰地（Armagnac Brandy）。仅次于干邑白兰地的是雅邑白兰地。雅邑位于干邑南部，在法国西南部的热尔省境内，以产深色白兰地驰名。雅邑虽没有干邑著名，但风格与其很接近。酒体呈琥珀色，发黑发亮，因为贮存时间较短，所以口味烈。陈年或远年的雅邑白兰地酒香袭人，风格稳健沉着，醇厚浓郁，回味悠长，留杯许久，有时可达一星期之久，酒度为 43 度。雅邑也是受法国法律保护的白兰地品种。只有雅邑当地产的白兰地才可以在商标上冠以“Armagnac”字样。雅邑白兰地的名品有：卡斯塔浓（Castagnon）、夏博（Chabot）、珍尼（Janneau）、索法尔（Sauval）、桑卜（Semp）。

（3）广义白兰地（杂果蒸馏酒）。杂果蒸馏酒属于广义上的白兰地，许多水果都可以蒸馏成酒，但其产量和知名度远比不上葡萄蒸馏酒。知名的有苹果蒸馏酒、梨蒸馏酒、龙胆蒸馏酒、樱桃蒸馏酒、杏蒸馏酒、蓝李蒸馏酒、黄李蒸馏酒、覆盆子蒸馏酒等。杂果蒸馏酒主要产自欧洲。

（4）其他国家和地区生产的白兰地。

法国白兰地：指除干邑、雅邑以外的法国其他地区生产的白兰地，与其他国家的白兰地相比，品质上乘。

西班牙白兰地：除法国以外，西班牙白兰地是最好的。有些西班牙白兰地是用雪利酒蒸馏而成的。目前许多这种酒是用各地产的葡萄酒蒸馏混合而成的。此酒在味道上与干邑和雅邑有显著的不同，味较甜且带土壤味。

美国白兰地：大部分产自加利福尼亚州，是以当地产的葡萄为原料，发酵蒸馏至85 proof，贮存在白色橡木桶中至少两年，有的加焦糖调色而成。

除此之外，葡萄牙、秘鲁、德国、希腊、澳大利亚、南非、以色列、意大利和日本也生产优质白兰地。

4. 白兰地的饮用与服务

比较讲究的白兰地饮用方法是净饮，即用白兰地杯（见图3-4），并另外用水杯配一杯冰水。品尝时用手掌握住白兰地杯杯壁，让手掌的温度经过酒杯稍微温暖一下白兰地，让其香味挥发，充满整个酒杯。224毫升的白兰地杯只需倒入28毫升白兰地酒，边闻边喝，只有这样才能真正地享受饮用白兰地酒的奥妙。冰水的作用是：每喝完一小口白兰地，喝一口冰水，能使下一口白兰地的味道更香醇。

英国人喝白兰地喜欢加水，中国人则多喜欢加冰，但这只是喝一般品牌的白兰地。对于陈年上佳的干邑白兰地来说，加水、加冰是浪费了几十年的陈化时间，丢失了香甜浓醇的味道。

白兰地也可以与其他软饮料混合在一起喝。例如：白兰地加可乐，一般采用柯林杯（见图3-4），放半杯冰块、28毫升白兰地、168毫升可乐，并用酒吧匙搅拌一下。

（白兰地杯）　　（柯林杯）

图3-4　白兰地杯和柯林杯

（三）威士忌

威士忌（Whisky）一词源于古代居住在爱尔兰和苏格兰高地的凯尔特人的语言。在不同的国家，威士忌的写法也有差异，在爱尔兰和美国写成 Whiskey，而在苏格兰和加拿大则写成 Whisky，意为“生命之水”。

1. 威士忌的名品

几百年来，威士忌大多是用麦芽酿造的。直至 1831 年才诞生了用玉米、燕麦等其他谷类所制的威士忌。到了 1860 年，威士忌的酿造又出现了一个新的转折点，人们学会了用掺杂法来酿造威士忌。掺杂法酿造威士忌的出现使世界各国的威士忌家族更加壮大。许多国家和地区都出现了生产威士忌的酒厂，生产的威士忌酒更是种类齐全、花样繁多，最著名且最具代表性的威士忌有苏格兰威士忌、爱尔兰威士忌、美国威士忌和加拿大威士忌以及现在流行的日本威士忌五大类。

（1）苏格兰威士忌。苏格兰威士忌在苏格兰有四个生产区域，即高地（High Land）、低地（Low Land）、坎贝尔敦（Campbeltown）和艾雷岛（Islay）。这四个区域生产的产品各有其独特风格。

苏格兰威士忌的配制须经六道工序：将大麦浸水发芽→烘干、搅拌麦芽→入槽加水糖化→入桶加酵母发酵→两次蒸馏→陈酿、混合。调制的苏格兰威士忌，则是由麦芽威士忌供给其香味特色。谷物威士忌的酒味较淡，酿藏时间也较短，调和时占整个苏格兰威士忌的 60%～70%。调和后的威士忌口味比较粗劣，仍须注入橡木桶中贮存、陈酿。苏格兰威士忌在酿制过程中，需将浸水的麦芽置于泥煤上烤干，所以成品酒均含有烟熏味。在贮存过程中，酒中粗劣的味道逐渐被橡木桶吸收，木桶的颜色也慢慢渗入酒中，因而成品酒的颜色呈淡琥珀色。苏格兰威士忌必须贮存 5 年以上才可饮用，普通的成品酒须贮存 7～8 年，醇美的威士忌须贮存 10 年以上。通常贮存 15～20 年的威士忌是最优质的，这时的酒色、香味均臻上乘。贮存超过 20 年的威士忌，酒质会逐渐变坏，但装瓶以后，则可保持酒质长久不变。

苏格兰威士忌具有独特的风格，它的色泽棕黄带红、清澈透明，气味焦香、略带烟熏味，口感甘冽、醇厚、劲足、圆正、绵柔，酒度一般在 40～43 度。衡量苏格兰威士忌的重要标准是嗅觉的感受，即酒香气味。

苏格兰威士忌分为纯威士忌和混合威士忌两大类。纯威士忌是以一种原料加工酿制而成的，通常是指纯麦威士忌；混合威士忌通常是指谷物威士忌和兑和威士忌。

1）纯麦威士忌。纯麦威士忌是以在露天泥煤上烘烤的大麦芽为原料，经发酵后，用罐式蒸馏器蒸馏，然后装入特别的木桶（由美国出产的一种白橡木制成，内壁须经火烤炙后才能使用）中陈酿，装瓶前加以稀释，酒度在 40 度以上。大多数人认为，纯麦威士忌的泥煤味太浓，难以接受。较著名的纯麦威士忌品牌有：格兰菲迪（Glenfiddich）、汤玛丁（Tomatin）、格兰威特（Glenlivet）、麦卡伦（Macallan）、高原骑士（Highland Park）、云顶（Springbank）。

2）谷物威士忌。谷物威士忌以燕麦、小麦、黑麦、玉米等谷物为主料，口味很平淡，多用于勾兑其他威士忌酒，很少零售。

3）兑和威士忌。兑和威士忌是用纯麦威士忌、谷物威士忌或食用酒精勾兑而成的混合威士忌。在英国名气最大、产量最高的品牌尊尼获加（Johnnie Walker）则是由40种不同的原酒样品勾兑而成的。经勾兑混合、贮存若干年后的威士忌，烟熏味被冲淡，香味更加诱人，并且在世界上销量最多。这是苏格兰威士忌的精华所在。

兑和威士忌通常有普通和高级之分。一般而言，纯麦威士忌用量占比在50%～80%，为高级兑和威士忌。如果谷物威士忌所占的比重大于纯麦威士忌，则为普通威士忌。高级威士忌兑和后要在橡木桶中贮存12年以上，而普通威士忌在兑和后贮存8年左右即可出售。

普通威士忌名品有：百龄坛特醇（Ballantine's Finest）、金铃喜乐（Bell's）、尊尼获加红方（Johnnie Walker Red Lable）、白马（White Horse）、龙津（Long John）、先生（Teacher's）、珍宝（J&B）、顺风（Cutty Sark）、威使69（Vat 69）、威雀（The Famous Grouse）等。

高级威士忌名品有：金玺百龄坛（Ballantine's Gold Seal）、百龄坛30年（Ballantine's 30 Years）、百龄坛17年（Ballantine's 17 Years）、添宝15年（Dimple 15 Years）、格兰（Grant's）、尊尼获加黑方（Johnnie Walker Black Lable）、老伯威（Old Parr）、芝华士（Chivas Regal）、皇家礼炮（Royal Salute）等，见图3-5。

（2）爱尔兰威士忌。根据资料，爱尔兰制造威士忌至少已有700年的历史了，还有一些专家和权威人士认为，蒸馏技术起源于爱尔兰，而后传到苏格兰。

爱尔兰威士忌是以80%的大麦为主要原料，混以小麦、黑麦、燕麦、玉米等配料，制作工序与苏格兰威士忌大致相同，但不像苏格兰威士忌那样要进行复杂的勾兑。另外，爱尔兰威士忌在口味上没有那种烟熏味道，是因为在熏麦芽时所用的不是泥煤而是无烟煤。爱尔兰威士忌陈酿时间一般为8～15年，成熟度也较高，因此口味较绵柔长润，并略带甜味。其蒸馏酒液一般高达86度，用蒸馏水稀释后陈酿，装瓶出售时酒度为40度。爱尔兰威士忌的名品有：约翰·波尔父子（John Power & Son）、老布什米尔（Old Bushmills）、约翰·詹姆森父子（John Jameson & Son）、帕蒂（Paddy）、图拉多（Tullamore Dew）等。

爱尔兰威士忌口味比较醇和、适中，很少用于净饮，一般用作鸡尾酒的基酒。比较著名的爱尔兰咖啡就是一款以爱尔兰威士忌为基酒的热饮。其制法是：先用酒精炉把杯子温热，倒入少量的爱尔兰威士忌，然后用火把酒点燃，转动杯子使酒液均匀地涂于内壁上，加糖、热咖啡搅拌均匀，最后在咖啡上加上鲜奶油，同一杯冰水配合饮用。

（3）美国威士忌。美国威士忌与苏格兰威士忌在制法上相似，但所用的谷物不同，蒸馏出的酒精纯度也比苏格兰威士忌低一些。美国威士忌中最著名的当属波本威士忌

（百龄坛插醇）（金玺百龄坛12年）（芝华士12年）（珍宝）

（添宝15年）（威雀）（尊尼获加黑方）（尊尼获加红方）

（白马）（格兰）（顺风）（格兰菲迪）

图 3-5　苏格兰威士忌名品

(Bourbon whiskey)。波本是美国肯塔基州的一个地名。波本威士忌并不意味着必须生产于肯塔基州波本县。美国酒法规定，只要符合以下三个条件，都可以用此名：第一，酿造原料中，玉米至少占 51%；第二，蒸馏出的酒度在 40～80 度；第三，以酒度 40～62.5 度贮存在新制烧焦的橡木桶中，贮存期在 2 年以上。因此，伊利诺伊、印第安纳、俄亥俄、宾夕法尼亚、田纳西和密苏里等州也出产波本威士忌。

美国威士忌的名品有：美格（Maker's Mark）、天高（Ten High）、四玫瑰（Four Roses）、杰克・丹尼（Jack Daniel's）、施格兰（Seagram's）、老祖父（Old Grand Dad）、老乌鸦（Old Crow）、老林头（Old Forester）、威凤凰（Wild Turkey）、爱威廉斯（Evan Williams）、占边（Jim Beam）等，见图 3-6。

美国威士忌的饮用方法与苏格兰威士忌大致相同，有时也加可乐兑饮。

（杰克·丹尼）　（占边）　（四玫瑰）　（威凤凰）

图 3－6　美国波本威士忌名品

（4）加拿大威士忌。加拿大威士忌在国外比国内更有名气，它的原料构成受到加拿大法律的制约。其主要酿制原料为玉米、黑麦，再掺入其他一些谷物原料，但没有一种谷物占比超过 50%，并且各个酒厂都有自己的配方，比例都保密。加拿大威士忌酒色棕黄，酒香芬芳，口感轻快爽适，酒体丰满，以淡雅的风格著称。

加拿大威士忌的名品有：加拿大俱乐部（Canadian Club）、施格兰 V. O（Seagram's V. O）、辛雷（Schenley）、怀瑟斯（Wiser's）、加拿大之家（Canadian House）等，见图 3－7。

（加拿大俱乐部）　（施格兰 V. O）

图 3－7　加拿大威士忌名品

加拿大威士忌在餐前或餐后饮用，可纯饮，也可兑入可乐或汽水饮用。

（5）日本威士忌。日本威士忌师承苏格兰威士忌，口味较苏格兰威士忌轻柔，更贴近东方人口味。第一批日本威士忌的制酒者在苏格兰学习培训，回到日本后，把学到的知识带到了传统的日本清酒酿造业。日本北部的北海道岛地貌和苏格兰高地很相似，也有泥炭沼泽地，绵延的山脉，流过花岗岩的清冽、纯净的溪水，但泥炭产生的香味没有苏格兰泥炭那么香。日本最大的威士忌酒业公司——三得利（Suntory）在京都附近的山崎（Yamazaki）及本州的白州（Hakushu）和沼津（Noheii）地区都有酒厂，三得利酿造的威士忌（见图 3－8）大多数供应日本国内，只有小部分出口到太平洋国家；日本第二大的酒业公司是日光（Nikka），生产两种单一麦芽威士忌——日光和余市（Yoichi）。

（山崎单一麦芽威士忌）　　（三得利響 17 年）

图 3-8　日本威士忌名品

2. 威士忌的饮用与服务

威士忌酒为烈性酒，酒精含量达 40%～43%。其饮用方法灵活多样，除可直接饮用外，还可加入汽水、冰或其他饮料，如混合苏打水等，也可加绿茶、切碎的柠檬片等作为配料（在西欧及日本盛行的饮用方法）。优质威士忌酒加水稀释后，香型不变，澄清透明。不同的饮用方法所适用的酒杯亦不相同，净饮、加冰时通常使用古典杯（见图 3-9），这种宽大而不深的平底杯，更利于威士忌粗犷豪迈风格的表现。混合各种汽水（如苏打水）饮用时，则可用柯林杯，加入大约 30 毫升威士忌及适量汽水和冰块。

图 3-9　古典杯

（四）金酒

金酒（Gin）有许多称呼，我国香港、广东地区称之为毡酒，我国台湾地区称之为琴酒，又因其含有特殊的杜松子味道，所以又被称为杜松子酒。

金酒诞生于 17 世纪中叶，是由荷兰莱顿大学的医学教授弗兰西斯·西尔维斯首创的。其最初是作为利尿、清热的药剂使用，不久人们发现这种利尿剂香气和谐、口味谐调、醇和温雅、酒体洁净，具有净、爽的自然风格，于是很快将之作为正式的酒精饮料饮用。金酒的怡人香气主要来自具有利尿作用的杜松子。金酒不用陈酿，但也有的厂家将原酒放到橡木桶中陈酿，从而使酒液略带金黄色。金酒的酒度一般在 35 度至 55 度，酒度越高，质量越好。

1. 金酒的分类

按口味风格，金酒可分为辣味金酒（干金酒）、老汤姆金酒（加甜金酒）、荷兰金酒和果味金酒（芳香金酒）四种。辣味金酒质地较淡、清凉爽口、略带辣味，酒度在80～94 proof；老汤姆金酒是在辣味金酒中加入 2%的糖分，使其带有怡人的甜辣味；荷兰金酒除了具有浓烈的杜松子气味外，还具有麦芽的芬芳，酒度通常在 100～110 proof；果味金酒是在干金酒中加入成熟的水果和香料，如柑橘金酒、柠檬金酒、姜汁金酒等。

2. 金酒的名品

比较著名的金酒有荷式金酒、英式金酒和美式金酒。

（1）荷式金酒。荷式金酒产于荷兰，主要的产区集中在斯希丹一带，是荷兰人的国酒。荷式金酒以大麦芽与裸麦等为主要原料，配以杜松子酶为调香材料，经发酵后蒸馏三次获得谷物原酒，然后加入杜松子香料再蒸馏，最后将蒸馏而得的酒贮存于玻璃槽中待其成熟，包装时再稀释装瓶。荷式金酒色泽透明清亮，酒香味突出，香料味浓重，辣中带甜，风格独特。无论是纯饮或加冰都很爽口，酒度在 52 度左右。因香味过重，荷式金酒只适于纯饮，不宜做混合酒的基酒，否则会破坏配料的香味。

荷式金酒在装瓶前不可贮存过久，以免杜松子氧化而使味道变苦。而装瓶后则可以长时间保存而不降低质量。荷式金酒常装在长形陶瓷瓶中出售。新酒叫 Jonge，陈酒叫 Oulde，老陈酒叫 Zeet Oulde。比较著名的品牌有：亨克斯（Henkes）、波士（Bols）、波克马（Bokma）、邦斯马（Bomsma）、哈瑟坎坡（Hasekamp）。

（2）英式金酒。英式金酒的生产过程比荷式金酒简单，它用食用酒糟和杜松子及其他香料共同蒸馏而得干金酒。因为干金酒酒液无色透明，气味奇异清香，口感醇美爽适，既可单饮，又可与其他酒混合配制或作为鸡尾酒的基酒，所以深受世人的喜爱。英式金酒属淡体金酒，意思是指不甜、不带原体味的金酒，口味与其他酒相比，比较淡雅。

英式金酒的种类有：干金酒（Dry Gin）、特干金酒（Extra Dry Gin）、极干金酒（Very Dry Gin）、伦敦干金酒（London Dry Gin）和英国干金酒（English Dry Gin），这些都是英国上议院给金酒一定地位的标志。英式金酒的著名品牌有：必富达（Beefeater）、哥顿（Gordon's）、杰彼斯（Gilbeys）、仙蕾（Schenley）、添加利（Tangueray）、伊丽莎白女王（Queen Elizabeth）、老女士（Old Lady's）、老汤姆（Old Tom）、上议院（House of Lords）、格利娜尔斯（Greenall's）、布多思（Boodles）、博士（Booth's）、伯内茨（Burnett's）、普利茅斯（Plymouth）、施格兰（Seagram's）等。

（3）美式金酒。美式金酒为淡金黄色，因为与其他金酒相比，它要在橡木桶中陈放一段时间。美式金酒主要有蒸馏金酒和混合金酒两大类。通常情况下，美国的蒸馏金酒在瓶底部标有字母“D”，这是美国蒸馏金酒的特殊标志。

（4）其他国家的金酒。金酒的主要产地除荷兰、英国、美国以外，还有德国、法国、比利时等国家。比较常见和有名的金酒有：德国的辛肯哈根（Schinkenhager）、西利西特（Schlichte）、多客（Doornkaat），比利时的布鲁克人（Bruggman）、菲利埃斯（Filliers）、弗兰斯（Fryns）、海特（Herte）、康坡（Kampe）、万达姆（Vanpamme），法国的克丽森（Claessens）、罗斯（Loos）、拉弗斯卡德（Lafoscade）。

3. 金酒的饮用与服务

荷式金酒主要用于餐前或餐后单饮。英式金酒广泛用于调制鸡尾酒。净饮时，先将 30 毫升的金酒加少量冰块搅匀，滤入鸡尾酒杯，加一片柠檬；加冰饮用时，在古典杯中加冰块和 30 毫升金酒，加一片柠檬；亦可选用柯林杯，与苏打水、汤力水混合饮用。

（五）伏特加

伏特加（Vodka）源于俄文，意为“生命之水”，约14世纪时成为俄罗斯传统饮用的蒸馏酒。在波兰，也很早就有饮用伏特加的记录。

1. 伏特加的工艺

伏特加以谷物或马铃薯为原料，经过蒸馏酒度高达95度，再用蒸馏水淡化至40～60度，并经过活性炭过滤，使酒质更加晶莹澄澈，无色且清淡爽口，使人感到不甜、不苦、不涩，只有烈焰般的刺激，形成伏特加独具一格的特色。因此，在各种调制鸡尾酒的基酒之中，伏特加是最具灵活性、适应性和变通性的一种酒。

2. 伏特加的产地

俄罗斯是生产伏特加的主要国家，德国、芬兰、波兰、美国、日本等国也都能酿制优质的伏特加。特别是在第二次世界大战开始时，由于俄罗斯制造伏特加的技术传到了美国，美国也一跃成为生产伏特加的大国之一。

3. 伏特加的分类

伏特加分为两大类：一类是无色、无杂味的上等伏特加；另一类是加入各种香料的伏特加。

4. 伏特加的名品

较著名的伏特加品牌有：俄罗斯的波尔斯卡亚（Bolskaya）、哥丽尔卡（Gorilka）、斯大卡（Starka）、绿牌（Moskovskaya）、红牌（Stolichnaya），波兰的维波罗瓦（Wyborowa），芬兰的芬兰牌（Finlandia），美国的斯米诺（Smirnoff）、沙莫瓦（Samovar），英国的哥萨克（Cossack），法国的弗劳斯卡亚（Voloskaya），瑞典的绝对（Absolut）等，见图3－10。

（绝对伏特加）

（芬兰伏特加）

（斯米诺伏特加）

（红牌伏特加）

图3－10 伏特加名品

5. 伏特加的饮用与服务

伏特加通常以常温饮用，快饮（干杯）是其主要饮用方式，所以伏特加出品时量不会很大，标准用量为每位顾客 42 毫升，一般用容量较小的烈酒杯饮用，也可用利口酒杯替代（见图 3－11）。加冰饮用时多选用容量大一些的古典杯。伏特加可作佐餐酒或餐后酒。净饮时，常备一杯凉水。许多人喜欢冰镇后干饮，仿佛冰溶化于口中，进而转化成一股火焰般的热烈。

（烈酒杯）　　（利口酒杯）

图 3－11　伏特加的载杯

（六）朗姆酒

1. 朗姆酒的原料及生产工艺

朗姆酒（Rum），又译为罗姆酒、兰姆酒，是一种以甘蔗汁或甘蔗制糖的副产品——废糖蜜为原料，经过发酵、蒸馏、陈酿而制成的蒸馏酒。朗姆酒的主要特征是具有甘蔗香气。

朗姆酒的主要生产方法是将甘蔗汁或废糖蜜（需加水稀释）加入石灰乳中，加热处理后，再经过滤或离心分离除去沉淀物，所得澄清糖液使用专用酵母菌进行发酵。有些朗姆酒品种，在发酵液中适量添加丁酸菌，发酵其中残余糖分，并产生芳香物质，以改善酒的香气和风味。发酵完毕的发酵液，用特制的蒸馏设备蒸馏取酒。新蒸出的酒，酒质粗糙，香气欠佳，需装入橡木桶中贮藏。贮藏时，酒将橡木中的单宁溶解，同时，酒中的有机化合物发生氧化、酯化、聚合等作用。这些变化都能促进酒的自然老熟，使酒的色、香、味俱佳，形成独特的风格。贮藏到期的酒，需加纯水稀释至酒度 40%～50%，再经勾兑、调色、调香、调味、过滤等工序，检验合格后方可装瓶出厂。朗姆酒是世界上消费量最多的酒种之一。

2. 朗姆酒的产地

朗姆酒产于盛产甘蔗及蔗糖的地区，如牙买加、古巴、海地、多米尼加、波多黎各、圭亚那等加勒比海国家，其中以牙买加、古巴生产的朗姆酒最有名。

3. 朗姆酒的名品

朗姆酒的名品有：百加得（Bacardi）、摩根船长（Captain Morgan）、海军罗姆（Lamb's Navy）、唐 Q（Don Q）、郎立可（Ronrico）、船长酿（Captain's Reserve）、老牙买加（Old Jamaica）、密叶斯（Myers's）、皇家高鲁巴（Coruba Royal）。

4. 朗姆酒的分类

朗姆酒按口味可分为淡朗姆酒、中性朗姆酒和浓朗姆酒三类。淡朗姆酒无色，味道清淡，是鸡尾酒基酒和兑和其他饮料的原料。生产中性朗姆酒时，加水在糖蜜上使其发酵，然后仅取出浮在上面的澄清的汁液蒸馏、陈化，出售前用淡朗姆酒或浓朗姆酒兑和至合适程度。浓朗姆酒在生产过程中，先让糖蜜放 2～3 天发酵，然后加入蒸馏留下的残渣或甘蔗渣，使其再次发酵。有的要加入其他香料汁液，放在单式蒸馏器中，蒸馏出来后，注入内侧烤过的橡木桶中贮存数年。

朗姆酒按颜色可分为白朗姆酒、金朗姆酒、黑朗姆酒。白朗姆酒是指无色或淡色的朗姆酒，又叫银朗姆酒，制造时是将入桶陈化后的原酒经过活性炭过滤，除去杂味。金朗姆酒是介于白朗姆酒和黑朗姆酒之间的朗姆酒，通常用两种酒混合而成。黑朗姆酒呈浓褐色，多产自牙买加，通常用于制作点心，实际上是浓朗姆酒。

5. 朗姆酒的饮用与服务

在生产朗姆酒的国家，人们多喝纯的、未进行任何调和的朗姆酒，这是因为人们认为朗姆酒的独特风味是要直接品味的。在美国，人们更多地用朗姆酒来调制鸡尾酒，很少净饮。因为烧焦的蔗糖有强烈的香味，所以朗姆酒也经常用于制作糕点、糖果、冰激凌以及作为法式大菜的调味酒。朗姆酒饮用时还可加冰、加水、加可乐。据说，在冬天将热水和黑朗姆酒兑在一起饮用，可以治感冒。

（七）特基拉酒

特基拉酒（Tequila）是墨西哥的特产，被称为“墨西哥的灵魂”。特基拉是墨西哥的一个小镇，此酒以产地得名。

1. 特基拉酒的原料及生产工艺

特基拉酒也被称为龙舌兰酒，是因为此酒的原料很特别，以龙舌兰为原料。龙舌兰是一种仙人掌科的植物，通常要生长 12 年，成熟后割下送至酒厂，再被割成两半后泡洗 24 小时。然后榨出汁来，汁水加糖送入发酵柜中发酵 2～3 天。经两次蒸馏，酒精纯度高达 104～106 proof，此时的酒香气突出，口味凶烈。最后放入橡木桶陈酿。陈酿时间不同，颜色和口味差异很大。银白色酒贮存期最多 3 年，金黄色酒贮存期可达 4 年。特级特基拉需要更长的贮存期，装瓶时酒度要稀释至 80～100 proof。特基拉酒的口味凶烈，香气很独特。

2. 特基拉酒的名品

特基拉酒的名品有：白金武士（Conquistador）、豪帅快活（Jose Cuervo）、斗牛士（El Toro）、索查（Sauza）、欧雷（Ole）、玛丽亚西（Mariachi）、培恩（Patron Anejo）。

3. 特基拉酒的饮用与服务

特基拉酒是墨西哥的国酒，墨西哥人对此酒情有独钟，品饮方式也很独特，常用于净饮。桑格丽塔（一种红色辣味汁）、切成小块的绿色柠檬和盐是特基拉的必备“伴侣”。饮用时，要备两个细高的圆形小酒杯，分别斟满特基拉和桑格丽塔。左手虎口上放一点盐，饮一口特基拉，吮一下柠檬，舔一点盐，再饮一点桑格丽塔。如果招待客人，主人还要和客人喝交杯酒，以示对客人的真诚。另外，特基拉酒也常作为鸡尾酒的基酒。

三、配制酒

配制酒是一个比较复杂的酒品系列，它的诞生晚于其他单一酒品，但发展很快。配制酒主要有两种配制工艺：一种是在酒和酒之间进行勾兑配制，另一种是以酒与非酒精物质（包括液体、固体和气体）进行勾调配制。

配制酒的酒基可以是原汁酒，也可以是蒸馏酒，还可以两者兼而用之。配制酒较有名的产地也是欧洲主要产酒国，其中法国、意大利、匈牙利、希腊、瑞士、英国、德国、荷兰等国的产品最为有名。

配制酒的品种繁多，风格各有不同，划分类别比较困难，较流行的分类法是将配制酒分为开胃酒（Aperitif）、甜食酒（Dessert Wine）、利口酒（Liqueur）三大类。

（一）开胃酒

开胃酒的概念是比较含糊的。随着人们饮酒习惯的演变，开胃酒逐渐被专指为以葡萄酒和某些蒸馏酒为主要原料的配制酒，如味美思（Vermouth）、比特酒（Bitter）、茴香酒（Anise）等。开胃酒广义上是指在餐前饮用的能增加食欲的所有酒精饮料，狭义上专指以葡萄酒基或蒸馏酒基为主的有开胃功能的酒精饮料。

1. 味美思

味美思是意大利语“Vermouth”的音译，从古德语“Wermut”或者盎格鲁-撒克逊语“Wermod”演变而来，是指一种叫苦艾的植物。味美思酒的主要成分有两类：一类是葡萄酒，约占80%，以干白葡萄酒为酒基；另一类主要成分是各种各样的配制香料，如蒿属植物、金鸡纳树皮、木炭精、鸢尾草、小茴香、豆蔻、龙胆、牛至、安息香、可可豆、生姜、芦荟、桂皮、白芷、春白菊、丁香、苦橘、风轮菜、鼠尾草、接骨木、百里香、香草、陈橘皮、玫瑰花、杜松子、苦艾、海索草等。

常见的味美思有红味美思、白味美思和干味美思。意大利味美思酒名品有：仙山露（Cinzano）、马天尼（Martini）、干霞（Gancia）、卡帕诺（Carpano）、瑞卡多娜（Riccadonna）；法国味美思酒名品有：香百丽（Chambery）、杜瓦尔（Duval）、诺利帕特（Noilly Prat），见图3-12。

2. 比特酒

比特酒从古药酒演变而来，种类繁多，有清香型也有浓香型，有淡色也有深色，有含酒精的也有不含酒精的。但不管是哪种比特酒，苦味和药味是它们的共同特征。用于

（马天尼干味美思）　（马天尼白味美思）　（马天尼红味美思）

（仙山露干味美思）　（仙山露红味美思）　（诺利帕特干味美思）

图 3-12　味美思名品

配制比特酒的调料主要是带苦味的草卉和植物的茎、根与表皮，如阿尔卑斯草、龙胆皮、苦橘皮、柠檬皮等。

较有名气的比特酒主要产自意大利、法国、特立尼达和多巴哥、荷兰、英国、德国、美国、匈牙利等国。著名的比特酒有：

金巴丽（Campari），产自意大利米兰，由橘皮和其他草药配制而成，酒液呈棕红色，药味浓郁，口感微苦，酒度 26 度。

西娜尔（Cynar），产自意大利，是由蓟和其他草药浸泡于酒而配制成的，蓟味浓，微苦，酒度 17 度。

菲奈特·布兰卡（Fernet Branca），产自意大利米兰，是意大利最有名的比特酒，以多种草木、根茎植物为原料调配而成，味很苦，号称苦酒之王，但药用功效显著，尤其适用于醒酒和健胃，酒度 40 度。

苦彼功（Amer Picon），产自法国，配制原料主要有金鸡纳树皮、橘皮和其他多种草药，酒液酷似糖浆，以苦著称，饮用时只用少许，再掺和其他饮料共进，酒度 21 度。

苏滋（Suze），产自法国，配制原料是龙胆草的根块，酒液呈橘黄色，口味微苦、甘润，糖分 20%，酒度 16 度。

杜本内（Dubonnet），产自法国巴黎，主要采用金鸡纳树皮，浸于白葡萄酒，再配以其他草药。杜本内酒色深红，药香突出，苦中带甜，风格独特，有红、黄、干三种类型，以红杜本内最出名，酒度16度。

安哥斯特拉（Angostura），产自特立尼达和多巴哥，以朗姆酒为基酒，以龙胆草为主要调制原料。酒液呈褐红色，药香悦人，口味微苦但十分爽适，在拉美国家深受喜爱，酒度44度。

比特酒名品见图3-13。

（金巴丽）（西娜尔）（菲奈特·布兰卡）（杜本内）（安哥斯特拉）

图3-13 比特酒名品

3. 茴香酒

茴香酒实际上是用茴香油和蒸馏酒配制而成的酒。茴香油中含有大量的苦艾素。45度酒精可以溶解茴香油。茴香油一般从八角茴香和青茴香中提炼取得，八角茴香油多用于制作开胃酒，青茴香油多用于制作利口酒。

法国茴香酒较为有名。酒液视品种不同而呈不同色泽，一般都有较好的光泽，茴香味浓厚，馥郁迷人，口感不同寻常，味重而又刺激，酒度在25度左右。著名的法国茴香酒有：里卡尔（Ricard）、巴斯的士（Pastis）、潘诺（Pernod）、白羊倌（Perger Blanc）等，见图3-14。

（巴斯的士）（潘诺）

图3-14 茴香酒名品

开胃酒可以净饮，或者加冰和柠檬片饮用，也可以与汽水、果汁等混合作为餐前饮料，还可用来制作多种鸡尾酒。

（二）甜食酒

西餐中的最后一道菜一般是甜点和水果，佐餐的酒也是口味较甜的，常以葡萄酒基为主体进行配制。但甜食酒与利口酒有明显区别，后者虽然也是甜酒，但它的主要酒基一般是蒸馏酒。甜食酒的主要生产国有葡萄牙、西班牙、意大利、希腊、匈牙利、法国等。

1. 波尔图酒

波尔图酒（Porto）产于葡萄牙杜罗河（Douro）一带，在波尔图港进行储存和销售。波尔图酒是用葡萄原汁酒与葡萄蒸馏酒勾兑而成的，有白和红两类。白波尔图酒有金黄色、草黄色、淡黄色之分，是葡萄牙人和法国人喜爱的开胃酒。红波尔图酒作为甜食酒在世界上享有很高的声誉，有黑红、深红、宝石红、茶红四种，统称为色酒（Tinto）。红波尔图酒的香气浓郁芬芳，果香和酒香谐调，口味醇厚、鲜美、圆润，有甜、半甜、干三种类型。最受欢迎的是 1945 年、1963 年、1970 年的产品。

波尔图酒在市场上分三个品种销售：青大（Quintas）、佳酿（Vintages）、陈酿（L. B. V.）。波尔图酒的名品有：库克本（Cookburn）、克罗夫特（Croft）、道斯（Dow's）、方瑟卡（Fonseca）、西尔法（Silva）、桑德曼（Sandeman）、华莱仕（Warre's）、泰勒氏（Taylor's）。

2. 雪利酒

雪利酒（Sherry）产于西班牙的赫雷斯（Jerez），分为菲奴（Fino）和奥罗路索（Oloroso）两大类，其他品种均为这两类的变型。

菲奴颜色淡黄，是雪利酒中色泽最淡的，它香气精细优雅，给人以清新之感，就像新苹果刚摘下来时的香气一样，十分悦人。口味甘洌、清新、爽快。

奥罗路索与菲奴有所不同，是强香型酒。它呈黄棕红色，透明晶亮，香气浓郁扑鼻，具有典型的核桃仁香味，越陈越香。口味浓烈、柔绵，酒体丰满。

雪利酒的名品有：克罗夫特（Croft）、多默（Domecq）、威灵顿公爵（Duke Wellington）、杜夫·戈登（Duff Gordon）、山地文（Sandeman）、敖司堡（Osborne）、索雷拉（Solera）、米莎（Misa）、蒙的亚（Montilla）。

3. 马德拉酒

马德拉酒（Madeira）产于大西洋东部的马德拉岛，用当地生产的葡萄酒和葡萄烧酒为基本原料勾兑而成，十分受人喜爱。马德拉酒是上好的开胃酒，也是世界上屈指可数的优质甜食酒。

马德拉酒分为四大类：舍西亚尔（Sercial）、华帝露（Verdelho）、布尔（Bual）、玛尔维萨（Malvasia）。

马德拉酒的名品有：伯爵（Borges）、巴贝都王冠（Crown Barbeito）、利高克（Leacock）、法兰卡（Franca）等。

甜食酒名品见图3－15。

（桑德曼）

（山地文）

（巴贝都王冠）

图3－15　甜食酒名品

（三）利口酒

利口酒是一类以蒸馏酒为基酒，配制各种调香物，并经甜化处理的酒精饮料。利口酒也称“甜酒”，它具有三个显著的特征：调香物只采用浸制或兑制的方法加入基酒内，不做任何蒸馏处理；甜化剂是食糖或糖浆；大多在餐后饮用。利口酒的酒精度比较高，一般为20～45度。调香物质有果类、草类和植物种子类等。

1. 果类利口酒

可用来配制果类利口酒的果料有很多，如菠萝、香蕉、草莓、覆盆子、橘子、柠檬、李子、柚子、桑葚、椰子、甜瓜等。果类利口酒一般采用浸泡法酿制，其突出的风格是口味清爽新鲜。

（1）库拉索酒（Curacao）。库拉索酒产于荷属库拉索岛，该岛位于距离委内瑞拉60千米的加勒比海中。库拉索酒是由橘子皮调香浸制成的利口酒。有无色透明的，也有呈粉红色、绿色、蓝色的，橘香悦人，香馨优雅，味微苦但十分爽适。酒度在25～35度，比较适合作为餐后酒或配制鸡尾酒。

（2）柑曼怡酒（Grand Manier）。柑曼怡酒产于法国干邑地区，是用苦橘皮浸制成“橘精”调香配制而成的果类利口酒。柑曼怡酒是库拉索酒的仿制品。

（3）库舍涅橘酒（Cusenier Orange）。库舍涅橘酒产于法国巴黎，配制原料是苦橘皮和甜橘皮。库舍涅橘酒也是库拉索酒的仿制品，风格与库拉索酒相仿，略为逊色，酒度为40度。

（4）君度酒（Cointreau）。君度酒在世界上很有名气，产量较大，主要由法国和美国的君度酒厂生产。君度酒用苦橘皮和甜橘皮浸制而成，也是库拉索酒的仿制品，酒度为40度，较适于作为餐后酒和兑水饮料。

（5）马拉希奴酒（Maraschino）。马拉希奴酒以樱桃为配料，樱桃带核先制成樱桃酒，再兑入蒸馏酒配制成利口酒。马拉希奴酒有两个牌号：一个叫 Luxado，另一个叫 Drioli，它们都具有浓郁的果香，口味醇美甘甜，酒度在 25 度上下，属精制利口酒，适于餐后饮用或配制鸡尾酒。

（6）利口杏酒（Liqueurs d'abricots）。杏子是利口酒极好的配料，可以直接浸制，也可以先制成杏酒，再兑白兰地，酒度在 20～30 度。世界上较有名的利口杏酒有匈牙利的凯克斯克麦特（Kecskmet）、法国的加尼尔杏酒（Abricotine Garnier）。

（7）卡悉酒（Cassis）。卡悉酒又名黑加仑酒，产于法国第戎（Dijon）一带，酒呈深红色，乳状，果香优雅，口味甘润，维生素 C 的含量十分丰富，是利口酒中最富营养的饮品。卡悉酒酒度在 20～30 度，适于餐后饮用或配制鸡尾酒等。卡悉酒的名品有：第戎卡悉（Cassis de Dijon）、博恩卡悉（Cassis de Beaune）、悉斯卡（Sisca）、超级卡悉（Super Cassis）等。

2. 草类利口酒

草类利口酒的配制原料是草本植物，制酒工艺较为复杂，有点秘传色彩，让人感到神秘难测。生产者对其配方严加保密，人们只能了解其中的大概情况。

（1）查特酒（Chartreuse）。查特酒是法国修士发明的一种驰名世界的配制酒，目前仍然由法国依赛地区的卡尔特教团大修道院所生产，其秘方至今仍掌握在修士们的手中。经分析和综合推测，该酒用葡萄蒸馏酒为基酒，浸制 130 余种阿尔卑斯山区的草药，其中有虎耳草、风铃草、龙胆草等，再配兑以蜂蜜等原料，成酒需陈酿 3 年以上，有的长达 12 年之久。查特酒中最有名的叫查特绿酒（Chartreuse Verte），酒度在 55 度左右；其次是查特黄酒（Chartreuse Jaune），酒度在 40 度左右；陈酿绿酒（V. E. P Verte），酒度在 54 度左右；陈酿黄酒（V. E. P Jaune），酒度在 42 度左右；驰酒（Elixir），酒度在 71 度左右。查特酒是草类利口酒中一个主要品种，属特精制利口酒。

（2）修士酒（Bénédictine）。修士酒产于法国诺曼底地区的费康，是一种很有名的利口酒，参照修士的炼金术配制而成。修士酒用葡萄蒸馏酒做酒基，用 27 种草药调香，其中有海索草、蜜蜂花、当归、芫荽、丁香、肉豆蔻、茶叶、没药、桂皮等，再掺兑糖液和蜂蜜，经过提炼、冲沏、浸泡、掐头去尾、勾兑等工序制成。修士酒在世界市场上获得了很大成功。生产者又用修士酒和白兰地兑和，制出另一新产品，命名为 B and B（Bénédictine and Brandy）。修士酒酒度为 43 度，属特精制利口酒。修士酒瓶上标有“D. O. M.”字样，是一句宗教语“Deo Optimo Maximo”的缩写，意为“奉给伟大圣明的上帝”。

（3）衣扎拉酒（Izarra）。衣扎拉酒产于法国巴斯克（Basque）地区，在巴斯克族语中，Izarra 是“星星”的意思，所以衣扎拉酒又名巴斯克星酒。该酒调香以草类为主，也有果类和植物种子类。先用草料与蒸馏酒做成香精，再将其兑入浸有果料或种料的阿尔玛涅克酒液，加入糖和蜂蜜，最后用藏红花染色而成。衣扎拉酒有绿酒和黄酒之分，二者均属于特精制利口酒。

（4）马鞭草酒（Verveine）。马鞭草具有清香味和药用功能，用马鞭草浸制的利口酒是一种高级药酒。马鞭草酒主要有三个品种：马鞭草绿白兰地酒（Verveine Verte Brandy），酒度为55度；马鞭草绿酒（Verveine Verte），酒度为50度；马鞭草黄酒（Verveine Jaune），酒度为40度。三者均属特精制利口酒。最有名的马鞭草利口酒是弗莱马鞭草酒（Verveine de Velay）。

（5）杜林标酒（Drambuie）。杜林标酒产于英国，是用草药、威士忌和蜂蜜配制成的利口酒，在美国也十分流行。

（6）利口乳酒（Crémes）。利口乳酒是一种比较稠浓的利口酒。以草料调配的利口乳酒比较多，如薄荷乳酒、玫瑰乳酒、香草乳酒、紫罗兰乳酒、桂皮乳酒。

3. 种料利口酒

种料利口酒是用植物的种子为基本原料配制的利口酒。用来作为配料的植物种子有许多种，制酒者往往选用那些香味较强、含油较高的坚果种子进行配制加工。

（1）茴香利口酒（Anisette）。茴香利口酒起源于荷兰的阿姆斯特丹，为地中海诸国最流行的利口酒之一。法国、意大利、西班牙、希腊、土耳其等国均生产茴香利口酒，其中以法国和意大利的最为有名。先用茴香和酒精制成香精，再兑以蒸馏基酒和糖液，经过搅拌、冷处理、澄清即可制成，酒度在30度左右。茴香利口酒中最出名的品牌是玛丽·布利查（Marie Brizard），取自18世纪一位法国女郎的名字。

（2）顾美露（Kümmel）。顾美露的原料是一种野生的茴香，主要生长在北欧。顾美露主要产于荷兰和德国，较出名的顾美露有：阿拉西（Allash，荷兰），波士（Bols，荷兰），弗金克（Fockink，荷兰），沃尔夫斯密德（Wolfschmidt，德国），曼珍道夫（Mentzendorf，德国）。

（3）蛋黄酒（Advocaat）。蛋黄酒主要产于荷兰和德国，主要配料为鸡蛋黄和杜松子，香气独特，口味鲜美，酒度为15～20度。

（4）咖啡乳酒（Crème de Café）。咖啡乳酒主要产于咖啡生产国，原料是咖啡豆。先烘焙粉碎咖啡豆，再进行浸制和蒸馏，然后将不同的酒液进行勾兑，加糖处理，澄清过滤而成。酒度为26度左右。咖啡乳酒属普通利口酒，较出名的咖啡乳酒有：甘露（Kahlúa，墨西哥），添万利（Tia Maria，英国），必得利（Bardinet，法国），帕瑞泽（Parizot，法国）。

（5）可可乳酒（Crème de Cacao）。可可乳酒主要产于西印度群岛，它的原料是可可豆种子。制酒时，将可可豆烘焙粉碎后浸入酒精中，取一部分直接蒸馏提取酒液，然后将这两部分酒液勾兑，再加入香草和糖浆制成。较出名的可可乳酒有：朱傲可可（Cacao Chouao）、亚非可可（Afrikoko）、可可利口（Liqueur de Cacao）。

（6）杏仁利口酒（Liqueurs d'amandes）。杏仁利口酒以杏仁和其他果仁为配料，酒液绛红发黑，果香突出，口味甘美。较出名的杏仁利口酒有：阿玛雷托（Amaretto，意大利苦杏酒），杏仁核乳酒（Crème de noyaux，法国），阿尔蒙利口酒（Almond Liquers，英国）。

酒吧常备利口酒见图 3－16。

（修士酒） （杜林标酒） （方津杏仁利口酒）（加力安奴利口酒）

（君度香橙酒）（波士蛋黄利口酒）（甘露咖啡利口酒）（波士蓝橙利口酒）

（波士蜜瓜利口酒）（百利甜酒）（波士黑加仑利口酒）（波士苹果利口酒）

图 3－16　酒吧常备利口酒

调酒师经常用各种颜色的利口酒做调色溶液，如红色的石榴糖浆、绿色的薄荷乳酒、蓝色的蓝橙利口酒、金色的加力安奴利口酒、黑色的咖啡乳酒、棕色的可可乳酒等。

项目四　鸡尾酒认知

一、鸡尾酒的含义、种类、特点和原料

（一）鸡尾酒的含义

鸡尾酒是由两种或两种以上的酒混合配制，或在某种酒中掺入果汁、碳酸饮料等配合而成的一种饮品。具体来说，鸡尾酒是用基酒（主要是烈性酒）和辅料（主要是加色

加味溶液、调缓溶液、香料、香精、色素等）按一定比例配制而成的一种混合饮品。鸡尾酒不仅造型美观，也有让人印象深刻的名字，见图3－17。

（“世外”鸡尾酒）

（“前行者”鸡尾酒）

注：这两款鸡尾酒由杭州西湖国宾馆出品，指导教师何立萍。

图3－17 鸡尾酒成品

（二）鸡尾酒的种类

世界上的鸡尾酒有上万种，分类方法也多种多样：

1. 根据饮用时间和地点分类

（1）餐前鸡尾酒。它是以增加食欲为目的的鸡尾酒，口味分甜和不甜两种。如被称为鸡尾酒鼻祖的马天尼（Martini）鸡尾酒和曼哈顿（Manhattan）鸡尾酒。

（2）俱乐部鸡尾酒。在用正餐（午、晚餐）时提供，或代替头盘、汤菜。这种鸡尾酒色泽鲜艳，富有营养并具有刺激性。如三叶草俱乐部（Clover Club）鸡尾酒。

（3）餐后鸡尾酒。几乎所有餐后鸡尾酒都是甜味酒，如亚历山大（Alexander）鸡尾酒。

（4）晚餐鸡尾酒。晚餐时饮用的鸡尾酒，一般口味很辣，如法国的鸭臣（Absinthe）鸡尾酒。

（5）香槟鸡尾酒。在庆祝宴会上饮用，先将调剂混合酒的各种材料放入杯中预先调好，饮用时再斟入适量香槟即可。

2. 根据混合方法分类

（1）短饮类（Short Drink）。酒精含量较高，香料味浓重，放置时间不宜过长，如马天尼、曼哈顿均属此类，通常用短杯提供。

（2）长饮类（Long Drink）。用烈酒、果汁、汽水等混合调制的酒精含量较低的饮料，是一种温和的鸡尾酒，可放置较长时间而不变质，通常放在高杯中饮用。

（3）热饮类（Hot Drink）。与其他鸡尾酒最大的区别是，它用沸水、咖啡或热牛奶冲兑，如托蒂（Toddy）鸡尾酒。

（三）鸡尾酒的特点

（1）鸡尾酒是混合酒。鸡尾酒由两种或两种以上酒水混合配制，并以一定装饰物点缀，酒味温和，酒度适中，一般在10～20度。

（2）花样繁多，调法各异。用于调制鸡尾酒的原料有很多类型，各种鸡尾酒所用的配料种数也不相同，如两种、三种甚至五种。就算以流行的配料种类确定的鸡尾酒，各配料在分量上也会因地域、口味的不同而有较大变化，进而冠以新的名称。

（3）具有刺激性。鸡尾酒有一定的酒精浓度，具有明显的刺激性，能使饮用者兴奋，缓和情绪或放松肌肉。

（4）能够增进食欲。鸡尾酒是增进食欲的滋润剂。饮用鸡尾酒后，由于酒中含有微量调味（如酸味、苦味）饮料，可以使饮者胃口大开。

（5）卓越的口味。鸡尾酒有卓越的口味。品尝鸡尾酒时，舌头的味蕾充分扩张，能尝到刺激的味道。如果过甜、过苦或过香，就会影响品尝风味的能力，降低酒的品质，这是调酒时切忌的。

（6）冷饮性质。鸡尾酒需足够冷冻。当然，也有些酒种既不用热水调配，也不强调加冰冷冻，但其某些配料是冷的，或处于室温状态，这类混合酒也应属于广义的鸡尾酒范畴。

（7）色泽优美。鸡尾酒具有细致、优雅、匀称、均一的色调。常规的鸡尾酒有澄清和浑浊两种类型。澄清型鸡尾酒色泽透明，除极少量鲜果等固体物外，没有其他沉淀物。

（8）盛载考究。鸡尾酒由式样新颖大方、颜色协调得体、容积大小适当的载杯盛载。装饰物虽非必需，但也是常有的，它们可使鸡尾酒锦上添花、更有魅力。某些装饰物本身也是调味料。

（9）饮用方便，活跃气氛。鸡尾酒是一种餐前酒，既可以等顾客到齐了一起喝，也可以让先到的顾客先喝，后到的顾客后喝；既可以坐着喝，也可以站着喝……非常随意，不受拘束。

（10）配制容易，品种多样。鸡尾酒的酒度较低，一般只有10度左右。男士可以选择烈性酒为基酒，女士可以选择软性酒为基酒。更多的鸡尾酒则因地、因时、因人而风味各异。女士多喜饮彩虹、白雪公主等酒味温和而色彩艳丽的鸡尾酒，男士则多喜饮类似苏格兰火箭等酒味较醇而烈的鸡尾酒。鸡尾酒适用于多种场合及各种鸡尾酒会。

（四）鸡尾酒的原料

一款色、香、味俱佳的鸡尾酒，通常是由基酒、辅料、装饰物三部分构成的。

1. 基酒

基酒主要以烈性酒为主，又称鸡尾酒的酒底。通常以白兰地、威士忌、金酒、朗姆酒、伏特加、特基拉酒为酒底，其含量较高，往往达到甚至超过总量的一半，个别的（如长饮类）也有低于一半的。一般只用一种烈性酒来确定鸡尾酒的酒味。在有些情况下，也可用两种烈性酒为基酒，但不能用更多的不同烈性酒，否则会导致气味混杂而破坏酒味。也有些鸡尾酒用开胃酒、餐后甜酒、葡萄酒或香槟等做基酒，还有个别鸡尾酒不含酒精，但这种情况极少。

2. 辅料

鸡尾酒的色彩非常艳丽，所以除基酒外，还需要加色加味溶液、调缓溶液和传统的香料、香精、色素等辅料，如金色的香蕉酒、绿意盎然的蜜瓜酒、透明白净的白薄荷酒、蔚蓝天空般的蓝橙利口酒等。鸡尾酒的辅料大致可以分为以下四种类型：

（1）加色加味溶液。这类辅料又称为配酒，是调酒中必不可少的加色加味剂。配酒主要包括开胃酒类、利口酒类等。调酒时常用的加色加味溶液见表 3-6。

表 3-6　常用加色加味溶液

名　称	说　明
味美思	以葡萄酒为酒基，用芳香植物的浸液调制而成的加香葡萄酒，它因特殊的植物芳香而味美。
甘露咖啡酒	深褐色，巧克力味，甜浓。
红石榴糖浆	红色，味酸甜。

（2）调缓溶液。调缓溶液的原料主要是碳酸饮料及果汁，其作用主要是使酒体度数下降，且不改变酒体风味。调酒时常用的调缓溶液见表 3-7。

表 3-7　常用调缓溶液

名　称	说　明
可乐	在含有咖啡因的饮料中加入砂糖和多种香料后，用苏打水稀释而成的饮料，其中以可口可乐最为著名。
干姜水	以生姜为原料，加入柠檬、香料，再用焦麦芽着色制成的碳酸水。
汤力水	又称奎宁水，入口略带咸苦味，后味却很爽口。
苏打水	含有二氧化碳和矿物质的水，二氧化碳可刺激肠胃，使人产生舒爽感，有促进食欲的功效。
鲜果汁	由水果刚刚挤出的纯果汁。
果汁	为方便起见而使用的瓶、罐装果汁，如橙汁、柠檬汁、葡萄汁、菠萝汁等。

（3）香料。调制鸡尾酒的原材料中，香料所占的比重非常小，但在其中却占有极其重要的作用。调酒时常用的香料见表 3-8。

表 3-8　常用香料

名　称	说　明
肉豆蔻	印度尼西亚、东非、加勒比海诸岛等地多有出产，具有较强的刺激性甜香味。
薄荷	调制鸡尾酒时使用其嫩芽，会产生独特的清爽口感，再饰以鲜叶，更会使人生津止渴、心旷神怡。
全味胡椒	产于加勒比海诸岛、中南美等拉丁美洲地区。全味，是指它具有桂皮、丁香、肉豆蔻等植物的香味。
药草	又称香草、味草等。在美国，常将它们的叶子干燥后加工成粉末状，而在欧洲则多使用鲜叶。

（4）其他辅料。包括砂糖、食盐、鸡蛋等，见表3-9。

表3-9 **常用其他辅料**

名　称	说　明
砂糖	粒状砂糖、方糖、砂糖粉等。
食盐	要求用细的精盐。
鸡蛋	鸡蛋又可以分离成蛋清和蛋黄。调制鸡尾酒时，最好不要直接把鸡蛋打入摇晃器中，而要先打入其他容器中，确认新鲜后再倒入摇晃器中。

3. 装饰物

装饰物具有装饰和调味的双重作用。经典的鸡尾酒，其装饰物的构成和制作方法是约定俗成的，应保持原貌，不得随意篡改。对创新的鸡尾酒而言，装饰物的修饰和雕琢不受限制，调酒师可充分发挥想象力和创造力。对于不需作装饰的鸡尾酒品，加以装饰则是画蛇添足，会破坏酒品的意境。鸡尾酒常用的装饰材料有以下几类：

（1）水果类。水果是装饰鸡尾酒最常用的原料，常见的有樱桃（红、绿、黄等色）、咸橄榄（青、黑等色）、酿水橄榄、珍珠洋葱（细小如指尖、圆形透明）、柠檬、青柠、菠萝、苹果、香蕉、香桃、杨桃等。根据鸡尾酒装饰的要求，可将水果切配成片状、皮状、角状、块状等进行装饰。有些水果掏空果肉，就成了天然的盛载鸡尾酒的器皿，如椰子、菠萝等。

（2）蔬菜类。蔬菜类装饰材料常见的有西芹、酸黄瓜、新鲜黄瓜、胡萝卜等。

（3）花草绿叶。花草绿叶的装饰可使鸡尾酒充满自然和生机，令人活力倍增。花草绿叶以小型花序和小圆叶为主，常见的有新鲜薄荷叶、玫瑰花瓣、月季叶、菠萝叶、洋兰等。花草绿叶应清洁卫生、无毒无害，不能有强烈的香味和刺激味道。

（4）人工装饰物。人工装饰物包括各类吸管、搅捧、象形鸡尾酒签、小花伞、小旗帜等。载杯的形状和杯垫的图案花纹对鸡尾酒也会起到装饰和衬托作用。

选择装饰物时，要注意其颜色和口味与鸡尾酒保持和谐一致。一般用哪种果汁调制鸡尾酒，其装饰物就用哪种水果或花叶装饰。不含果汁的鸡尾酒，则要根据配方的要求来决定装饰物。

二、鸡尾酒的调制方法、步骤、技巧和基本原则

（一）鸡尾酒的调制方法

常见鸡尾酒的调制方法有四种：摇荡法、搅拌法、兑和法、果汁机混合法。

1. 摇荡法

摇荡法是调制鸡尾酒最普遍而简易的方法，是指将酒类材料及配料、冰块等放入调酒壶内，用劲来回摇晃，使其充分混合的调制方法。摇荡法能去除酒的辛辣，使酒温和，入口顺畅。摇荡法使用的器材有调酒壶、量杯、酒杯。

摇荡时速度要快并有节奏感，摇至摇壶表面起霜。摇酒的方法有单手摇和双手摇两种。

（1）单手摇。单手摇的方法是：右手食指按住壶盖，用拇指、中指、无名指夹住壶体两边，手心不与壶体接触；摇荡时，尽量以手腕用力；手臂在身体右侧自然上下摆；要求力量大、速度快、有节奏、动作连贯。

（2）双手摇。双手摇的方法是：左手中指按住壶底，拇指按住壶中间过滤盖处，其他手指自然伸开；右手拇指按壶盖，其余手指自然伸开固定住壶身；壶盖朝向调酒师，壶底朝外，并略向上方；摇荡时，可在身体左上方或右上方；要求两臂略抬起，呈伸曲动作，手臂呈三角形，在身体的一侧摇动。

2. 搅拌法

搅拌法是指将材料倒入调酒杯中，用调酒匙充分搅拌的一种调酒法，适用于马天尼、曼哈顿等酒味较辛辣、后劲较强的鸡尾酒。搅拌法使用的器材有调酒匙、量杯、隔冰器、酒杯。搅拌方法如下：

（1）将材料用量杯量出正确分量后，倒入调酒杯中。

（2）以夹冰器夹取少许冰块，放入调酒杯中。

（3）用调酒匙在调酒杯中前后来回搅拌三次，再正转两圈、倒转两圈。

（4）移开调酒匙后加上隔冰器滤出冰块，再把酒液倒入酒杯内。有时也可以直接在酒杯中搅拌。

3. 兑和法

兑和法是指把材料直接注入酒杯的一种鸡尾酒制法，其做法非常简单，将材料分量控制好，直接将原料兑入载杯，无须搅拌。但有时也需要用吧匙贴紧杯壁慢慢地将酒水倒入，以便使其分层。

4. 果汁机混合法

果汁机混合法是指用果汁机取代人工进行摇荡、搅拌的方法。事先准备细碎冰或刨冰，往果汁机内倒入材料，然后加入碎冰，开动电源混合搅动，10秒钟左右关掉开关，等发动机停止时拿下混合杯，把酒液倒入酒杯中即可。

（二）鸡尾酒的调制步骤

1. 调制前的准备

（1）准备酒水。拿到鸡尾酒的配方后，要分析本款鸡尾酒的主要原料，进行酒品的准备。这一步骤的注意事项如下：

1）严格按照配方分量调制。

2）酒杯要擦干净，透明光亮。调制时手只能拿酒杯的下部。

3）使用新鲜的冰块。

4）对调制工具的卫生进行检查，尤其是调酒器和电动搅拌机，每使用一次，就要清洗一次。

5）量杯、吧勺要保持清洁。

6）使用合格的酒水，不能以其他酒水随意代替或用劣质酒水。劣质的酒水饮料会完全改变酒的味道。

7）水果装饰物要选用新鲜的水果，切好后用保鲜纸包好放入冰箱备用。隔天切的水果装饰物不能使用。

8）不要用手去接触酒水、冰块、杯边或装饰物，操作前要洗手。

（2）传瓶。传瓶是指把酒瓶从酒柜或操作台上传至手中的过程。传瓶一般从左手传至右手，或直接用右手将酒瓶传递至手掌。用左手拿瓶颈部分传至右手上，用右手拿住瓶的中间部位，或直接用右手提及瓶颈部分，迅速向上抛出，并准确地用手掌接住瓶体的中间部分，要求动作迅速，稳准连贯。

（3）示瓶。用左手托住瓶底，右手扶住瓶颈，呈 45 度角把商标展示给顾客。

（4）开瓶。用右手握住瓶身，并向外侧旋动，用左手的拇指和食指从正侧面按逆时针方向迅速将瓶盖打开，软木帽形瓶塞直接拔出，并用左手虎口即拇指和食指夹着瓶盖（塞）。

（5）量酒。开瓶后立即用左手的中指、食指、无名指夹起量杯，两臂略微上抬，呈环抱状，把量杯置于敞口的调酒壶等容器的正前上方约 4 厘米处，量杯端拿平稳，略呈一定的斜角，然后右手将酒斟入量杯至标准的分量后收瓶口，随即将量杯中的酒倒入摇酒壶等容器中，左手拇指按顺时针方向旋上瓶盖或塞上瓶塞，最后放下量杯和酒瓶。

2. 调制酒水

原料准备就绪后，开始对鸡尾酒的调制方法进行分析。不同的鸡尾酒有着不同的调制方法，酒吧常用的是英式调酒法，它是传统的鸡尾酒调制方法。英式调酒法的特点是使用英式调酒壶、量酒器、吧勺等，按照所规定的方式进行调酒，要做到一丝不苟，体现绅士风度。同时，英式调酒在鸡尾酒调制时要求尊重配方，不能随意改动，通常适用于酒店酒吧服务。

3. 制作装饰物

标准的鸡尾酒均有规定的与之相适应的装饰物。即使其他配方相同，但装饰物不同，鸡尾酒名也会各异。需要指出的是，并不是每款鸡尾酒都可以任意装饰，装饰物的制作要遵循一定的原则，如色泽的搭配与载杯是否协调等。另外，有些特定的鸡尾酒款式，其装饰物还有调味效果，如马天尼中的柠檬皮，实际上就是鸡尾酒的调味辅料。也有些装饰物，仅局限于装饰功能，只要不影响鸡尾酒固有的风格，稍做改观也是允许的。

鸡尾酒的装饰物一般选用常用的水果和蔬菜，如柑橘类、菠萝、芹菜、橄榄、樱桃等，如樱桃挂杯、酒签穿小樱桃、酒签穿橄榄。也有些鸡尾酒采用调酒棒作为装饰物，调酒棒带有各式图案，富有装饰性。

（1）柑橘类。

1）横切。将柠檬（橙子）放于砧板上，用吧刀拦腰切成两半后，切成圆片，然后整片嵌于杯口。或者先将柠檬（橙子）切成圆片，再将圆片切成半圆片，去除中间筋络，点缀于杯缘，或用酒针与红樱桃串在一起点缀于杯中。

2）竖切。将柠檬（橙子）放于砧板上，用吧刀竖切成1/4块，将角块两头去尖后，切一嵌口，用酒签穿入樱桃后，插入柠檬（橙子）中嵌于杯缘上。或者先将柠檬（橙子）竖切成对半，再均匀地竖切成1/8瓣，将角瓣两头去尖后，嵌于杯口。或将果皮与果肉部分剥离，呈重叠状，皮外肉内挂于杯缘上。

3）马颈式削皮法。像削苹果皮似的，用吧刀将柠檬（橙子）皮削成螺旋状，将一头挂在杯缘，其余置于杯中。

4）简单制作法。将削好的柠檬（橙子）的薄片直接投入杯中，或者用酒针将柠檬（橙子）角块与红樱桃串起投入杯中。

（2）菠萝。

1）切成条块。选择新鲜菠萝置于砧板上，用吧刀削掉头尾部分，竖切成1/4，再竖切成条块。

2）切成棒状。将切成条块的菠萝用吧刀旋转竖切成棒状，菠萝用酒针与红樱桃串在起，斜搭于杯口。

3）切成扇形块。将菠萝切成适当厚度的扇形片，用酒针与红樱桃串在一起。

（3）芹菜。选择新鲜芹菜洗净，用冰夹夹住芹菜杆，先用吧刀切取带叶部分，再竖切成两半，去除多余的叶子后，叶上茎下插入杯中。

（4）橄榄。选用没有核的绿色橄榄，用酒签插起，置于杯中。

（5）樱桃。用酒签串起，横搭杯口。或者在樱桃上切一嵌口，嵌于杯口上。

（6）杯口加盐边装饰。先将盐放入盘中备用，取玛格丽特杯，用一片切好的柠檬片在杯口擦匀，使杯口涂满柠檬汁，然后将杯口向下在准备好的盐盘中转动一周，使杯口沾满盐，轻弹杯身，弹掉多余的盐粒，最后放于台面备用。

（三）鸡尾酒的调制技巧和基本原则

1. 鸡尾酒的调制技巧

在调制鸡尾酒时，要注意色彩、香味、口味三方面的调制技巧。

（1）鸡尾酒的色彩调配。鸡尾酒不仅色彩丰富，而且给人以无穷的想象空间。鸡尾酒的色彩主要来源于调制酒品的基酒以及辅料的色泽。除金酒、伏特加等少数烈酒外，绝大多数基酒均有色泽，尤以利口酒的色泽最为丰富，赤、橙、黄、绿、青、蓝、紫都有，这是鸡尾酒色彩的来源之一。辅料有各色糖浆、果汁、糖霜、盐霜、果蔬原料、吸管及装饰物等。糖浆有深红色的石榴糖浆、浅红色的山楂糖浆、浅黄色的香蕉糖浆等；果汁有白色的椰汁、橙色的酸橙汁、粉红色的番茄汁、淡黄色的柠檬汁等；糖霜或盐霜通过染色可形成红、黄、蓝、褐、绿等色；用于装饰的果蔬原料有青色的黄瓜，黄色的柠檬、菠萝，绿色的薄荷叶、芹菜叶，红色的草莓、樱桃，以及各色花瓣和有色纸签等。

作为调酒师，应该知道如何调配新色，即将两种或两种以上的有色主辅料通过一定的方法混合后，形成新的颜色。如绿色与蓝色可混合成青绿色，黄色与红色可混合成橙色，红色与蓝色可混合成紫色等。

调酒师要善于控制有色主辅料的用量及比例关系，以调配出理想的色泽。在调制彩虹类鸡尾酒时，主辅料的比例关系尤为重要。为了使酒品具有平衡感和美感，常将红石榴汁等暗色、深色且密度大的材料置于杯的下部，并且各层材料的体积相仿，即高度一样。同时，还要注意色彩之间的对比度，使之层次分明。调酒师要合理利用辅助材料的特性，如牛奶的增白性，蛋清的起泡性，蛋黄的乳化性，冰块的稀释性、透亮性，吸管的实用性等。

此外，在鸡尾酒中放入冰块，虽对酒的色泽有稀释作用，但能增加酒品的透明质感，使之变得晶莹可爱。实用的各色吸管也构成了鸡尾酒的一道亮丽风景。另外，彩色的盐霜、糖霜，变化灵巧的各色纸签、调酒棒，也会为鸡尾酒增色不少。

（2）鸡尾酒的香味调配。鸡尾酒的香气主要来源于基酒及辅料。鸡尾酒的基酒品种很多，大多为蒸馏酒或酿造酒。基酒中含有醇、醛、酮、酸、酯及芳香族化合物等，不同的基酒，其香气成分和种类是相似的，但是各香气成分之间的含量（或量比关系）有差异，因而会呈现彼此不同的香气和香型。如五粮液等浓香型白酒的主体香气成分为乙酸乙酯，白兰地的香气来自果香、发酵香和贮存香等。辅料的香主要来自不同果蔬汁的本味香、各种汽水的加香，以及调制鸡尾酒时加入的调料香，如丁香、肉桂等。

虽然鸡尾酒大多为冷饮酒品，其香气成分的挥发速度较慢，但其香气特征依然存在。在调制每款鸡尾酒时，应注意保持所用基酒的基本香气特征。在此基础上，选择添加香气一致的果蔬汁及汽水，使之达到和谐统一的香味风格。在使用蛋、乳类等辅料制作鸡尾酒时，通常使用柠檬皮，拧压后使果皮中的香味、油汁喷洒在鸡尾酒中，或添加肉桂粉、丁香粒等起到调香的作用。

（3）鸡尾酒的口味调配。为了迎合大多数消费者的口味，在调制鸡尾酒时，口味要求适中，不宜过甜或过酸。在实际操作中，应根据不同人群进行调制。欧美人喜饮不含糖或含糖量低的酒品，东方人则相反，所以在使用甜味辅料时应区别对待。调配鸡尾酒要做到相近相似的原则，即口味相同或接近的基酒或软饮料，可以调配成鸡尾酒，反之则不宜。在调配鸡尾酒的口味时，可采用以下技巧：

1）调制清凉爽口的鸡尾酒，宜加碳酸饮料调配成长饮，使人有清凉解渴的感觉。

2）调制酸甜滋味的鸡尾酒，宜用烈酒、利口酒、柠檬汁、各色糖浆调配，使人回味甘美。

3）调制酒香浓郁的鸡尾酒，宜少用辅料，以突出其本味。

4）调制香甜而微苦的鸡尾酒，宜滴入少许苦酒或苦精，以诱人寻味。

5）调制果香型鸡尾酒，宜用各种新鲜果汁，使人充满活力。

6）调制香甜柔绵的鸡尾酒，宜选用特定风味的利口酒、奶品、鸡蛋等，使人得以滋补。

2. 鸡尾酒调制的基本原则

（1）在调制鸡尾酒之前，要将酒杯和所有材料预先准备好，以方便使用。

（2）调制鸡尾酒所用基酒和配料的选择，应以物美价廉为原则，选用价格昂贵的高级品是一种浪费。

（3）烈酒可以与任何味道的酒或其他饮料搭配调制。味道相同或近似的酒和饮料可以互相混合；味道不相同的酒或饮料，如药味酒与水果酒，不宜互相混合。

（4）使用合格的酒水，不能随意用替代品或劣质酒水。

（5）调制任何鸡尾酒时，应首先放入冰块。

（6）用清淡、含气的酒水调制鸡尾酒时，宜采用搅拌法和兑和法；用易于混合的原料（如各种烈酒、利口酒等）调制鸡尾酒时，宜采用搅拌法；用不易相互混合的原料（如果汁、奶油、生鸡蛋、糖浆等）调制鸡尾酒时，宜采用摇荡法。

（7）调酒使用的原材料要新鲜，特别是奶、蛋、果汁等。

（8）在操作过程中要学会使用量酒器，以保证所调制的鸡尾酒风格与口味纯正。

（9）调酒器具要保持干净、清洁，以便随时取用而不影响连续操作。

（10）调酒师必须保持双手干净。因为在许多情况下，调酒师是需要用手来直接制作的，手是顾客注视的焦点。

（11）装饰用水果一定要新鲜。隔天的水果（已加工完毕的水果）即使用了保鲜膜，也不能使用。

（12）罐装的装饰用水果，如樱桃等，要根据当天的使用量，提前用清水冲洗干净，用保鲜膜封好，放入冰箱备用。

（13）酒杯要干净、透明、光亮。调制时手只能拿酒杯的下部，尽量不要用手去接触酒水、冰块、杯口或装饰物；取冰块用冰夹；摇酒器和电动搅拌机每次使用前后，一定要清洗；量杯、吧勺要浸泡在水中，浸泡的水要经常更换。

（14）在调酒操作过程中，应尽量避免用手接触装饰物。

（15）调酒所用冰块，应尽量选用新鲜的。

（16）下料要遵循先辅料、后主料的原则。这样在调制过程中即使出了什么差错，造成的损失也不会太大。按此原则下料，能将冰块的融化速度降至最慢。

（17）使用玻璃调酒杯时，如果室温较高，使用前应先将冷水倒入杯中，然后加入冰块，将水滤掉，再加入调酒材料进行调制。其目的是防止冰块直接进入调酒杯中，产生骤冷骤热变化，使玻璃杯炸裂。

（18）在调酒中所使用的糖块、糖粉，首先要在摇酒器或酒杯中用少量水将其溶化，然后加入其他材料进行调制。

(19) 在调酒方法中经常会出现"加满苏打水或矿泉水"这句话，这是针对容量适宜的酒杯而言的。对于容量较大的酒杯，应酌情掌握用量，一味地"加满"只会使酒味变淡。

(20) 苏打水之类的含气饮料，绝对不能在摇酒器、电动搅拌机里摇动和搅拌。

(21) 倒酒时，注入的酒应距杯口 1/8 杯的距离，太满会造成饮用困难，太少又会显得非常难看。

(22) 酒杯要保持光洁明亮、一尘不染；要始终拿着杯柄或托着杯子的底部，手不要靠近杯口，更不可伸进杯里。

(23) 制作糖浆时，糖粉与水的比例为 3∶1。

(24) 调酒配方中的蛋黄、蛋白，均为新鲜生鸡蛋的蛋黄和蛋白。

(25) 一杯以上的相同鸡尾酒，不论是一次调制完成还是分几次完成，不应倒完第一杯再倒第二杯，而是应该先将酒杯排开，杯缘相接，从左至右倾倒，然后从右至左平均分配，这样可以保证几杯酒的口味完全相同。要避免手掌温度使摇酒器或调酒杯里的冰块融化，造成前后酒品浓度不均等。

三、鸡尾酒的创作及品鉴

(一) 鸡尾酒的创作

1. 鸡尾酒的创作要求

一杯色、香、味、形都能引人入胜的上品鸡尾酒，实际上是一件精美的艺术品，人们可以从中寻求到无限的美的享受。

(1) 鸡尾酒的流行就像时装一样，也要经过不断的花样翻新。据统计，全世界鸡尾酒的配方已达上万种之多，仅每年著名调酒师新创作并推广的配方就达几百种。所以，鸡尾酒品种的创新，便是调酒师所追求的一种境界。

(2) 创新鸡尾酒品种，要求调酒师具备一定的调酒经验，并且对酒水有比较深入的研究。创作时要遵守调制原理，特别是使用中国酒时，要注意味道搭配。同时要注意，配方如果太复杂，会难以记忆与调制，妨碍鸡尾酒的推广与流行。

(3) 创作出的鸡尾酒，应以顾客能否接受为第一标准。一杯好的鸡尾酒，只有给顾客饮用并取得顾客的欣赏，才能流行。有的鸡尾酒制作复杂，配方超过几十种材料，可是顾客并不欣赏，因此也流行不起来。

(4) 要根据顾客的来源和顾客的口味创作鸡尾酒。新的鸡尾酒只有受到顾客的欢迎才能流行。新创作出的鸡尾酒通常是以"酒吧特饮"的形式推销给顾客的，要注意顾客的反应，顾客不喜欢的可以立即取消。没有客源的鸡尾酒是不会流行的。应通过不断筛选，从中挑选出最受欢迎的品种，形成真正流行的特色鸡尾酒。

2. 鸡尾酒的创作过程

调酒是一门技术，但鸡尾酒的设计过程，实际上是一件艺术品的创造过程。首先要构思鸡尾酒的主题寓意，然后进行设计，使其主题创意新颖、独特，且具有一定的时代感。

（1）调酒材料选配新颖、独特，与主题创意相符。

（2）调制后的鸡尾酒具有一定的观赏性，整体风格与主题创意相符。

3. 经典鸡尾酒创作案例介绍

（1）玛格丽特（Margarita）鸡尾酒。1949年，美国洛杉矶一位叫简·雷德沙的调酒师，为了寄托对情人玛格丽特在他们狩猎时不幸被流弹击中而死在他怀抱里的哀思，设计了耐人寻味的玛格丽特鸡尾酒，尤其是其盐边喻示玛格丽特的眼泪，让人难以忘怀。

（2）曼哈顿（Manhattan）鸡尾酒。1840年，有个名叫甘曼的人，因负伤走进美国西部马里兰州的一家酒店。该店调酒师见他伤势很重，便赶紧倒了一杯威士忌酒，加进些糖浆给他提神。这种新型调和酒自此以后便很受顾客欢迎，传到纽约更添加了苦艾酒，冠以市中心区“曼哈顿”这个名称，流行至今。

（3）彩虹（Rainbow）鸡尾酒。在设计一款新型鸡尾酒时，设计者首先要在自己心里唤起曾经一度体验过的感情，在唤起这种感情之后，再用动作、线条、色彩等所表达的表象来传达。最能从酒的色彩组合、变化而焕发美感的“彩虹鸡尾酒”的设计，可以说极有说服力。据传，在19世纪，从美国伊利诺伊州到法国表演的舞蹈家的舞步和衣着，震撼了那些蜂拥而来的绅士、淑女们。沉醉在舞蹈家舞姿中的巴黎子弟，眼前总是浮现出色彩斑斓的舞衣，于是便从酒中寻找情感的体现，获得了灵感，调出了“彩虹鸡尾酒”。这种新款鸡尾酒，本身其实含有“美国的女子光看外表就觉得非常迷人”的意境。

（4）血腥玛丽（Bloody Mary）鸡尾酒。据传，英国人乔治·乔瑟尔因为看到英格兰女王玛丽一世残酷迫害国内新教徒，所以设计了血腥玛丽鸡尾酒。

以上经典鸡尾酒见图3－18。

（玛格丽特鸡尾酒）

（曼哈顿鸡尾酒）

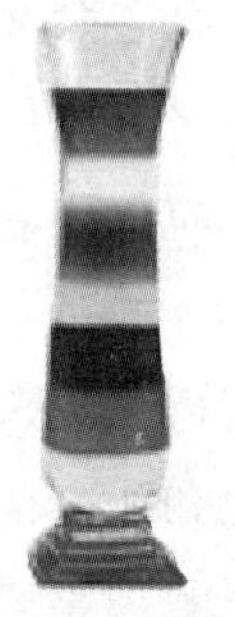
（彩虹鸡尾酒）

（血腥玛丽鸡尾酒）

图3－18　经典鸡尾酒

（二）鸡尾酒的品鉴

作为调酒师，特别是有经验的调酒师，不但要懂得如何调制鸡尾酒，而且要会品尝、鉴别调制好的鸡尾酒品种。品尝分为三个步骤：观色、嗅味、品尝。

（1）观色。调好的鸡尾酒都有一定的颜色，通过观色可以初步判断其配方和分量是否准确。例如：红粉佳人调好后呈粉红色，青草蜢调好后呈奶绿色，干马天尼调好后清澈透明，如水一般。如果颜色不对，则整杯鸡尾酒就要重做，不能售给顾客，也不必再去嗅味了。如彩虹鸡尾酒，只要观色便可断定是否合格，任意一层混浊了都不能出售。

（2）嗅味。嗅味是用鼻子去闻鸡尾酒的香味，但在酒吧中进行时不能直接拿起整杯酒来嗅味，而要用吧勺。凡鸡尾酒都有一定的香味，首先是基酒的香味，其次是所加进的辅料酒或饮料的香味，如果汁、甜酒、香料等各种不同的香味。变质的果汁会使整杯鸡尾酒报废。

（3）品尝。品尝鸡尾酒不能像喝开水那样，要小口地喝，喝入口中要停顿一下再吞咽。如此细细地品尝，才能分辨出多种不同的味道。

延伸阅读

世界经典鸡尾酒的传说

1. 亚历山大（Alexander）

19 世纪中叶，为了纪念英国国王爱德华七世与王后亚历山德拉的婚礼，调酒师调制了这种鸡尾酒作为对王后的献礼。这是一款名副其实的皇家鸡尾酒，它甜美浓醇，向全世界宣告了爱情的甜美与婚姻的幸福，很适合恋人共饮。

2. 马天尼（Martini）

据说，马天尼鸡尾酒闻名于酒吧与英国首相丘吉尔有关。丘吉尔以爱喝烈性的马天尼鸡尾酒而出名，他常常一边斜眼看着苦艾酒的酒瓶，一边喝着马天尼。

3. 自由古巴（Cuba Libre）

“自由古巴”是古巴人民在西班牙统治下争取独立的口号。美西战争中，在古巴首都哈瓦那登陆的一名美军少尉在酒吧点了朗姆酒，他看到对面座位上的战友们在喝可乐，就突发奇想把可乐加入朗姆酒中，并举杯对战友们高呼：“Cuba libre!”从此就有了这款鸡尾酒。

4. 得其利（Daiquiri）

得其利是古巴一座矿山的名字。1902 年古巴独立后，很多美国人来到得其利，他们把古巴特产朗姆酒、砂糖与莱姆汁混在一起作为消暑饮料，得其利鸡尾酒从此得名。

5. 边车（Side Car）

边车也就是挎斗摩托，是第一次世界大战中军队常用的交通工具。边车鸡尾酒又叫

“挎斗摩托”或者“德赛卡”，是在第一次世界大战中由巴黎的一位常骑坐挎斗摩托的法军大厨所创制的。

6. 红粉佳人（Pink Lady）

专为女性调制的红粉佳人鸡尾酒诞生于1912年，是为当时伦敦上演的一出舞台剧《红粉佳人》的女主角特制的鸡尾酒，颜色鲜红美艳，酒味芳香，入口润滑。

酒吧常用冰类型的介绍

冰能真正改变各类饮品的味道：它既可以稀释饮品，也可以让饮品的口味变得更加清新独特。冰的类型日趋多样，有碎冰、冰球、冰块（半月形冰块或方形冰块）等，见图3-19。酒体中用到的冰越多，酒体维持低温的时间就越长。这是因为冰被加入酒体后，会形成一座“冰山”，需要更多的时间融化。相反，碎冰融化得更快，有助于稀释鸡尾酒。

（碎冰）

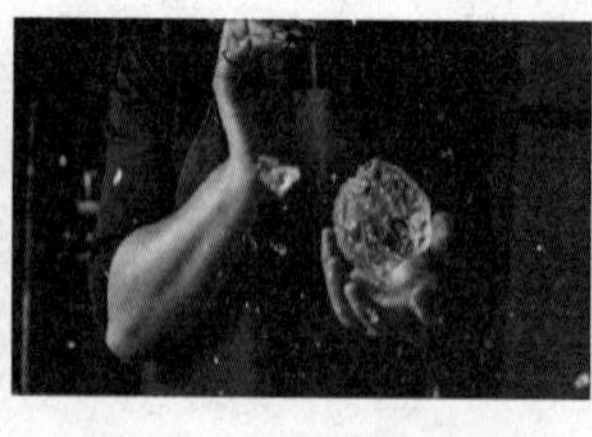

（冰球）

（冰块）

图3-19 冰的类型

一杯好喝的鸡尾酒，正确的稀释过程至关重要。日本调酒师很早便开始钻研冰的艺术，调酒师的手凿冰球（hand-carved ice balls）便是调酒界中的公认“精冰”。他们会使用一些特殊器具，如冰刀、冰锯等，来“操练”手中的冰块。通常，调酒师会先把一大块巨冰切成小份，然后手拿“冰叉”凿冰，直到把冰块凿成球状。除冷却饮品外，冰球还有一个特点，即它的融化速度较为缓慢，降低了稀释的速率。这是因为比起冰块，冰球接触液体的表面积小，因而融化得相对慢一些。

碎冰能迅速融入酒中，将其稀释，使酒瞬间变得冰心清冽，莫吉托（Mojito）、莫斯科之骡（Moscow Mule）便是最好的证明。标准一英寸的冰块可用在摇动搅拌而成的鸡尾酒中，而特大冰块可专门提供给老式鸡尾酒爱好者，或喜好波本威士忌、苏格兰威士忌的酒客。

课后练习

1. 酒精饮料主要有哪些种类？
2. 简述葡萄酒的主要分类。
3. 简述如何品鉴啤酒。

模块四　酒吧服务程序及出品标准

学习目标

- 明确各类酒水的服务程序
- 掌握各类酒水的出品标准
- 了解雪茄服务程序及出品标准

项目导入

酒吧中酒水种类繁多，调酒师不仅要熟悉酒水的特点，而且要了解各种酒水的服务程序及出品标准，如如何开启红酒，如何制作一杯精美醇香的咖啡，如何冲泡茶等。调酒师需要具备娴熟的服务技能，给顾客提供最好的服务。让我们一起来了解各类酒水和雪茄的服务程序及出品标准吧！

项目一 非酒精饮料服务程序及出品标准

一、咖啡的服务程序及出品标准

在酒吧服务中，咖啡的服务程序及出品标准见表4-1。

表4-1 咖啡服务程序及出品标准

工作要点	工作项目描述
1. 点单服务	·清楚了解酒店供应的咖啡品种，顾客点单时进行相应的推荐，准备好冰桶。
2. 出品前准备	·备妥淡奶、糖盅，上咖啡前要注意保持咖啡的温度，咖啡在80℃时具有浓郁的味道。
3. 上咖啡服务	·上咖啡时，先放上糖盅、奶盅（左糖右奶）。当发现顾客杯中咖啡少于1/3杯时，应询问顾客是否需要续杯。

二、茶的服务程序及出品标准

（一）中国茶的服务

在酒吧服务中，中国茶的服务程序及出品标准见表4-2。

表4-2 中国茶服务程序及出品标准

工作要点	工作项目描述
1. 为顾客点单	·在点单时把备有的茶叶品种推荐给顾客，供顾客选择。同时，最好询问顾客口味的浓淡，保证冲茶时达到顾客的要求。
2. 为顾客泡茶	·茶壶应妥善保管、放置，泡茶的茶叶用量通常约为2茶匙，茶叶为1人1份。
3. 选用热水的温度	·泡茶选用的热水温度最好在85℃左右，过热或过冷均不宜泡茶。
4. 洗茶	·因为菊花茶、普洱茶等晒制的茶叶可能混入微小的杂质，所以出品前先用60℃左右的热水漫过茶叶，浸泡1分钟左右，滤去洗茶的水后，即可冲泡。

（二）水果茶的服务

在酒吧服务中，水果茶的服务程序及出品标准见表4-3。

表4-3　　水果茶服务程序及出品标准

工作要点	工作项目描述
1. 点单及准备工作	·将红茶用热水冲泡在茶壶内，如果是散装的茶叶，通常为2茶匙，茶叶为1人1份。
2. 上茶服务	·上茶时先备好糖盅和淡奶，通常糖盅内放入10包量，分别为5包白糖、3包晶糖、2包健怡糖。
3. 席间服务	·到餐桌前先摆好糖盅、奶盅（左糖右奶），在顾客右手边放置茶碟和杯具。倒茶也从顾客的右边服务，通常杯内倒入八成满即可，不宜过多或过少。注意及时为顾客添加茶水，服务过程中发现桌上糖奶不够时要及时补充。

三、碳酸饮料的服务程序及出品标准

在酒吧服务中，碳酸饮料的服务程序及出品标准见表4-4。

表4-4　　碳酸饮料服务程序及出品标准

工作要点	工作项目描述
1. 碳酸饮料的保存	·碳酸饮料通常要冰镇后才可出品给顾客。
2. 碳酸饮料的出品	·碳酸饮料出品时，杯内要放入适量的冰块，加上一片柠檬（如果饮料本身有其他果味就不必加柠檬了，如橙味汽水、柠檬味汽水、姜味汽水等都不用加柠檬）。
3. 碳酸饮料的开启	·开罐时不要对着顾客，以免饮料喷溅到顾客身上。倒饮料时，罐口不可以碰到杯口，相距1厘米为宜，速度不能太快，避免饮料溢出杯口。
4. 碳酸饮料的添加	·当顾客杯中饮料只剩1/3时，应该及时添倒，并将空罐（瓶）撤走。

四、果汁饮料的服务程序及出品标准

在酒吧服务中，果汁饮料的服务程序及出品标准见表4-5。

表4-5　　果汁饮料服务程序及出品标准

工作要点	工作项目描述
1. 果汁的保存	·果汁通常应该冰镇后出品，它的保质期一般较短，平时应多关注，做好先进先出的工作。
2. 果汁的出品	·果汁一般用果汁杯盛载出品，倒入的量约在八分满为宜，过多或过少都是不妥当的。
3. 鲜榨果汁的出品	·因为需要一定的准备时间，所以应礼貌地请顾客稍等，同时应奉上一杯冰水给顾客。

项目二 酒精饮料服务程序及出品标准

一、啤酒的服务程序及出品标准

在酒吧服务中，啤酒的服务程序及出品标准见表 4-6。

表 4-6 啤酒服务程序及出品标准

工作要点	工作项目描述
1. 啤酒的保存及载杯的要求	·啤酒须冰镇后，才可以提供给顾客（除非顾客特别要求）。 ·为了保持酒液持久的冰镇效果，出品啤酒的杯具必须放置在冰柜中预冷后方可随啤酒一起出品。
2. 开启啤酒	·为顾客提供啤酒服务时，在开启罐装啤酒时不要对着顾客，以免啤酒罐内气压过高，开启后啤酒喷溅到顾客身上。 ·瓶装啤酒以在吧台或工作柜上开启为宜。
3. 倒啤酒	·倒啤酒时，瓶口距杯 1 厘米左右，不可相碰，让酒液沿杯子内壁徐徐倒入，速度不宜过快，以免泡沫溢出杯口。

二、红葡萄酒的服务程序及出品标准

在酒吧服务中，红葡萄酒的服务程序及出品标准见表 4-7。

表 4-7 红葡萄酒服务程序及出品标准

工作要点	工作项目描述
1. 准备工作	·顾客订完酒后，立即去取酒，时间不得超过 5 分钟。 ·准备好红酒篮，将一块干净的口布铺在红酒篮中。 ·将取回的葡萄酒放在酒篮中，商标向上。
2. 红葡萄酒的展示	·右手拿起装有红酒的酒篮，走到顾客座位的右侧。 ·左手轻托住酒篮的底部，45 度倾斜，商标向上，请顾客看清酒的商标，并询问顾客："对不起，先生/夫人/太太/小姐，请问我现在可以为您服务红葡萄酒吗？"
3. 红葡萄酒的开启	·将红酒置于酒篮中，左手扶住酒瓶，右手用开酒器割开铅封。 ·用一块干净的口布将瓶口擦净。 ·将酒钻垂直钻入木塞，注意不要旋转酒瓶。 ·待酒钻完全钻入木塞后，轻轻拔出木塞。

续前表

工作要点	工作项目描述
4. 红葡萄酒的斟酒	·右手拿起酒瓶，从顾客右侧往杯中倒入1/5杯红葡萄酒，请其品评酒质。 ·顾客认可后，按照先宾后主、女士优先的原则，依次为顾客倒酒。 ·倒酒时站在顾客的右侧，倒入杯中1/2即可。每倒完一杯酒要轻轻转动一下酒瓶，避免酒滴在台布上。
5. 红葡萄酒的添加	·应随时为顾客添加红葡萄酒。 ·当整瓶酒将要倒完时，要询问顾客是否再加一瓶。如顾客不再加酒，即观察顾客，待其喝完酒后，立即将空杯撤掉；如顾客同意再加一瓶，服务程序及出品标准同上。

三、白葡萄酒的服务程序及出品标准

在酒吧服务中，白葡萄酒的服务程序及出品标准见表4-8。

表4-8　白葡萄酒服务程序及出品标准

工作要点	工作项目描述
1. 准备工作	·顾客订完酒后，立即去取酒，时间不得超过5分钟。 ·先在冰桶中放入2/3桶冰块，再放入1/2桶水，然后放在冰桶架上，并配一条叠成8厘米宽的条状口布。 ·将取回的白葡萄酒放入冰桶中，商标向上。在顾客的水杯右侧摆放白葡萄酒杯，间距1.5厘米。
2. 白葡萄酒的展示	·将准备好的冰桶架、冰桶、酒、口布放在顾客座位的左侧，将一只小味碟放在顾客餐具的右侧。 ·左手持口布，右手持葡萄酒，将酒瓶底部放在口布的中间部位，再将口布两端拉起至酒瓶商标以上部位，并使商标全部露出。 ·右手持口布包好的酒瓶，用左手四个指尖轻托住酒瓶底部，送至顾客面前，请其查看确认，并询问顾客："对不起，先生/夫人/太太/小姐，请问我现在可以为您服务白葡萄酒吗?"
3. 白葡萄酒的开启	·得到顾客允许后，将酒瓶放回冰桶中，左手扶住酒瓶，右手用开酒刀割开铅封，并用一块干净的口布将瓶口擦净。 ·将酒钻垂直钻入木塞，注意不要旋转酒瓶；待酒钻完全钻入木塞后，轻轻拔出木塞，木塞出瓶时不应发出声音。
4. 白葡萄酒的斟酒	·右手持用口布包好的酒瓶，商标朝向顾客，从顾客右侧倒入1/5杯白葡萄酒，请其品评酒质。 ·得到认可后，按照先宾后主、女士优先的原则，依次为顾客倒酒。 ·倒酒时站在顾客的右侧，倒入杯中3/4即可。每倒完一杯酒要轻轻转动一下酒瓶，避免酒滴在台布上。 ·倒完酒后，把白葡萄酒瓶放回冰桶，商标向上。
5. 白葡萄酒的添加	·随时为顾客添加白葡萄酒。 ·当整瓶酒将要倒完时，询问顾客是否再加一瓶。如顾客不再加酒，即观察顾客，待其喝完酒后立即将空杯撤掉；如顾客同意再加一瓶，服务程序及出品标准同上。

四、香槟的服务程序及出品标准

在酒吧服务中，香槟的服务程序及出品标准见表4-9。

表4-9　香槟服务程序及出品标准

工作要点	工作项目描述
1. 准备工作	·准备好冰桶。 ·将酒从酒吧取出，擦拭干净，放入冰桶内冰冻。 ·将酒连同冰桶和冰桶架一起放到顾客桌旁。
2. 开启香槟	·将香槟酒从冰桶内抽出向顾客展示，顾客确认后放回冰桶内。 ·用酒刀将瓶口处的锡纸割开去除。左手握住瓶颈，同时用拇指压住瓶塞；右手将捆扎瓶塞的铁丝拧开、取下。 ·用干净口布包住瓶塞顶部，左手依旧握住瓶颈，右手握住瓶塞，双手同时反方向转动，右手缓慢地上提瓶塞，直至瓶内气体将瓶塞完全顶出。 ·开瓶时动作不宜过猛，以免发出过大的声音而影响顾客。
3. 斟酒服务	·斟酒时右手持瓶，从顾客右侧按顺时针方向进行，先宾后主，女士优先。斟酒量为杯量的3/4。 ·每次斟酒最好分两次完成，以免杯中泛起泡沫溢出。斟完后须将瓶身顺时针轻转一下，防止瓶口的酒滴落到台面上。酒的商标须始终朝向顾客。 ·为所有的顾客斟完酒后，将酒瓶放回冰桶内冰冻。 ·酒瓶中只剩下一杯酒量时，须及时征求顾客意见，是否准备另外一瓶酒。

五、蒸馏酒的服务程序及出品标准

在酒吧服务中，蒸馏酒的服务程序及出品标准见表4-10。

表4-10　蒸馏酒服务程序及出品标准

酒品	工作标准
1. 白兰地	·用白兰地杯，倒入杯中1盎司。服务时不跟杯垫。
2. 威士忌	·净饮、加冰出品用古典杯，倒入杯中1盎司，加入3块冰。服务时跟杯垫。 ·混饮出品用柯林杯，倒入杯中1盎司，加入3块冰，依顾客爱好配可乐或苏打水。服务时跟搅棒和杯垫（搅棒放入杯中）。
3. 金酒	·净饮、加冰出品用古典杯，倒入杯中1盎司，加3块冰。服务时跟杯垫。 ·混饮出品用柯林杯，倒入杯中1盎司，加3块冰，配柠檬片、可乐或汤力水。服务时跟搅棒和杯垫（搅棒放入杯中）。
4. 伏特加	·净饮、加冰出品用古典杯，倒入杯中1盎司，加3块冰。服务时跟杯垫。
5. 朗姆酒	·净饮、加冰出品用古典杯。倒入杯中1盎司，加3块冰。服务时跟杯垫。 ·混饮出品用柯林杯。倒入杯中1盎司，加3块冰，配柠檬片或可乐。服务时跟搅棒和杯垫（搅棒放入杯中）。
6. 特基拉酒	·净饮出品用古典杯，配盐、柠檬角。服务时跟杯垫。 ·混饮出品用古典杯，配雪碧。服务时跟搅棒和杯垫（搅棒放入杯中）。

项目三 雪茄服务

一、雪茄服务常用工具

酒吧服务员除了提供酒水服务，有时也要提供雪茄服务。

（一）雪茄刀具

可供选择的雪茄刀具多种多样，有断头台式铡刀（分为单面、双面，是最好使用的刀具）、剪刀形雪茄刀、V 形剪（将雪茄帽切开一个 V 字形的口子）、开孔器（在雪茄帽上钻出一个直径半厘米左右的圆孔）等，见图 4－1。

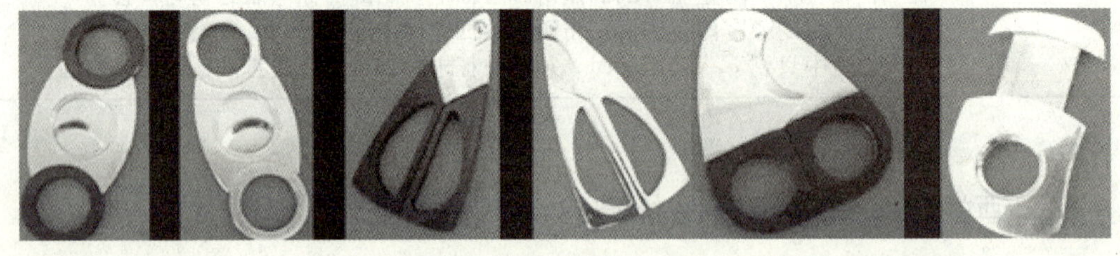

图 4－1 雪茄刀具

（二）雪茄点火工具

雪茄点火工具包括瓦斯打火机、喷火式点火器、无硫火柴，见图 4－2。

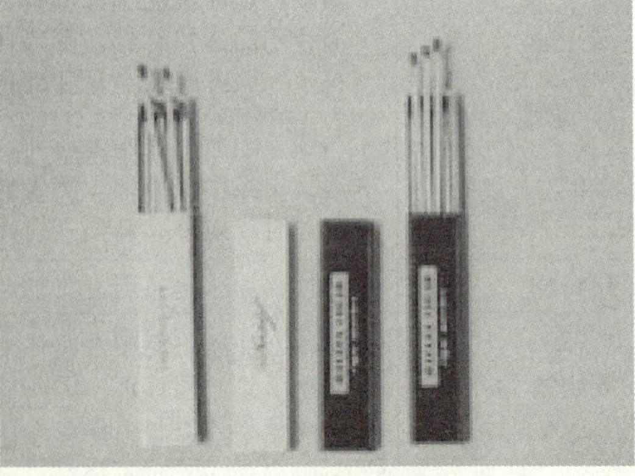

图 4－2 雪茄点火工具

（三）雪茄专用烟灰缸

雪茄专用烟灰缸在专业雪茄服务中必不可少，具体见图 4－3。

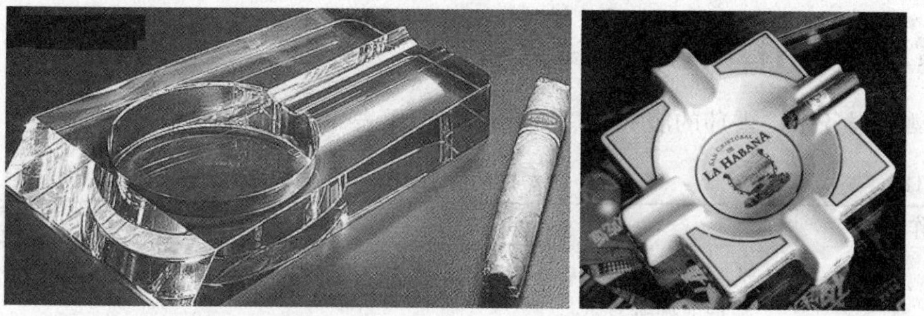

图 4－3 雪茄专用烟灰缸

（四）雪茄专用盒

雪茄专用盒通常由 11 个部分组成，见图 4－4。

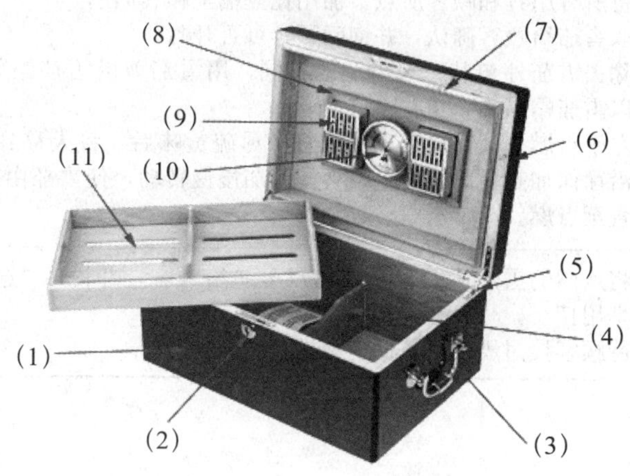

图 4－4 雪茄专用盒

（1）盒身。盒身是雪茄盒的主体，板的厚度可分为 6 毫米、9 毫米、12 毫米、15 毫米等，板的外面一般都是贴其他树皮，常见的有樱桃木、白杨木、胡桃木、枫木、黑檀木、花梨木、榆木、花樟木等。

（2）锁。

（3）把手。

（4）隔板（雪松实木）。

（5）合页。

（6）上盖。

（7）围板（可以装在上盖，也可以装在盒身，雪松实木）。

（8）装饰板（起装饰的作用）。

（9）湿润器（俗称水槽，用来保持盒内的湿度）。

（10）湿度计（用来测量盒内的湿度）。

（11）托盘。

二、雪茄服务的程序及出品标准

在酒吧服务中，雪茄的服务程序及出品标准见表4-11。

表4-11　雪茄的服务程序

工作要点	工作项目描述
1. 雪茄点单	·适时询问顾客是否需要雪茄，如在餐后，要询问顾客是否配用白兰地或意大利特浓咖啡。 ·取雪茄单打开至第一页，站在顾客右侧，双手递单，等待顾客点单并进行相应推荐。 ·听顾客点单并重复顾客所点内容，致谢后离开。
2. 雪茄服务准备	·准备好雪茄专用刀具、点火工具和烟灰缸。
3. 为顾客点燃雪茄	·将所有用具和顾客所点雪茄用托盘端至顾客面前。 ·取雪茄给顾客确认，并询问顾客可否开封。 ·除去雪茄外包装，视雪茄的不同，用雪茄剪沿雪茄帽剪去一片，不宜过厚，以雪茄帽的1/3左右为宜。 ·左手点燃火柴，待其充分燃烧散尽硫黄味后，将火移到雪茄前，用火焰的外沿徐徐加热，此时右手指夹持雪茄慢慢转动，使雪茄由外向内旋转均匀加热，直至点燃。
4. 将雪茄递给顾客	·将点燃的雪茄从顾客右手边双手递给顾客，并说："这是您的雪茄，请慢慢享用！" ·待顾客接过雪茄后，倒退并转身离开。

延伸阅读

浙江世贸君澜大饭店各酒品出品标准

浙江世贸君澜大饭店是一家五星级综合性多功能商务酒店，其各酒品出品标准见表4-12。

表4-12　浙江世贸君澜大饭店各酒品出品标准

项目	出品标准	分量	备注
WHISKY 威士忌	净饮：用波特杯，跟冰水 加冰：用洛克杯，加4块冰	1量杯	
BRANDY 白兰地	净饮：用白兰地杯，跟冰水 加冰：用白兰地杯，加4块冰	1量杯	
SAKE 日本清酒	净饮：用瓷酒壶，跟瓷杯	1量杯	

续前表

项目	出品标准	分量	备注
LIQUEUR&EAUX DE VIE 餐后甜酒	净饮：用波特杯，跟冰水 加冰：用洛克杯，加4块冰	1量杯	
BEER 啤酒	出品时，用冰镇比尔森啤酒杯	1罐或1瓶	
COCA COLA 可口可乐 DITE COKE 健怡可乐 SEVEN UP 七喜 SODA WATER 苏打水 TONIC WATER 汤力水	出品时，用高球杯，加4块冰、半片柠檬	1罐	
SUNKIST LEMON 新奇士柠檬汁汽水 SUNKIST ORANGE 新奇士橙汁汽水 GINGER ALE 干姜水	出品时，用高球杯，加4块冰	1罐	
PERRIER 巴黎水 EVIAN 依云 LOCAL MINERAL WATER 本地矿泉水	出品时，用高球杯，加半片柠檬	1罐	
FRUIT JUICE 水果汁 COCONUT JUICE 椰子汁	出品时，用高球杯	1罐	
ORANGE JUICE 橙汁 PINEAPPLE JUICE 菠萝汁 GRAPEFRUIT JUICE 西柚汁	出品时，用高球杯，倒八分满	1大瓶	
TOMATO JUICE 番茄汁	出品时，用高球杯，倒八分满，跟搅棒、杯垫	1大瓶	
WINE 葡萄酒	白葡萄酒、玫瑰葡萄酒用冰镇葡萄酒杯，红葡萄酒用加热后的葡萄酒杯	2/3杯	整瓶卖，白葡萄酒倒2/3杯，红葡萄酒倒1/2杯

续前表

项目	出品标准	分量	备注
CAMPARI 金巴利	净饮：用波特杯，跟冰水 加冰：用洛克杯，加4块冰、半片柠檬	1量杯	
DUBONNET 杜本内	净饮：用波特杯，跟冰水 加冰：用洛克杯，加4块冰	1量杯	
VERMOUTH 味美思 SHERRY & PORT 雪利酒和波特酒	净饮：用波特杯，跟冰水 加冰：用洛克杯，加4块冰	1量杯	
PERNOD 潘诺	净饮：用高球杯，跟冰水 加冰：用高球杯，加4块冰，跟1杯冰水	1量杯	跟搅棒
GIN 金酒	净饮：用波特杯，跟冰水 加冰：用波特杯，加4块冰、半片柠檬	1量杯	
VODKA 伏特加	净饮：用波特杯，跟冰水 加冰：用洛克杯，加4块冰	1量杯	
RUM (WHITE) 朗姆酒（白）	净饮：用波特杯，跟冰水 加冰：用洛克杯，加4块冰、半片柠檬	1量杯	
RUM (RED) 朗姆酒（红）	净饮：用波特杯，跟冰水 加冰：用洛克杯，加4块冰	1量杯	
TEQUILA 特基拉酒	净饮：用波特杯，跟冰水、盐盅，放2片柠檬，插上鸡尾签 加冰：用洛克杯，加4块冰，跟盐盅，放2片柠檬，插上鸡尾签	1量杯	
GIN W/TONIC 金酒/汤力水 GIN W/7-UP 金酒/七喜 GIN W/COLA 金酒/可乐 RUM W/COLA 朗姆酒/可乐 VODKA W/COLA 伏特加/可乐	酒精类用高球杯，加4块冰、半片柠檬，跟1杯软饮料	1量杯/ 1罐	
WHISKY W/COLA 威士忌/可乐	酒精类用高球杯，加4块冰，跟1杯可乐	1量杯/ 1罐	
WHISKY W/MINERAL WATER 威士忌/矿泉水	酒精类用高球杯，加4块冰，跟整瓶矿泉水	1量杯/ 1瓶	
CAMPARI W/SODA 金巴利/苏打水	酒精类用高球杯，加4块冰、半片柠檬，跟1杯苏打水	1量杯/ 1罐	

续前表

项目	出品标准	分量	备注
COINTREAU W/PERRIER 君度酒/巴黎水	用高球杯，加4块冰，跟整瓶巴黎水		
TEQUILA W/7-UP 特基拉酒/七喜	用洛克杯，跟1杯七喜、2片柠檬、2张杯垫、盐盅、鸡尾签、餐巾布		
VODKA W/LIME 伏特加/青柠 VODKA W/TOMATO JUICE 伏特加/番茄汁	用洛克杯，加4块冰、半片柠檬	伏特加1量杯，青柠1/2量杯；伏特加1量杯，番茄汁2.5量杯	
CAMPARI W/ORANGE 金巴利/橙汁	用洛克杯，加4块冰，加入橙汁	金巴利1量杯，橙汁2.5量杯	

酒吧常用剂量

在酒吧服务中有一些常用剂量，见表4-13。

表4-13　　酒吧常用剂量

序号	常用剂量	备注
1	1 ounce（oz）≈28 ml	1盎司约等于28毫升
2	1 tsp（bsp）=1/8 oz	1茶匙（吧匙）约等于1/8盎司
3	1 drop≈0.1～0.2 ml	1滴约等于0.1～0.2毫升
4	1 dash≈0.6 ml	1甩约等于0.6毫升（1甩约为3～6滴）
5	1 Jigger≈40 ml	1量酒器约等于40毫升

课后练习

1. 描述红葡萄酒的服务流程及出品标准，并进行实训操作。
2. 描述碳酸饮料的服务流程及出品标准，并进行实训操作。
3. 雪茄服务的常用工具有哪些？

模块五 鸡尾酒调制程序及标准

学习目标

- 掌握鸡尾酒调制的程序及标准
- 掌握鸡尾酒的四种调制方法

项目导入

当我们走入酒吧，一定会惊叹调酒师那高超的调酒技艺。经调酒师妙手调制的鸡尾酒，既能刺激食欲，又能让人兴奋不已。但对于刚刚入门的初级调酒师来讲，数以千款的鸡尾酒如何调配到位，实属难题。下面我们就进入鸡尾酒调制的篇章，探究一下调酒的秘密，熟知酒吧常用鸡尾酒出品的标准吧！

项目一 鸡尾酒调制的服务程序及出品标准

一、酒吧调酒的服务程序及出品标准

在酒吧服务中，调酒的服务程序及出品标准，见表5－1。

表5－1 调酒的服务程序及出品标准

工作要点	工作项目描述
1. 仪表仪容要求	·举止文雅大方，站立位置恰当，面带笑容。 ·顾客来到吧台前要主动表示欢迎，并为顾客介绍酒水种类。
2. 落单	·调酒师应熟悉酒的产地、特点、度数等知识。 ·合理地推荐饮品，并遵循先开单后发货的程序。
3. 出品前的检查	·出品时检查杯具是否干净，有无缺口，斟酒时必须使用量杯，酒瓶的标签应朝向顾客。
4. 出品要求	·所有饮品都要按照出品标准规范出品，鸡尾酒调制要按配方准确调制。 ·如果饮品需要加冰块，应先在杯中加冰。 ·如果需要使用冰镇酒杯，应事先在冰柜内备好相应的杯具。
5. 调制鸡尾酒的原则	·调制时间要掌握好，不要过久，配酒的原料必须使用量杯，不可随意估量倒入，以保证口味的统一、纯正。

二、使用不同工具调制鸡尾酒的服务程序及出品标准

（一）使用调酒壶调制鸡尾酒

在酒吧服务中，使用调酒壶调制鸡尾酒的服务程序及出品标准见表5－2。

表5－2 使用调酒壶调制鸡尾酒的服务程序及出品标准

工作要点	工作项目描述
1. 准备调酒壶	·先放入冰块，再放入果汁等辅料，最后加入基酒。
2. 拿取调酒壶	·将外盖盖紧使酒液不能透出，拿取时食指应紧扣外盖，拇指和其他手指握住调酒壶，平稳地扣在手掌中。 ·壶身悬空，不可贴在掌心上。
3. 摇制鸡尾酒	·用双手或单手上下摇摆调酒壶，注意姿态美观。 ·时间不应过久，只要摇至酒液混合变冷即可，或摇至酒壶外面出现白霜即可。

续前表

工作要点	工作项目描述
4. 倒入杯内	·去掉外盖，将壶内饮料滤入酒杯。 ·同时向两个杯子内倒入饮料时应轮流进行，以保持两杯饮料浓度、口味、颜色的一致。

（二）手工搅拌调制鸡尾酒的服务程序及出品标准

在酒吧服务中，手工搅拌调制鸡尾酒的服务程序及出品标准见表5-3。

表5-3　手工搅拌调制鸡尾酒的服务程序及出品标准

工作要点	工作项目描述
1. 准备调酒材料	·先将冰块放入摇酒壶内，然后依次放入果汁等辅料，最后倒入基酒。
2. 调制鸡尾酒	·用吧勺轻轻搅拌至各种材料完全调和为止。
3. 倒入杯中	·盖上中层过滤盖，将混合后的鸡尾酒隔冰过滤到所需的酒杯中。

（三）使用电动搅拌调制鸡尾酒的服务程序及出品标准

在酒吧服务中，电动搅拌调制鸡尾酒的服务程序及出品标准见表5-4。

表5-4　电动搅拌调制鸡尾酒的服务程序及出品标准

工作要点	工作项目描述
1. 准备调酒材料	·将碎冰放入搅拌壶内，然后依次放入果汁等辅料、基酒。（为避免机械损耗，保证充分调和，搅拌机必须使用碎冰。）
2. 调制鸡尾酒	·确认壶身和电动搅拌机底座吻合后，盖上壶盖。 ·左手紧按并扣紧壶盖后，右手按动搅拌开关，使各种配料充分调匀。
3. 倒入杯中	·关闭电源，拿起搅拌壶，去盖后，倒入载杯即可。

项目二　四种常用的鸡尾酒调制方法

一、摇荡法的调制步骤

摇荡法的调制步骤见表5-5。

表 5-5 摇荡法的调制步骤

酒吧服务 编号：*******
部门：酒水部
内容：酒吧服务
酒品：红粉佳人（Pink Lady）。 调制方法：摇荡法。 材料：金酒 1.5 盎司、柠檬汁 0.5 盎司、红石榴糖浆 2 茶匙、蛋白 1 个。 调制步骤： 第一步，洗净双手并擦干； 第二步，在鸡尾酒杯中加入冰块，进行冰杯； 第三步，将调酒器分三段放于操作台面上； 第四步，取适量冰块（方冰 3～5 块）放入调酒器底杯内； 第五步，将公杯里的蛋清（1 个鸡蛋的量）倒入调酒器底杯内； 第六步，量入柠檬汁和红石榴糖浆； 第七步，用量酒杯量入金酒 1.5 盎司，倒入调酒器内； 第八步，盖好滤冰网及盖子，用单手摇或双手摇的方法摇混均匀至外部结霜； 第九步，将鸡尾酒杯里的冰块倒掉，滤入鸡尾酒杯； 第十步，用吧勺取出一颗红樱桃，用刀在其底部划一个口子，置于鸡尾酒杯上； 第十一步，清理工作台。

二、搅拌法的调制步骤

搅拌法的调制步骤见表 5-6。

表 5-6 搅拌法的调制步骤

酒吧服务 编号：******
部门：酒水部
内容：酒吧服务
酒品：干曼哈顿（Dry Manhattan）。 调制方法：搅拌法。 材料：黑麦威士忌 1 盎司、干味美思 2/3 盎司、安哥斯特拉苦精 1 滴。 调制步骤： 第一步，洗净双手并擦干； 第二步，在调酒杯中加入冰块； 第三步，注入上述酒料，用吧勺搅匀； 第四步，滤入鸡尾酒杯； 第五步，用吧勺取出一颗红樱桃，用刀在其底部划一个口子，置于鸡尾酒杯上； 第六步，清理工作台。

三、兑和法的调制步骤

兑和法的调制步骤见表 5-7。

表 5-7　兑和法的调制步骤

酒吧服务　　编号：******
部门：酒水部
内容：酒吧服务
酒品：彩虹酒（Rainbow）。 调制方法：兑和法。 材料：红石榴糖浆 1/5 盎司、绿色薄荷酒 1/5 盎司、黑色樱桃白兰地 1/5 盎司、无色君度利口酒 1/5 盎司、棕色白兰地 1/5 盎司。 调制步骤： 第一步，洗净双手并擦干； 第二步，准备需要调制的吧勺及载杯（30 毫升的利口酒杯）、酒水及清洗水桶； 第三步，第一款酒（红石榴糖浆）可以直接注入； 第四步，第二、三、四、五款酒均用吧勺注入，吧勺背朝上，酒倒在吧勺背上，使酒从杯内壁缓缓流下（不可将酒直接倒入杯中），动作要轻，速度要慢，要避免摇晃，量酒器中多余酒水可以倒入清水桶中； 第五步，清理工作台。

四、果汁机混合法的调制步骤

果汁机混合法的调制步骤见表 5-8。

表 5-8　果汁机混合法的调制步骤

酒吧服务　　编号：******
部门：酒水部
内容：酒吧服务
酒品：冰冻蓝色玛格丽特（Frozen Blue Margarita）。 调制方法：果汁机混合法。 材料：龙舌兰 30 毫升，蓝色柑香酒 15 毫升，砂糖 1 茶匙，细碎冰 3/4 杯，盐适量，果汁机，吸管，香槟酒杯。 调制步骤： 第一步，洗净双手并擦干； 第二步，用盐将杯子做成盐边杯型（将柠檬或橙皮夹着杯口转一圈，使杯口湿润，然后在盐粉里蘸一下即可）； 第三步，将冰块和材料倒入果汁机内，摇匀倒入杯中； 第四步，清理工作台。

延伸阅读

机器人调酒师

在酒吧喝上由机器人调制的鸡尾酒，虽然这听起来像是科幻小说中的内容，但日前，美国一家颇具未来色彩的酒吧推出机器人调酒师后，迅速得到了顾客的好评。

在机器人酒吧，顾客再也不需要找服务人员了，因为所有的操作都是“自助式”的。人们要做的就是在电脑中挑一杯自己想喝的鸡尾酒并交费，然后就可以看调酒表演了。机器人调酒师虽然其貌不扬，但调酒技术十分了得。它不仅会调多种酒，而且速度很快，平均每小时可以调制120杯。

另外，人们不必担心机器调酒师的态度问题，它不仅服务时面带微笑、有求必应，还能像其他调酒师一样跟顾客交流，甚至讲上一段笑话。据了解，开办这样一家机器人酒吧需要投资高达15万美元，但是制造商认为绝对物有所值，而已经开办起来的酒吧也证明了这一点。

［资料来源］中国食品科技网，http://www.tech-food.com.

课后练习

1. 请依次使用鸡尾酒的四种调制方法进行实训操作。
2. 如何正确使用调酒壶调制鸡尾酒？

模块六 酒吧服务工作程序

学习目标

- 了解酒吧营业三个阶段的工作程序
- 掌握不同阶段酒吧服务的工作要求

项目导入

通过前面模块的学习，我们掌握了酒吧相关的酒水基本知识，熟悉了酒吧服务流程，掌握了一定的服务技能，那么我们该如何进行酒吧运营呢？由于酒吧岗位设置中调酒师和酒吧服务员的工作流程交叉重复很多，因此我们就一并学习如何进行开吧准备、如何服务好每一位顾客、如何完成送客后的清台等。当然，流程不是每次服务都会一一经历，操作中应该灵活面对顾客，这样才能符合酒吧的既定要求和标准。

项目一 酒吧营业前的工作程序

酒吧营业前的工作主要包括：酒吧清洁卫生，酒水、器具的领取及存放，营业用具和辅料的保管、清点等。

一、酒吧清洁卫生

酒吧清洁卫生的主要工作程序见表 6-1。

表 6-1　酒吧清洁卫生的工作程序

工作要点	工作项目描述
1. 前吧的清洁卫生	·每天用湿毛巾把吧台擦干净后，再喷上蜡光剂使其光亮如新。不锈钢制成的操作台可直接用清洁剂擦洗，再用干毛巾擦干即可。
2. 后吧的清洁卫生	·每天应给冷藏柜外部除尘，每三天必须对冷藏柜内部彻底进行清洁。酒柜和陈列柜也应每天除尘，陈列的瓶酒和酒杯等应保持其外表清洁无尘。
3. 地面清洁卫生	·调酒师应每日清扫吧内地面，服务员应每天进行地毯吸尘及定期清洗。
4. 酒杯、用具清洁	·应对酒杯及用具进行清洁、消毒，要求无水渍、无破损。

二、酒水、器具的领取及存放

酒水、器具的领取及存放的主要工作程序见表 6-2。

表 6-2　酒水、器具的领取及存放的工作程序

工作要点	工作项目描述
1. 填写《领料单》	·根据酒吧每天所需酒水数量和食品数量填写《领料单》，送交酒吧经理签字。
2. 仓库领料	·凭酒吧经理签字的《领料单》去仓库领用酒水、食品等。领料时要核对数量并检查质量。
3. 存放酒水饮料	·酒水、果汁、牛奶等应尽快放入冷藏柜内冷藏，瓶装酒一般应存入酒柜或在陈列柜上陈列。 ·陈列时应注意摆放合理，葡萄酒、烈性酒、配制酒等分开摆放，贵重酒和普通酒分开摆放。

三、营业用具和辅料的保管、清点

营业用具和辅料的保管、清点的主要工作程序见表6-3。

表6-3　营业用具和辅料的保管、清点的工作程序

工作要点	工作项目描述
1. 棉织品（布草）的保管	· 分清布草的规格、名称（如口布、刀叉布），并按不同的用途分开摆放和保管。
2. 棉织品的清点	· 布草分类摆放，并做好登记。 · 使用过的布草放置在指定地点。 · 统一清点，登记在《布草更换单》上后运往洗衣房更换。
3. 棉织品的盘点	· 更换好的布草应当面点清后运回部门。 · 每月由专人定期负责核对各类布草的数目盘点，如有差异及时登记。
4. 棉织品的补充	· 盘点后，根据差异数补充或退还布草，保证营业使用的基数。
5. 瓷器、餐具的保管	· 瓷器、餐具分类摆放，便于平时使用及保管。
6. 瓷器、餐具的清点	· 清洁后的瓷器、餐具及时擦净备用。 · 在每月的规定时间核对数目，如有差异及时登记、补充。
7. 辅料的补充	· 补充糖包、餐巾纸、火柴、牙签、杯垫等辅料。 · 填写《领料单》。
8. 辅料的保管	· 糖包领料后必须放入冰箱保存，其他辅料应放到指定地点，做好防尘、防潮的工作。

项目二　酒吧营业中的工作程序

酒吧营业中的工作程序见表6-4。

表6-4　酒吧营业中的工作程序

工作要点	工作项目描述
1. 迎候顾客	· 当顾客到达时，服务员应精神饱满地站在门口迎接。 · 见到顾客进入时，应主动招呼顾客；如是常客，可以熟络、随和的方式热情招呼。
2. 引领顾客	· 用适当的步调，匀速走在顾客右前方，用手示意顾客座位的方向。

续前表

工作要点	工作项目描述
3. 入座	·为顾客拉椅，等其入座位后，用膝将椅子轻轻推入，帮助顾客放好随身携带的物品或行李。
4. 呈递《饮料单》	·当顾客坐定后，应站在顾客右手边，打开《饮料单》，双手递上。
5. 听候顾客点单	·站于顾客右侧，认真听取顾客点单，点单过程中适时向顾客推荐饮品。
6. 点取饮料	·记住顾客所点酒水名称，重复顾客所点酒水内容，得到确认后，收回《饮料单》，致谢离开。
7. 填写《点菜单》	·取《点菜单》（一式三联），按要求填写日期、时间、桌号、人数、服务员姓名。该桌的第一单为新单，以"N"表示，加单以"＋"表示。正确填写酒水名称及数量。
8. 财务确认	·将填写完毕的《点菜单》交收款员签字确认，由财务输入电脑，出电脑小票。
9. 酒吧出品	·将《点菜单》二、三联交由酒吧出品。
10. 服务工作	·将纸巾杯（放 8 张餐巾纸）、杯垫巾、配送小食放于托盘中，再将酒吧出品的酒水放于托盘中。 ·将纸巾杯放于餐桌中心位置，配送小食放于纸巾杯旁，将杯垫巾放于顾客面前，然后从顾客右边上饮料，放置于杯垫巾上，轻声说出酒水名称。
11. 更换烟缸	·取干净烟缸放于托盘上，走到顾客台前，轻声示意顾客，右手拿起烟缸，盖住台面上脏的烟缸，将两个烟缸一起拿起放于托盘上，将干净烟缸放回台面。
12. 添加饮料	·当顾客杯中饮料剩半杯时，主动为顾客添加饮料，征得顾客同意后，撤下空瓶（空罐），询问顾客是否需要添加。
13. 结账	·从收银处打印账单，放于账单夹右侧合拢，走到顾客面前打开账单夹，送至顾客面前轻声报出金额。 ·顾客如付现金，轻声报出金额数目，合拢账单夹，致谢后倒退离开；顾客如挂房账，轻声提醒顾客出示房卡，并请顾客签名确认，交由收银员核对。 ·顾客如刷卡，需让顾客出示身份证，让顾客签名，交由收银员核对。
14. 送客	·上前拉椅，提醒顾客拿好随身携带的物品，感谢顾客，并欢迎其再次光临。

项目三 酒吧营业结束工作程序

酒吧营业结束工作（收档）包括清理酒吧、填写报表、清点酒水、结束整理、关门打烊。

一、清理酒吧

清理酒吧的工作程序见表6-5。

表6-5　清理酒吧的工作程序

工作要点	工作项目描述
1. 清理使用过的杯具和用具	·把脏的酒杯全部收回送清洗间清洗消毒，然后用口巾擦干净。 ·所有用具用消毒液浸泡后，用口巾擦干净。
2. 清空垃圾	·垃圾桶送垃圾间倒空，清洗干净，直至无污迹为止。
3. 清洁冰柜	·用刀叉布将冰柜清洁干净，水果装饰物要放回冰箱中保存并用保鲜膜包好，开了罐的汽水、啤酒要全部处理掉。
4. 收回瓶酒	·把所有陈列的酒水取下放入柜中，散卖和调酒用过的酒要用湿毛巾将瓶口擦干净后放回柜中。
5. 清理工作区域	·酒吧台、工作台、水池用湿毛巾清洗干净，地面用拖把拖干净。

二、填写报表

填写报表的工作程序见表6-6。

表6-6　填写报表的工作程序

工作要点	工作项目描述
1. 统计每天销售数	·根据每天的《点菜单》统计当天的销售数，填写在《销货簿》上。
2. 填写《销售日报表》	·根据每日《销货簿》上的数据，填写《销售日报表》。
3. 填写《瓶酒报表》《香烟报表》	·凡有整瓶酒售出，必须填写《瓶酒报表》，香烟每日有领入、售出调拨中的任何一项，都必须填写《香烟报表》。

三、清点酒水

清点酒水的工作程序见表6-7。

表6-7　清点酒水的工作程序

工作要点	工作项目描述
1. 核对结存数	·把填写完的《销售日报表》上的结存数和酒吧现存实数相对照，如有不符的必须核查原因，填写实数。
2. 填写《领料单》	·根据当天销售情况和第二天预订情况填写《领料单》。

四、结束整理

结束整理的工作程序见表6-8。

表 6-8　　结束整理的工作程序

工作要点	工作项目描述
1. 收回所有的服务用具	· 账单夹、电话机、报架等全部收回相应的地方。 · 立牌、花瓶、烟缸均用托盘有序地收回并放在指定地点。 · 检查各类服务用具是否完整，有无破损。
2. 收回餐具并放入管事部清洁	· 使用过的餐具放入洗涤间清洁，消毒后备用。
3. 工作台的补充	· 按照标准的餐具基数，补充相应的餐具，分类摆放整齐。
4. 桌椅整理	· 检查桌椅是否整齐摆放，检查地面的卫生。
5. 收回各类餐车	· 咖啡车、酒车、饼车收回操作间，排列整齐。
6. 收回装饰台上的装饰物	· 装饰物及时收回，贵重物品如雪茄、瓶酒等应小心放置。
7. 公共区域的检查	· 关闭空调及其他电器，确认工作台已经上锁。 · 需要低温保存的物品及时放入冰箱。
8. 填写每日营业报告	· 核对填写每日顾客的人数、饮料及食品收入。 · 核对特色销售及瓶酒销售情况。

五、关门打烊

关门打烊的工作程序见表 6-9。

表 6-9　　关门打烊的工作程序

工作要点	工作项目描述
1. 检查电器，关闭电源	· 除冰箱外所有的电器开关都要关闭，包括照明灯、咖啡机、电动搅拌机、空调和音响。
2. 检查并锁好门柜	· 检查整个酒吧的火警隐患，锁好所有的橱柜、门窗。
3. 复查重点部位	· 再次检查火警隐患，检查水龙头是否关闭。 · 贵重的酒必须在领班检查过后才能把柜门锁上。

课后练习

1. 酒吧营业前的主要工作有哪些？
2. 酒吧营业中的工作要点有哪些？

模块七 鸡尾酒会服务

学习目标

- 了解鸡尾酒会的基本分类
- 掌握鸡尾酒会的服务程序及方案策划

项目导入

西方的影片中经常有这样的场景：一群穿戴讲究的绅士、淑女手持鸡尾酒杯相互交流，而身着燕尾服的服务生在宴会厅中忙碌地穿梭着，为顾客进行酒水服务。这种鸡尾酒会目前在中国也很盛行，它是由西方上流社会社交活动中的聚会演变而来的。这种酒会形式非常简单实用，气氛轻松热烈，感觉自由欢悦，适用于不同的场合，可以在任何时间举行，以供应各种酒水饮料为主，有时也供应简单的小食。鸡尾酒会的形式一般为站立式，不设座，酒店会布置临时吧台，并在会场设小型的圆形鸡尾酒桌，在上面布置餐巾纸、烟缸等用品。

那么，应如何针对不同的酒会类型、不同消费者的需求进行酒会策划及服务呢？下面，就让我们来学习鸡尾酒会服务吧。

项目一 鸡尾酒会概述

一、鸡尾酒会的定义与主要形式

（一）定义

鸡尾酒会简称酒会，形式较灵活，不像宴会那样复杂和拘束。鸡尾酒会以酒水为主，略备小吃，不设座椅，仅置小桌或茶几以便顾客随意走动。

（二）主要形式

举行鸡尾酒会的时间较为灵活，中午、下午、晚上均可。顾客到达鸡尾酒会可以来去自由，不受约束。鸡尾酒会通常准备的酒水品种较多，有鸡尾酒、果汁、汽水、矿泉水等，一般不用或少用烈性酒。鸡尾酒会提供的食品多为三明治、面包、小香肠、炸春卷等各种小吃，以牙签取食。饮料和食品一般由服务员用托盘端送，也有一部分放置在小桌上。

二、鸡尾酒会的分类

（一）按照酒会主题分类

按照酒会主题的不同，鸡尾酒会可以分为婚礼酒会、开张酒会、招待酒会、庆祝庆典酒会、产品介绍酒会、签字仪式酒会、乔迁祝寿酒会等。这种分类对组织者很有意义，而对于酒吧服务部门来说，只要针对各种不同的主题，配以不同的装饰、品种就够了。

（二）按照组织形式分类

按照组织形式的不同，鸡尾酒会可分为两大类：一类是专门酒会，另一类是宴会前酒会。

1. 专门酒会

专门酒会是单独举行的酒会，主要内容包括签到、主办方和来宾致辞等，有的甚至包括时装表演、歌舞表演等。专门酒会可分为自助餐酒会（Buffet Cocktail Party）和小食酒会（Snack Cocktail Party），自助餐酒会一般在午餐或晚餐时间进行，而小食酒会则多在下午茶时间进行。

2. 宴会前酒会

宴会前酒会比较简单，它的功能是在宴会前招集顾客，使较为盛大的宴会召开前不至于使等候的顾客受到冷落。有时也把这种酒会作为宴会点题，为主人或来宾提供致辞欢迎的机会。宴会前酒会还可以提供一个供与会者自由交流、联络感情的场所，扩大与会者的沟通范围。

（三）按照收费方式分类

按照收费方式的不同，鸡尾酒会可以分为定时收费酒会、计量消费酒会、定额消费酒会、现付消费酒会和外卖式酒会。

1. 定时收费酒会

定时收费酒会也称为包时酒会，通常顾客只需将人数、时间定下后就可以安排了，消费多少以时间为标准，通常有1小时、1.5小时、2小时不等。定下时间后，顾客只能在固定的时间内参加酒会，时间一到，酒吧将不再供应酒水。例如：某定时收费酒会是17时至18时，人数为250人。因此，酒吧提供1小时饮用的酒水，即17时开始供应，任顾客随意饮用，但18时以后就不再供应任何酒水了。定时收费酒会比较流行，主要是方便顾客掌握时间，也方便酒吧分时管理。

2. 计量消费酒会

计量消费酒会是根据酒会中顾客所饮用的酒水数量进行结算的。这种酒会既不限制时间，也不限制酒水品种，只根据顾客需要而定，一般有普通型与豪华型两种。普通型的计量消费酒会是由顾客提出要求，通常酒水品种只限于流行品牌；而豪华型的计量消费酒会可以摆出些较名贵的酒水，供顾客选择饮用。在结算时，按酒水实际用量计算。

3. 定额消费酒会

定额消费酒会是指顾客的消费额已固定，酒吧按照顾客的人数和消费额来安排酒水的品种和数量，这种酒会经常与自助餐连在一起。顾客在预定酒会时，先确定每位来宾消费的金额，然后确定酒水和食物各占的比例，食物部分由厨师长负责，酒水部分由酒吧负责。酒吧按照顾客确认的消费额合理地安排酒水供应。这种酒会消费额已事先确定，要经过细心的计算，既要在酒水的品种和数量上给顾客以满足感，又要控制好成本。

4. 现付消费酒会

现付消费酒会多在表演晚会中使用，主人只负责顾客的入场券和节目表演，顾客喜欢什么饮料，则由自己决定，且必须自己结账。在现付消费酒会中，酒吧只预备一般品牌的酒水，顾客来的主要目的是观看演出，而不是饮用酒水。这种酒会在许多大的饭店中经常举行，如时装表演、演唱会、舞会等。

5. 外卖式酒会

有些顾客希望在自己的公司或者家里举行酒会，以显示自己的身份。酒吧可以预先收费，按收费的标准准备酒水、器皿和酒吧工具，运到顾客指定的地方。举办外卖式酒会要将各类准备工作做得充分，因为不像在饭店里，缺什么可以临时补充。冰块和玻璃杯要准备充足，要做好顾客的场地不能提供冰块和清洗玻璃杯设备的准备；各种类型的酒水也要准备充足。除了定额消费酒会可以按定额提供酒水外，其他消费形式的酒会都应该多准备一些酒水。

三、鸡尾酒会酒吧设置

举行鸡尾酒会的细节确定后，通常由宴会部经理出一份《宴会编排表》。编排表会详细地列述顾客所订酒会的时间、日期、人数和要求，各个部门的职责，以及厨房、酒吧器材的安排等。酒吧则根据顾客的要求设置各种形式的酒会酒吧。酒会酒吧的设置形式分为软饮料酒吧、国产酒水酒吧、标准酒会酒吧和豪华酒会酒吧。

（一）软饮料酒吧设置

软饮料酒吧设置是指在酒吧设置中使用不含酒精的饮料，通常只用果汁、汽水、矿泉水、杂果宾治等无酒精饮料，有时也使用啤酒。这种酒吧设置多用在欢迎酒会、签字仪式、产品介绍会和招待会上。

（二）国产酒水酒吧设置

国产酒水酒吧设置是指在酒吧设置中除了软饮料还可以使用几种国产酒。一般情况下用 5～6 种，可用国产名酒茅台、五粮液、汾酒、剑南春等。这种酒吧设置多使用在中餐的小型宴会中。

（三）标准酒会酒吧设置

标准酒会酒吧设置是酒会中使用最广泛的一种。由于各饭店、宾馆的实际情况不同，因此所使用的酒水品种也可能不相同。在实际工作中，除了用软饮料、啤酒外，还可以使用常见的烈性酒和开胃酒，如金酒、威士忌、白兰地、朗姆酒、伏特加、甜味美思、干味美思和杜本内酒。几乎 80％以上的酒会中的酒吧设置都采用标准酒吧，所以在饭店、宾馆中，标准酒会酒吧使用的酒水品种应以一套“标准菜单”的形式确定下来。在标准酒会酒吧中，一般只供应简单的混合饮料，不供应鸡尾酒，特别是复杂的鸡尾酒。

（四）豪华酒会酒吧设置

豪华酒会酒吧设置是指在酒吧设置中使用较多酒水品种、较多名牌酒水，也可根据顾客的要求，使用名贵的酒水。豪华酒会酒吧使用的酒水没有固定的形式，应尽最大的努力满足顾客的要求。

以上 4 种酒会酒吧设置形式在饭店、宾馆中会经常采用。但由于每个酒会的人数、消费情况的不同，酒吧设置的数量、供应的酒水品种也有差别。一般情况下，酒吧设置的数量是由酒会的人数来定的，大约每 150 位顾客设 1 个酒吧；供应的酒水品种则根据饭店、宾馆的酒水价格和顾客的消费要求，同顾客商量决定。

项目二 鸡尾酒会的服务程序及方案策划

一、鸡尾酒会的主要服务程序

鸡尾酒会的主要服务程序见表7-1。

表7-1 鸡尾酒会的主要服务程序

工作要点	工作项目描述
1. 人员安排	·确定酒会所需员工人数，并落实到个人。
2. 准备酒水	·在酒会的前一天要按参加酒会的人数、酒水的品种，准备足够数量的酒水，按每人2.5～3杯计算，所有酒水在酒会前2小时运到场地并摆放好。
3. 酒吧设置	·注意美观和方便工作两个要点，酒吧要在酒会开始前30分钟设置完毕，要再次检查酒水的品种数量。
4. 准备杯具、器皿	·在酒会前一天必须准备足够的杯具，按每人2.5～3只准备，在酒会前2小时将酒会用的所有用具一起运到酒吧。
5. 提前倒饮料入杯	·提前15～20分钟准备冰块，按品种顺序提前15分钟倒饮料。
6. 补充酒水	·在酒会中，要留意杯具的消耗情况，及时予以补充，以保证供应。
7. 整理台面	·酒杯和饮料必须排列好，酒会开始后要及时排列各类酒水。
8. 清点酒水用量	·在酒会结束时，确切点清所有酒水的实际用量，统计出数字报厅面领班开单结账，并把《点菜单》交给本部门领班。
9. 收吧工作	·调酒员清理酒吧，协助领班将剩下的酒水运回仓库。 ·未使用的杯具、器皿和剩余的果汁，调拨到其他酒吧使用。 ·将剩下的干净物品运回仓库。

二、鸡尾酒会的方案策划

（一）酒会策划调研

（1）了解酒会的人数和人群的年龄段，以及酒会的目的。

（2）了解与酒会相关的细节问题，如承办酒店的地点，装饰和布置（包括音乐、灯光），食品和酒的种类，举办形式（自助式还是分桌式），是否有表演，主持人的挑选，对服装的要求等。

(3) 了解酒会的类型，如商业酒会、新年酒会、婚庆酒会、家庭酒会、友谊酒会、生日酒会等。如果是家庭酒会，参与者年龄层较多，要照顾年长者，不要太喧闹；如果是商业酒会，如产品发布会、年末公司内部酒会等，要依照参加者的身份、品位而定，照顾到客户方的习惯，尤其是少数民族客户；如果是以年轻人为主的友谊酒会，则要注重创意。

(二) 酒会策划方案案例

某公司开业酒会活动方案

活动主题：体验浪漫生活、享受品位人生

活动地点：酒店集团旗下某红酒俱乐部

活动时间：待定

活动人数：30 人

主办单位：×××软件公司

承办单位：×××旅行社

协办单位：×××红酒俱乐部

策 划 人：×××先生（拓展部经理）

1. 活动要求

(1) 所有工作人员须着正装或工作服出席，女士化淡妆，盘起头发，并佩戴工牌。

(2) 顾客以现金支付方式结账。

(3) 人数在 40 人以内。

2. 酒会现场布置

(1) 在茶台处摆放红酒和酒具，以及干果小吃、水果盘、公司相关资料，请顾客签到（由酒会工作人员负责）。

(2) 形成一个天然的品酒会现场，届时由红酒顾问讲解品酒方法、红酒与健康生活及红酒文化。

(3) 全场要有气球、鲜花及挂幅（由主办单位进行相关准备），营造活动气氛。

(4) 酒会提供投影仪、音响、话筒等相关工具。在红酒顾问讲解之后，主办方主持人进行该公司的说明。整体用时1.5～2 小时。

注：酒会现场布置应突出品位、时尚、热烈的氛围。

3. 活动流程

活动开始前要准备好自助小食、水果及现场物品，由红酒俱乐部工作人员负责，酒会工作人员辅助配合，由承办方进行调度。

酒会工作人员提前准备好水、红葡萄酒杯、白葡萄酒杯及其他相关酒具。

4. 活动亮点

(1) 活动备有丰富的自助小食和水果。

(2) 活动中可以品尝到 2～3 个国家不同风格的酒品及美食、水果的中西搭配。

5. 所需物料明细

(1) 红酒杯60个，开瓶器2个，紫色桌布（4米×4米）一张。

(2) 小吃若干（葡萄干、香蕉片、鱿鱼丝，可做30厘米直径的大盘6～8盘），水果若干，一次性手套约70副。

(3) 公司会书及会员手册各约70份。

(4) 于活动前预收全部活动所需费用的30%作为定金，活动结束后当日付清余款。

6. 本次酒会预算

酒会预算见表7－2。

表7－2　×××软件公司开业酒会预算

序号	名称	数量	单位	单价（元）	合计（元）
1	招待用酒	—	—		
2	奖品（酒）	—	—		
3	葡萄干	500	克		
4	香蕉片	500	克		
5	鱿鱼丝	500	克		
6	苹果	500	克		
7	圣女果	500	克		
8	火龙果	500	克		
9	雪梨	500	克		
总计	（　）桌，（　）人，（　　）元				

7. 人员配置

酒会人员配置见表7－3。

表7－3　×××软件公司开业酒会人员配置

序号	负责项目	负责内容	主要负责人	协助人	计划完成时间
1	现场总协调	总揽全场，对现场指挥和铺场指挥进行管理和协调	陈	秦	
2	现场指挥	维护全场，安排所有人员，协助铺场指挥的工作	孙	刘	
3	铺场指挥	营销人员铺场，红酒俱乐部工作人员、迎宾人员管理（会前、会中、会后）	王	祝	
4	商品采购	小吃、水果、玫瑰花等商品的采购	李	林	
5	幻灯片放映	酒会幻灯片及宣传片的放映	冰	贾	
6	音乐准备	酒会开场前迎宾曲、酒会中背景音乐和游戏音乐的准备	沈	明	
7	客户接待指挥	安排、指挥迎宾和送宾人员	秦	陈	
8	客户接待	迎宾，客户签到，引领，送宾	刘	孙	

续前表

序号	负责项目	负责内容	主要负责人	协助人	计划完成时间
9	拍照	负责酒会活动现场的拍照	祝	王	
10	柜台物品准备	准备抽奖箱、签到表、会书、会员手册、名片摆放托盘、优惠让利单等	林	李	
11	桌面摆设	准备玫瑰花、酒杯、果盘、叉、烟灰缸等	贾	冰	
12	赠品摆设、奖品准备	负责酒会赠品、奖品的准备及摆设	明	沈	
13	换杯和斟酒	负责酒会过程中的换杯和斟酒	林	夏	
14	主持稿	主持人发言稿的准备	李	佟	
15	领导发言稿	领导发言稿的准备	秦	韵	
16	收银	负责酒会当天成交单的收银工作	风	董	
17	邀请函和门票准备	负责酒会邀请函和门票的印制及发放	单	明	
18	现场颁奖嘉宾、抽奖嘉宾的邀请	一等奖由×××颁发，二、三等奖由特邀嘉宾抽取并颁发	林	陈	
19	电视、空调、灯、窗户、窗帘的准备	电视全部调到中央电视台音乐频道，酒会结束后立即关闭，提前开启空调和灯光	夏	李	
20	酒会酒品资料的准备	葡萄酒专业知识资料，酒会所用酒品资料	佟	秦	
21	酒会礼品的包装	所有酒会奖品、礼品的包装	韵	风	
22	酒会方案稿汇总	方案及反馈情况汇总	董	单	

延伸阅读

如何办好一场家庭式鸡尾酒会?

办一场家庭式鸡尾酒会，需要考虑许多方面的内容，如菜品配置、酒水搭配、场地布置、着装要求等。具体可从以下几方面考虑：

1. 选择轻松而小量的菜品

正式的鸡尾酒会要求食物精致而量小，而且多为干点，不能含太多汁液，以免溅到礼服上。而家庭式鸡尾酒会，则可以让食物更为轻松与随意。从品种来看，可以选择简单易做的三明治、沙拉、烤串，这样准备起来不用太费力，而且容易让顾客有饱腹感。从营养角度来看，蔬菜、肉类与面包、蛋糕等的搭配，荤素平衡、营养丰富。

食物分量不要太大，但品种可以丰富些。下面推荐一些常用菜品：

（1）苹果塔。用料：面粉、鸡蛋、苹果、糖霜、奶油。制作方法：将蛋清打散后与面粉混合，盛入盘中；加入切成片的苹果，并浇上奶油，然后放入烤箱中；待烤至表面出现金黄色取出，加上糖霜。

（2）巧克力蛋糕与干果。用料：黑巧克力、鸡蛋、糖、面粉、杏仁粉、混合干果。制作方法：将黑巧克力熔化后，与鸡蛋、糖、面粉、杏仁粉混合后搅拌均匀，然后盛盘放入烤箱，待烤好后取出，加上干果。

（3）饼干拼盘。饼干建议直接在超市购买。

（4）烤火腿和奶酪三明治。用料：美国弗吉尼亚火腿、瑞士格里尔干奶酪、番茄、长叶莴苣、三明治、芥末和黄油。制作方法：切开小圆面包，在切开的两面内侧涂抹芥末与黄油，然后加上弗吉尼亚火腿片、切成片的番茄以及奶酪，煎烤一下即可。

2. 提供丰富的鸡尾酒品种

既然是鸡尾酒会，品种丰富、颜色多变的鸡尾酒就一定不可缺少。鸡尾酒可以调节气氛、放松情绪，在家庭聚会上，如果人手一杯鸡尾酒，即刻就会有闲适惬意的心境。如果现场调制，就更会为聚会增添欢快乐趣。

3. 积极营造浪漫的氛围

想要打造完美的鸡尾酒会，就一定要营造浪漫氛围，可以从环境、餐具、桌布、饰品等细节处来考虑。

（1）环境。家中的花园、庭院是最佳选择，可以让酒会充满诗情画意。如果没有花园，也可以选择家中有阳光的宽敞一隅。

（2）餐具。选择色彩绚丽的彩绘餐具，或者古朴典雅的陶器，都能为酒会定下浪漫基调。

（3）桌布。格纹或花朵图案等带有乡村风味的桌布、彩绘餐垫、漂亮小摆设等，能体现组织者的用心和考究。

（4）饰品。饰品中一定少不了带来清新气息的鲜花，建议选择带有乡野气息的雏菊等花卉，比玫瑰、百合更有自然风情。

4. 选择半正式半休闲的着装

既然是家庭聚会，就不必像正式的鸡尾酒会那样，一定要穿上精致的礼服。不过，由于是鸡尾酒，因此着装上也不要太过随意，半正式半休闲的着装刚刚好。薄纱连衣裙、亮片小礼服裙、衬衫等都是轻松又浪漫的好选择。

课后练习

1. 鸡尾酒会的分类有哪些？
2. 鸡尾酒会策划调研的主要内容有哪些？

模块八　酒单筹划与设计

学习目标

- 明确酒单的设计要求和步骤
- 掌握酒水的定价原则和方法
- 了解酒水的定价策略

项目导入

南方某城市一家四星级酒店，地处经济开发区，接待的客户70%以上是合资公司的外商。王先生是该酒店新上任的酒水部经理，他了解到酒吧的酒单已有三年没有更换了。他发现酒单里的酒水品种很单调，尤其是洋酒品种很少，有些酒水销售单位设计不合理曾导致顾客投诉，如顾客经常投诉现榨果汁（如木瓜汁）不能点零杯，只能整扎购买，导致浪费。酒吧的酒单亟须更换，王经理该如何设计一份合理的酒单呢?

项目一 酒单的种类和设计

一、酒单的种类

酒单是酒吧为顾客提供酒水品种和酒水价格的一览表，是顾客购买酒水的主要依据，是酒吧销售酒水的重要工具。由于各种类型的酒吧和餐厅经营方式、提供的酒水存在差异，因此酒单的种类也各异。常见的酒单类型有以下几种：

（一）酒吧酒单

酒吧是主要提供酒水服务的场所，因而酒水品种比较齐全。规模大、档次高的酒吧，名牌酒水品种多一些；小酒吧供应的酒水档次低，品种也比较少。

（二）葡萄酒吧酒单

这是一种专门经营葡萄酒的酒吧酒单，酒单上列有种类较齐全的各种葡萄酒。这类专项酒单所列内容或以产地分类，或以酒水特征分类。类似的还有咖啡屋、啤酒吧（坊）、茶吧（室、楼）等，酒单上只列各种品牌的专类酒水。

（三）娱乐厅酒单

娱乐厅酒单是指舞厅、KTV、迪厅等娱乐场所的酒单。这些娱乐场所供应的酒水不能影响整个酒吧的经营活动，所以酒单要针对顾客娱乐活动的特点，多供应一些低酒精和无酒精的碳酸饮料、矿泉水、果汁等软饮料，以及一些餐前、餐后的混合酒。KTV包间因不影响他人，可适当增设一些酒精饮料。

（四）餐厅酒单

餐厅酒单要反映顾客饮用酒水的顺序以及与所点菜品的搭配。根据经营方式和类型的不同，有些餐厅会将酒单附在菜单上，有些餐厅则单独开列。酒品在酒单上的位置对酒水的推销作用很大。酒水最好按餐前、餐中、餐后排列，开胃酒和鸡尾酒要列在其他酒类的前面，餐后酒、热饮料宜和甜点列在一起。

（五）客房迷你吧酒单

高档酒店的客房中会配备迷你吧，为顾客提供方便。顾客为解渴、消遣或招待朋友，不用出房门就可饮用自己喜欢的饮料。客房迷你吧酒单提供的酒品有三类：

（1）软饮料。软饮料需要冰镇，一般放在小冰箱里，通常包括苏打水、汤力水、矿泉水、橙汁、可口可乐、雪碧等。

（2）烈性酒。通常选择烈性洋酒，如威士忌、白兰地、朗姆酒、伏特加、金酒等。这类酒通常装在30毫升的酒瓶中，容量小，便于销售。

（3）小吃。为方便顾客，客房迷你吧酒单上还备有一些小食，如腰果、开心果、薯片、巧克力等。这些食品可放在冰箱里，也可放在冰箱上方的架子上。

二、酒单的设计

（一）酒单的设计原则

酒单的设计是一项技巧与艺术相结合的工作，在很大程度上影响酒吧酒水的销售，应考虑以下几个原则：

1. 目标顾客群体的需求及消费能力

酒吧酒单设计要根据酒吧目标顾客群体的需求及消费能力来设计。有的酒吧以高档次的国外游客为目标顾客，高档次的进口葡萄酒、白兰地、鸡尾酒是他们喜爱的主要饮品。有的酒吧以接待工薪阶层、大众消费者为主，各种软饮料和啤酒是他们消费的主要饮品。不同顾客的消费能力是不同的，针对经济水平较低的顾客（如学生群体、工薪阶层），酒单的设计应选择一些较普通的酒水，如软饮料、果汁等，此时如果选择名贵的法国波尔多红葡萄酒，恐怕无人识货；而高档次的酒吧或餐厅，如果酒单中缺少名贵酒水，顾客会很失望。

2. 原料的供应情况

凡列入酒单的酒水、水果拼盘、佐酒小吃，酒吧必须保证供应，这是一条相当重要但极易被忽视的餐饮经营原则。某些酒吧虽然酒单丰富多彩、包罗万象，但顾客在需要时却常常得到这没有那也没有的回答，导致失望和不满，继而怀疑酒吧经营管理的可信度，直接影响酒吧的信誉。所以，在设计酒单时，必须充分掌握各种原料的供应情况。

3. 调酒师的技术水平及酒吧设施

调酒师的技术水平及酒吧设施在相当程度上限制了酒水的种类和规格，不考虑这些因素而盲目设计酒单，即使再好也无异于空中楼阁。如果酒吧没有适当的厨房通风设施，强行在酒单上列出油炸类食品，当顾客点单而需要制作时，会使酒吧油烟弥漫而影响顾客消费及服务工作的正常进行。如果调酒师在水果拼盘方面技术较差，而在酒单上列出大量时髦造型的水果拼盘，只会在顾客面前暴露酒吧的缺点并引起顾客的不满。

另外，酒单上各类品种之间的数量比例应该合理，易于提供的纯饮类酒水与需要制作的混合配制类酒水应搭配合理。

4. 季节性考虑

酒单制作也应考虑在不同季节顾客对饮品的不同要求。例如：在冬季，顾客多热衷于热饮，则酒单品种应做相应调整，增加热咖啡、热奶、热茶等品种，甚至可为顾客提供温酒服务；夏季则应以清凉冷饮为主，主要提供冰咖啡、冰茶、冰果汁等。这样才能迎合顾客的消费需求，使酒吧有效地销售产品。

（二）酒单的设计要点

在设计酒单时，要遵循以下要点：

（1）明确酒吧经营策略，确认酒吧经营方针，确定酒吧经营特色。

（2）明确市场需求、顾客饮酒习惯及对酒水价格的接受能力。

（3）明确酒水的采购途径、费用、品种和价格。

（4）明确酒水的品名、特点、级别、产地、年份和制作工艺。

（5）明确酒水的成本、售价及酒吧的合理利润。

（6）选择优质的纸张，认真对酒单进行设计，写明酒水名称（中英文）、价格、销售单位等内容。

（7）做好销售记录，定时评估、更新菜单，删除顾客购买率低的酒水品种，添加顾客喜爱的酒水品种。

（三）酒单的内容设计

酒单设计的内容包括：酒水品种、酒水名称及代码、酒水价格、销售单位、酒品介绍等。

1. 酒水品种

（1）酒单中的各种酒水应按照其特点进行分类。例如：按照人们的用餐习惯将酒水分为开胃酒、餐酒、烈性酒、鸡尾酒、利口酒和软饮料等类别，在每一类酒水中再设计适当数量的有特色的酒水。

（2）每个类别列出来的酒水品种都不能过多，太多不仅会影响顾客的选择，也会使酒单失去特色。根据统计，酒单最多分为 20 类酒水，每类 4～10 个品种，并尽量使它们数量平衡。

（3）越是高档的酒吧，其酒单分类越详细。例如：将威士忌分为普通威士忌、优质威士忌、波本威士忌和加拿大威士忌四类；将白兰地分为普通干邑和高级干邑两类；将鸡尾酒分为短饮鸡尾酒和长饮鸡尾酒两类；将无酒精饮料分为茶、咖啡、果汁、汽水及混合饮料五类；再加上其他酒水产品，共约 20 个酒水类别。这种详细分类的优点是便于顾客选择酒水，使每一类酒水的品种数量减少至三四个，顾客可以一目了然；同时，使得各种酒水的品种数量平衡，酒单规范、整齐，容易阅读。

（4）设计酒水品种时，应注意其味道、特点、产地、级别、年份及价格的互补性，使酒单上的每一种酒水产品都具有特色。

2. 酒水名称及代码

酒水名称是酒单的中心内容，酒水名称直接影响顾客对酒水的选择。因此，设计酒水名称要做到以下几点：

（1）酒水名称要真实，尤其是鸡尾酒。

（2）酒水产品要名副其实，必须与名称相符。不符合质量的酒水产品必然会导致经营失败。尤其是鸡尾酒，质量一定要符合投料标准，不要使用低于酒单标准的酒水。

（3）外文名称也很重要，酒单上的外文名称及翻译后的中文名称的正确性都是酒单的重要内容，不能轻视，否则会降低酒单的营销效果。

有的酒水可以具体到代码。如通常在葡萄酒单上葡萄酒名称的左边会有数字，这些数字是酒吧管理人员为方便顾客选择葡萄酒而设计的代码。由于葡萄酒来自许多国家，其名称很难识别和阅读，以代码代替葡萄酒名称，既方便顾客点单，又便于酒水管理，因此制作葡萄酒名称代码，可以增加葡萄酒的销量。

3. 酒水价格

酒单上应该注明酒水的价格，如果在酒吧服务中加收服务费，必须在酒单上注明。若有价格变动，应立即更新酒单，否则酒单就失去了推销的功能，还有可能在结账的时候引起纠纷。

4. 销售单位

销售单位是指酒单上在价格右侧注明的计量单位，如瓶、杯、盎司。例如：对白兰地、威士忌等烈性酒，注明销售单位为1盎司（oz）；对葡萄酒，注明销售单位为杯（cup）、1/4瓶（quarter）、半瓶（half）、整瓶（bottle）等。

5. 酒品介绍

酒品介绍是酒单上对某种酒水产品的解释或介绍。酒品介绍以精练的词语帮助顾客认识酒水产品的主要原料、特色及用途，使顾客可以在短时间内完成对酒水产品的选择，从而提高服务效率，以免顾客因对某些酒水不熟悉而不敢问津、怕闹出笑话，进而产生消极的消费心理。

（四）酒单的装帧设计

好的装帧设计，可以使酒单美观、有吸引力，体现酒吧的形象，便于顾客选择酒水，从而提高酒水销售量。酒单的装帧设计需注意以下几个方面：

1. 酒单外观

酒单封面与内层图案均要精美，且必须反映酒吧的经营风格，与酒吧的装饰和氛围相协调。封面通常印有酒吧的名称和标志，封面颜色以桃红色、黑色、天蓝色、墨绿色、白色、浅褐色等为多，这些颜色和印制方式会使得酒单朴素而典雅。

2. 酒单用纸

一般而言，从耐久性和美观性考虑，酒单的印刷应使用重磅的铜版纸或特种纸。纸张要有一定的厚度，并具有耐水耐污的特点。

纸色有纯白、柔和素淡、浓艳重彩之分。采用不同颜色的纸，会给酒单增添不同色彩。此外，纸可以用不同种方法折叠成不同的形状，除了可切割成最常见的正方形或长方形外，还可以尝试特殊的形状。

3. 酒单尺寸和字体

酒单尺寸要与销售酒水品种的多少相对应。目前，酒单以长方形为主，比较理想的尺寸 20 厘米×12 厘米。

酒单字体应方便顾客阅读，并能给顾客留下深刻印象。酒单上各类酒水一般用中英文对照书写，以阿拉伯数字排列编号和标明价格。字体要印刷端正，使顾客在酒吧的光线下能够看清。各类酒水的标题字体应与其他字体有所区别，一般为大写英文字母，建议采用深色或彩色字体，既美观又突出。所用英文要根据词典的标准拼写法统一规范，慎用草体字。

4. 酒品排列

通常，按照人们的用餐习惯顺序排列酒水产品会使酒单更有推销力度。一般而言，应根据顾客眼光集中点的推销效应，将需要重点推销的酒水排列在酒单的第一页或最后一页，以增加顾客的关注度。

5. 酒单页数

酒单一般为 4～8 页。根据酒单页数的不同，可以进行不同的装帧设计：许多酒单只有 4 页内容，外部以朴素而典雅的封皮装饰；一些酒单只是一张结实的纸张，被折成三折，共为 6 页，其中外部 3 页是各种鸡尾酒的介绍并附有彩色图片，内部 3 页是各种酒品的目录和价格；有些酒单共 8 页，在这 8 页中印有各种酒品目录。

6. 酒单色彩

色彩可使酒单更加动人、更有趣味，对酒水产品具有促销作用。利用色彩装饰或设计酒单，通常包括确定纸张的颜色和文字的颜色。进行色彩设计时，需根据成本和希望获得的效果来决定纸张色彩和文字色彩的种类。颜色种类越多，印刷成本越高，单色酒单成本最低。设计酒单时，应注意不宜用过多的颜色，只需将少量的文字印成彩色，并用柔和淡雅的纸张，就可以使酒单显得素朴典雅。例如：可以将分类名印成某种彩色或金色，而具体酒水名称用黑色印刷。

7. 酒单更换

酒单的品名、数量、价格等需要更换时，不应随意涂改原来的项目或价格。如随意涂改，一方面会破坏酒单的整体美感，另一方面会给顾客造成错觉，认为酒吧在经营管理上不稳定及太随意，从而影响酒吧的信誉。因此，如需更换品名、数量或价格，就应更换整体酒单，或对某类可能会经常更换的项目采用活页形式。

8. 酒单广告和推销效果

酒单不仅是酒吧与顾客进行沟通的工具，而且具有广告宣传效果。对酒吧服务满意的顾客不仅是酒吧的服务对象，更是酒吧的义务推销员。有的酒吧在其酒单扉页上除印制精美的色彩及图案外，还配以言辞优美的小诗或特殊的祝福语，给人以文化享受，加深了酒吧的经营立意，拉近了与顾客的距离。

同时，酒单上也应印有本酒吧的简况、地址、电话号码、服务内容、营业时间、业务联系人等，以增加顾客对本酒吧的了解，起到广告宣传作用，并便于信息传递，招徕更多的顾客。

项目二　酒单酒水的定价

一、酒单酒水定价原则

酒单上的饮品，是以其价值为主要依据制定销售价格的。但一些高档的酒吧，定价可以高些，因为其各项运营管理费用较高；地理位置好的酒吧，定价也可以高一些，因为好地段的经营成本较高。

在制定酒水价格时，经营者还必须考虑酒吧经营的内外部因素。内部因素主要包括酒吧经营目标和价格目标、酒吧投资回收期及预期收益等。外部因素主要包括经济发展趋势、相关法律法规、竞争程度、竞争对手定价状况、顾客的消费水平等。

二、酒单酒水定价基础

（一）以成本为基础

以成本为基础的定价方法，是酒吧最常用的酒水定价方法，常见的有原料成本系数定价法和毛利率定价法。

1. 原料成本系数定价法

首先算出每份饮品的原料成本，然后根据成本率或成本系数计算售价。其计算公式为：

售价＝原料成本÷成本率

或者

售价＝原料成本×成本系数

以该方法定价，需要两个关键数据，一是原料成本，二是成本率。通过成本率，马上可算出成本系数。原料成本数据可以根据酒水实际调制过程中的使用情况计算得出，在标准酒谱上以每份酒水的标准成本列出。

例如，已知一杯现榨橙汁的成本为 4 元，计划成本率为 40％，即成本系数为 2.5，则其售价应为：

4×2.5＝10（元）

2. 毛利率定价法

利用毛利率定价法给酒水产品定价，其计算公式为：

销售价格＝成本÷（1－毛利率）

毛利率是根据经验或经营要求估算获得的，故也称计划毛利率。

例如，1 盎司的伦敦干金酒成本为 10 元，计划毛利率为 80％，则其销售价格为：

10÷（1－80％）＝50（元）

这种定价方法一般只考虑饮品的原料成本，不考虑其他成本。

（二）以竞争为中心

在餐饮市场激烈竞争的形势下，价格是酒吧增强竞争能力、扩大市场销售量的有效手段。以竞争为中心的定价方法，就是密切注意和追随市场上的价格，选择有利区间为服务定价，以达到维持和扩大酒吧市场占有率、扩大销售量的目的。以竞争为中心的定价方法，可以分为随行就市场定价法和竞争定价法两种。

1. 随行就市定价法

随行就市定价法是一种最简单的定价方法，即将同行酒单上的酒水价格作为出品酒水和服务的价格，并随行情微调。使用这种方法要注意应以经营成功的酒吧酒单为依据，避免照搬不成功的酒吧定价。随行就市定价法直接采用同类酒吧的产品价格，可简化定价的过程，减少考虑酒水定价所要花费的精力。这种价格大都经过了同类酒吧的经营实践，是确实能被顾客接受的市场流行价格，能保证酒吧获得一定的经营收益，酒吧经营风险小，也易于与同行协调关系。目前，我国酒吧酒水定价大多采用随行就市定价法。

2. 竞争定价法

竞争定价法以竞争者的售价为定价依据，包括最高价格法与同质低价法两种定价方法。

（1）最高价格法是指对同样质量的同类酒水和服务，定出高出竞争者的价格。最高价格法要求酒吧具有一定的实力，能提供良好的酒吧环境氛围，提供一流的服务和一流的酒水，以优质高价取胜。

（2）同质低价法是指对同样质量的同类酒水和服务，定出低于竞争者的价格。同质低价法一方面用低价争取竞争对手的客源，以扩大和占领市场；另一方面可以加强成本控制，尽可能地降低成本，提高经营效率。同质低价法实际上就是薄利多销，既能最大限度地满足消费者的需求，又使酒吧有利可图。

（三）考虑需求特征

在一般情况下，市场对酒吧产品的需求量同定价的高低呈反方向变化，即价格高则需求量小，价格低则需求量大。然而，由于酒吧的经营方式及产品不同，消费者的特征也不相同，因而定价也就存在差异。经营者可以根据消费者的需求特点，制定适合市场要求的价格体系。下面是针对不同需求特征的几种定价法：

（1）声誉定价法。这种定价法是针对注重社会地位、身份的目标顾客的需求特征产生的。这类顾客要求酒吧的环境好、档次高、服务好，酒水价格是反应酒水质量和个人身份、地位的一种标志。针对这类顾客的酒吧，酒水价格应该定得高一些。声誉定价法在高档酒吧中普遍采用。

（2）抑制需求定价法。酒吧中某些大众酒水成本低、需求量大，如果这种酒水定价太低，会影响其他酒水的销售。对这类酒水，酒吧一般可以采用抑制需求定价法，即将这类饮品的价格定得远远高于其成本价，从而起到抑制顾客消费欲望的作用。

（3）诱饵定价法。对一些能引起其他连带消费的酒水和食品，酒吧可以采用低价定价法来吸引顾客，作为诱饵来刺激顾客消费。

（4）需求反向定价法。许多酒吧在对酒水定价时，会调查顾客愿意支付的价格，并以此作为酒水产品定价的基础，然后反过来调节酒水的配料数量和品种，以调节成本，使酒吧获利。

（5）同类酒水相同定价法。为了方便销售和经营管理，酒吧常常对按杯或按盎司出售的同类酒水定以相同的价格。如雪碧、可乐、七喜等清凉饮品，均定价20元/杯，威士忌一般120元/盎司，鸡尾酒一律150元/杯。

（四）考虑销售方式

1. 瓶装酒水售价

酒单上一些酒水是整瓶、整罐销售的，如葡萄酒、矿泉水、清凉酒水、啤酒以及白兰地等。整瓶酒水的定价用进价除以成本率即可。其计算公式为：

瓶装酒水售价＝每瓶进价÷成本率

给瓶装酒水定价时，确定成本率是关键。高级酒吧成本率较低，一般酒吧则较高，在50%左右。如一瓶长城干白葡萄酒进价为25元，酒吧售价一般在60～80元。采用这种定价方法，顾客能比较方便地将之与市场上的整瓶酒水销售价格进行比较。因此，在给瓶装酒水定价时，定价过高会引起顾客的不满，影响酒吧的正常经营。

2. 零杯酒水售价

零杯销售是酒吧经营中常见的一种酒水销售形式，日常销售量较大。零杯销售主要用于一些烈性酒，如白兰地、威士忌等，葡萄酒偶尔也会采用零杯方式销售。

零杯销售首先必须确定整瓶酒水容量和零杯的容量，然后计算出每瓶酒水的销售份额，最后才能计算出每杯酒水的价格。目前，酒吧常用的售卖容量有30毫升/份、45毫升/份、60毫升/份三种。采用这种定价方法，一般价格都定得较高。其计算公式为：

零杯酒水售价=每杯容量÷成本率

采用这种定价方法，顾客无法对酒水价格进行比较，即使定价高一些，顾客也能接受。

3. 量杯酒水售价

量杯销售按盎司定价，目前国内酒吧较少用到，但其成本率是最低的。其计算公式为：

量杯酒水售价=每杯成本÷成本率

三、酒吧新产品定价策略

（一）撇脂定价策略

这是一种高价投放酒水新产品的定价策略，因为就像从生奶中轻而易举地撇取厚厚的油脂一样，所以这种价格叫撇脂价格。将酒水产品定以高价，能获得较高的利润，较快地收回投资。制定高价策略，有助于塑造酒水产品优质、高价的形象，将一般竞争对手排除在价格区间之外。采用撇脂定价策略，需具备以下条件：目前市场需求旺盛；虽然酒水销量低、单位成本高，但由于制定了较高的价格，因此酒吧仍能获得较高的利润，而且也能提升酒吧的档次和形象。

（二）渗透定价策略

与撇脂定价策略相反，渗透定价策略是以低价格投放酒水新产品的价格策略。在制定酒水新产品价格时，酒吧把价格定得很低，以便渗透市场，增加酒水销售量，利用薄利多销的方式提高营业额和利润。采用渗透定价策略，需具备以下条件：市场对酒水价格高度敏感，低价有助于市场扩展；随着酒水销售量的增加和经验的积累，酒吧能降低单位成本。

（三）满意定价策略

这是一种折中定价策略，它汲取上述两种定价策略的长处，采取两种价格之间的适中水平来定价，既能保证酒吧获得合理的利润，又能为大多数顾客所接受，从而使酒吧和顾客双方都满意。酒吧还可以根据市场容量的大小、竞争激烈的程度、酒水产品新奇的程度和自身实力，如现金周转率、知名度高低等，来确定偏高或偏低的定价策略。

延伸阅读

某五星级酒店中餐厅酒水单

WHISKY
威士忌

J. W. RED LABEL　红方 …………………………… 480.00 元/瓶　700 毫升
JIM BEAM　占边 …………………………… 480.00 元/瓶　750 毫升
CANADIAN CLUB　加拿大俱乐部 …………………………… 480.00 元/瓶　750 毫升
J. W. BLACK LABEL　黑方 …………………………… 550.00 元/瓶　700 毫升
CHIVAS REGAL 12 YEARS　芝华士 12 年 …………………………… 550.00 元/瓶　700 毫升
DIMPLE 15 YEARS　添宝 15 年 …………………………… 660.00 元/瓶　750 毫升
ROYAL SALUTE　皇家礼炮 …………………………… 2 180.00 元/瓶　700 毫升

BRANDY
白兰地

HENNESSY V. S. O. P　轩尼诗 V. S. O. P …………………………… 880.00 元/瓶　700 毫升
MARTELL V. S. O. P　马爹利 V. S. O. P …………………………… 880.00 元/瓶　700 毫升
REMY MARTIN V. S. O. P　人头马 V. S. O. P …………………………… 880.00 元/瓶　700 毫升
HENNESSY X. O　轩尼诗 X. O …………………………… 2 380.00 元/瓶　700 毫升
REMY MARTIN X. O　人头马 X. O …………………………… 2 380.00 元/瓶　700 毫升
MARTELL X. O　马爹利 X. O …………………………… 2 380.00 元/瓶　700 毫升
MARTELL CORDON BLUE　蓝带马爹利 …………………………… 2 180.00 元/瓶　700 毫升
REMY MARTIN LOUIS XIII　人头马路易十三 …………………………… 25 800.00 元/瓶　700 毫升

BEER
啤酒

TSING TAO　青岛 …………………………… 25.00 元/瓶　330 毫升
WEST LAKE GREEN LABEL　绿西湖 …………………………… 25.00 元/瓶　330 毫升
ASAHI　朝日 …………………………… 35.00 元/瓶　330 毫升
CARLSBERG　嘉士伯 …………………………… 35.00 元/瓶　330 毫升
BUDWEISER　百威 …………………………… 28.00 元/瓶　330 毫升
HEINEKEN　喜力 …………………………… 35.00 元/瓶　330 毫升
CORONA EXTRA　科罗娜特级 …………………………… 35.00 元/瓶　330 毫升
GUINNESS STOUT　健力士黑啤 …………………………… 48.00 元/瓶　330 毫升

CHINESE SPIRITS
中国名酿

SHUI JING FANG (HIGH) 52°水井坊 ………………… 1 480.00 元/瓶 500 毫升
SHUI JING FANG (LOW) 38°水井坊 ………………… 1 280.00 元/瓶 500 毫升
LU ZHOU GUO JIAO (HIGH) 52°泸州国窖 (1573) … 1 480.00 元/瓶 500 毫升
LU ZHOU GUO JIAO (LOW) 38°泸州国窖 (1573)…… 1 280.00 元/瓶 500 毫升
WU LIANG YE (HIGH) 五粮液 (高) ………………… 1 888.00 元/瓶 500 毫升
WU LIANG YE (LOW) 五粮液 (低) ………………… 1 480.00 元/瓶 500 毫升
MOUTAI 15 YEARS 茅台 15 年 ……………………… 13 800.00 元/瓶 500 毫升
MOUTAI (HIGH) 53°茅台 (高) ……………………… 2 780.00 元/瓶 500 毫升
MOUTAI (LOW) 43°茅台 (低) ………………………… 1 180.00 元/瓶 500 毫升
JIAN NAN CHUN (HIGH) 剑南春 (高) ……………… 680.00 元/瓶 500 毫升
JIAN NAN CHUN (LOW) 剑南春 (低) ……………… 650.00 元/瓶 500 毫升
YILI 10 YEARS (HIGH) 伊力老窖 10 年老陈 (高) …… 200.00 元/瓶 500 毫升
YILI 10 YEARS (LOW) 伊力老窖 10 年老陈 (低)…… 180.00 元/瓶 500 毫升
XIAO HU TU XIAN (HIGH) 小糊涂仙酒 (高) …… 128.00 元/瓶 250 毫升
XIAO HU TU XIAN (LOW) 小糊涂仙酒 (低) ……… 118.00 元/瓶 250 毫升
SHAO XING (RICE WINE) 绍兴加饭酒 ……………… 58.00 元/瓶 500 毫升
SHAO XING 3 YEARS (RICE WINE) 绍兴 3 年醇加饭酒 … 68.00 元/瓶 600 毫升
SHAO XING 5 YEARS (RICE WINE) 绍兴 5 年醇加饭酒 … 78.00 元/瓶 500 毫升
SHAO XING 10 YEARS (RICE WINE) 绍兴 10 年醇加饭酒 … 198.00 元/瓶 500 毫升
SHAO XING 20 YEARS (RICE WINE) 绍兴 20 年醇加饭酒 … 380.00 元/瓶 500 毫升
SHAO XING 30 YEARS (RICE WINE) 绍兴 30 年醇加饭酒 … 520.00 元/瓶 600 毫升

CHINESE WINE
中国葡萄酒

GREAT WALL (WHITE) 长城干白 ……………………… 128.00 元/瓶 750 毫升
GREAT WALL (RED) 长城干红 ……………………… 140.00 元/瓶 750 毫升
GRAND DRAGON CABERNET (RED) 威龙解百纳干红 … 160.00 元/瓶 750 毫升
GRAND DRAGON (RED) RESERVE 威龙橡木桶陈酿 … 180.00 元/瓶 750 毫升
GREAT WALL (RED) RESERVE 长城橡木桶陈酿 … 180.00 元/瓶 750 毫升
CHANG YU CABERNET (RED) 张裕解百纳………… 280.00 元/瓶 750 毫升
CHATEAU SUNGOD GREAT WALL 长城桑干庄园 … 750.00 元/瓶 750 毫升
CHATEAU CHANGYU CASTEL 张裕卡斯特 ………… 800.00 元/瓶 750 毫升
CHATEAU CHANGYU AFIP GLOBAL 张裕爱斐堡 … 998.00 元/瓶 750 毫升

SOFT DRINK & MINERAL WATER
软饮料　矿泉水

DIET COKE　健怡可乐 ………………………………… 22.00元/听　330毫升
COCA COLA　可口可乐 ………………………………… 22.00元/听　330毫升
SPRITE　雪碧 ………………………………… 22.00元/听　330毫升
SODA WATER　苏打水 ………………………………… 22.00元/瓶　345毫升
TONIC WATER　汤力水 ………………………………… 22.00元/瓶　345毫升
GINGER ALE　干姜水 ………………………………… 22.00元/瓶　345毫升
PERRIER　巴黎水 ………………………………… 35.00元/瓶　330毫升
EVIAN　依云 ………………………………… 35.00元/瓶　330毫升
LOCAL MINERAL WATER　本地矿泉水 ………………… 22.00元/瓶　380毫升
YOGURT　酸奶 ………………………………… 28.00元/盒　460毫升

FRUIT JUICE
果汁

ORANGE JUICE　橙汁 ………………………………… 22.00元/杯　200毫升
TOMATO JUICE　番茄汁 ………………………………… 22.00元/杯　200毫升
GRAPEFRUIT JUICE　西柚汁 ………………………………… 22.00元/杯　200毫升
APPLE JUICE　苹果汁 ………………………………… 22.00元/杯　200毫升
COCONUT JUICE　椰子汁 ………………………………… 22.00元/听　245毫升
FRESH SQUEEZED CUCUMBER JUICE　鲜榨黄瓜汁(杯) … 30.00元/杯　200毫升
FRESH SQUEEZED CUCUMBER JUICE　鲜榨黄瓜汁(扎) … 150.00元/扎　1 250毫升
FRESH SQUEEZED CARROT JUICE　鲜榨胡萝卜汁(杯)…… 30.00元/杯　200毫升
FRESH SQUEEZED CARROT JUICE　鲜榨胡萝卜汁(扎)…… 150.00元/扎　1 250毫升
FRESH SQUEEZED ORANGE JUICE　鲜榨橙汁（杯）……… 38.00元/杯　200毫升
FRESH SQUEEZED ORANGE JUICE　鲜榨橙汁（扎）…… 190.00元/扎　1 250毫升
CORN JUICE　玉米汁（杯）………………………… 38.00元/杯　200毫升
CORN JUICE　玉米汁（扎）………………………… 190.00元/扎　1 250毫升

课后练习

1. 酒单设计要遵循哪些要点？
2. 酒单定价的原则是什么？
3. 酒吧新产品的定价策略有哪些？

模块九　酒吧员工管理

学习目标

- 明确各岗位的工作职责
- 掌握酒吧人员配备的方法
- 了解酒吧员工培训、考核和激励要求

项目导入

为使酒吧服务和管理做到正常、高效，必须建立科学合理的组织结构，配备相应的岗位人员，并确定各岗位的工作职责，做到合理分工，相互协作。那么，一个酒吧应该配置哪些岗位，各配备多少人手？各岗位员工的工作职责是什么？在日常的人员管理中，如何开展员工的培训、考核和激励工作？

项目一 酒吧组织结构与岗位职责

一、酒吧的组织结构

在综合性餐饮服务机构（如酒店）中，酒吧是餐饮部门中的一个经营单位。根据酒店的类型和规模，酒吧有不同的组织形式：中小型酒店通常设置餐厅酒水员及宴会酒水领班、宴会酒水员，大型酒店会设置专门的酒水管理部门。一般酒吧的组织结构见图 9-1。

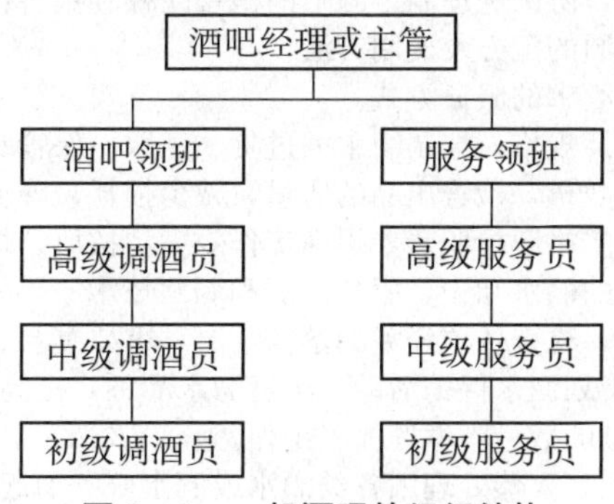

图 9-1 一般酒吧的组织结构

二、酒吧员工岗位职责

(一) 酒水部经理岗位职责

酒水部经理的岗位职责见表 9-1。

表 9-1 酒水部经理岗位职责

岗位名称	酒水部经理	所属部门	餐饮部
直属上级	餐饮总监	直属下级	酒水部主管
岗位职责	按照本部门各项业务指标要求，对酒水部的各项管理工作承担责任，确保酒吧工作顺利进行。		
工作内容： 1. 在餐饮总监的领导下，对酒水部进行全面的管理。 2. 根据各酒吧的特点和要求，制定各酒吧的销售品种和销售价格。 3. 制定各种鸡尾酒的配方及调制方法。 4. 制定各酒吧的工作规程及酒水的服务方式。 5. 熟悉酒水的来源、品牌及规格，控制酒水的进货、领取、保管和销售。 6. 控制酒水出品的分量和数量，检查出品的质量，减少损耗，降低成本。			

续前表

7. 检查和督促酒水部主管严格履行其职责，提高工作效率，按质、按量、按时完成工作任务。 8. 培训本部门主管、领班和员工的酒水知识、服务技能和调酒技术。 9. 合理安排人力，检查各项任务的落实情况，重要宴会、酒会需到现场指挥和督促。 10. 定期举办、策划酒水促销活动，丰富酒水品种，提高酒水收入。 11. 掌握酒吧的设备、用具的数量，做好保养工作。 12. 与顾客保持良好的关系，妥善处理因各类酒水或酒水服务引起的投诉。

（二）酒水部主管岗位职责

酒水部主管的岗位职责见表9-2。

表9-2　　酒水部主管岗位职责

岗位名称	酒水部主管	所属部门	餐饮部
直属上级	酒水部经理	直属下级	酒水部领班
岗位职责	协助酒水部经理对酒水部进行全面的管理。		
工作内容： 1. 酒水部经理不在时，代替酒水部经理行使工作职责。 2. 根据酒吧的特点和要求，协助经理制定酒吧的销售品种和销售价格。 3. 协助经理制定各种鸡尾酒的配方及调制方法。 4. 熟悉酒吧的工作规程及酒水的服务方式。 5. 熟悉酒水的来源、品牌及规格，控制酒水的进货、领取、保管和销售。 6. 控制酒水出品的分量和数量，检查出品的质量，减少损耗，降低成本。 7. 检查和督促酒水部领班严格履行职责，提高工作效率，按质、按量、按时完成工作任务。 8. 培训本部门领班和员工的酒水知识、服务技能和调酒技术。 9. 协助经理合理安排人力，检查各项任务的落实情况，重要宴会、酒会需到现场指挥和督促。 10. 协助经理定期举办、策划酒水促销活动，丰富酒水品种，提高酒水收入。 11. 掌握酒吧的设备、用具的数量，做好保养工作。 12. 与顾客保持良好的关系，妥善处理因各类酒水或酒水服务引起的投诉。			

（三）酒水部领班岗位职责

酒水部领班的岗位职责见表9-3。

表9-3　　酒水部领班岗位职责

岗位名称	酒水部领班	所属部门	餐饮部
直属上级	酒水部主管	直属下级	酒水员
岗位职责	协助酒水部主管对酒吧的日常工作进行管理，贯彻执行酒水部主管布置的工作任务，做好沟通工作。		
工作内容： 1. 协助酒水部主管，做好员工的酒水知识等培训工作。 2. 检查督促开档、收档的工作。 3. 营业期间，现场督导酒水员的出品质量是否符合规格，并检查工作效率。 4. 检查酒吧内的清洁卫生以及员工的仪容、仪表。 5. 控制酒水仓库平衡数，控制酒水的损耗，力求降低成本。 6. 定期检查酒吧内的设备、设施，做好日常保养工作。 7. 合理安排人手，带动员工积极工作。 8. 负责每天的营业记录和酒吧的盘点工作，申领日常酒水及用品。 9. 与厅面服务人员保持良好的合作，互相协调，做好酒水的供应工作。			

（四）酒水员岗位职责

酒水员的岗位职责见表 9－4。

表 9－4 酒水员岗位职责

岗位名称	酒水员	所属部门	餐饮部
直属上级	酒水部领班	直属下级	—
岗位职责	执行上级分配的工作，按时、按质、按量地完成任务。		
工作内容： 1. 熟练掌握酒吧内的各种工具、器皿及设备的使用方法。 2. 不断提高自己的业务水平，认识、了解所供酒水的特性和饮用形式。通过培训，掌握一定的酒水知识。 3. 懂得一些基本的服务知识，善于向顾客推销酒水，努力做好服务接待工作。 4. 做好营业前的准备工作和营业后的收尾工作。 5. 直接听取顾客点单或接受服务员的订单，规范出品。 6. 根据领班的分配，完成每天的清洁卫生工作。 7. 负责核对与清点营业前后的酒水数。			

三、酒吧人员的配备

（一）人员构成

酒吧的人员构成通常由酒店中酒吧的数量决定。在一般情况下，每个服务酒吧配备调酒师和实习生 4～5 人，立式酒吧配备领班、调酒师、实习生 5～6 人。酒廊可根据座位数来配备人员，通常 10～15 个座位配备 1 人。以上配备为两班制需要人数，实行一班制时人数可以减少。

（二）人员数量

酒吧人员数量的配备要考虑两个因素：一是酒吧的营业时间，二是酒吧的营业状况。

酒吧的营业时间多为上午 11 点至凌晨 1 点，上午顾客很少，下午顾客也不多，从傍晚至午夜则是营业高峰时间。酒吧的营业状况主要看每天的营业额及供应酒水的杯数。一般 30 个座位左右的立式酒吧每天配备调酒师 4～5 人，酒廊或服务酒吧每 50 个座位每天配备调酒师 2 人，餐厅或咖啡厅每 30 个座位每天配备调酒师 1 人。如果营业时间短，可相应减少人员配备；营业繁忙时，可按每日供应 100 杯饮料配备调酒师 1 人的比例进行人员配备。

（三）工作安排

可按酒吧日工作量的多少来安排人员。通常，上午时间只是开吧和领货，可以少安排人员；晚上营业繁忙，要多安排人员。在交接班时，上下班的人员必须有半小时至 1 小时的交接时间，以清点酒水和办理交接班手续。

酒吧采取轮休制，可在节假日繁忙时安排加班，在平常清闲时安排补休。工作量特别大或营业超计划时，可安排调酒师加班加点，同时给予足够的补偿。

项目二 酒吧员工培训

每一个进入酒吧的新员工，都要参加上岗前的教育和岗位培训，以便能够快速熟悉酒吧的情况，了解岗位工作要求，在较短的时间内进入工作角色。老员工也要定期或不定期地参加教育培训，不断提高工作技能、端正工作态度，进一步挖掘潜力，调动工作积极性。培训的目标是使每一位员工的工作都与酒吧的整体目标紧密结合在一起。

一、员工培训的内容

（一）专业知识培训

培训内容主要是酒吧经营与服务等方面的知识，以便员工对酒吧有具体、详细的了解，从而使他们更好地投入工作。

（二）职业意识培训

经营者要加强员工素质和修养的培训，使员工正确认识自己的职业，改正不正确的思想观念，树立自信心，乐于工作，努力工作。

（三）服务技巧培训

服务技巧是员工培训的重要内容，需要定期或不定期地对员工进行这方面的培训，如员工待人接物的语言技巧培训等。

（四）个人形象培训

统一着装，女士要化淡妆；要注意个人清洁卫生，女士不留长指甲，男士不留胡须；上岗时不准做不雅观的动作，如抠鼻孔等。

（五）制度意识培训

制定合情合理的规章制度，并要求员工认真遵守。不论哪个员工触犯规章制度，都要严惩不贷。培养员工的制度意识，有利于建立酒吧的良好形象。

二、员工培训的时机

除按照规定对员工进行定期和日常的培训以外，如果酒吧在经营过程中出现下列现象，也需要进行有针对性的培训。

（1）招聘新员工。新员工只有在接受完上岗前教育及职位培训，并经考核合格后，才能成为酒吧的正式员工。

（2）员工工作表现不佳。当员工工作水平下降、顾客表示不满的情形增多时，说明员工的工作表现不佳，不符合酒吧的要求，应及时组织培训。

（3）工作标准与服务品质改变。当酒吧之间竞争加剧、酒吧层次提高时，需要对酒吧员工进行全面培训，从整体上提高工作标准与服务品质。

（4）酒吧经常接到顾客投诉。如果酒吧经常接到投诉或顾客对某一问题有重复性投诉，就表明员工的工作质量或酒吧的产品品质有待提高。

（5）工作方法或程序发生改变。只有将新工作方法与程序教给员工，员工才可能掌握并按新的工作方法与程序提供服务。

（6）员工调动或晋升。员工在承担一项新工作之前，必须经过培训。

（7）浪费及损坏事件增加。当这种情况出现时，说明员工可能没有按照操作规范和程序工作，也可能是员工责任心有所下降。无论是哪一种情况，均需要进行有针对性的培训。

（8）成本增加，利润下降。导致成本增加的一个主要原因是酒吧员工的工作效率下降，也说明员工工作水平有所降低。

（9）引进新的技术设备。引进设备的目的是提高酒吧的产品品质和服务水平。增加新设备后，员工必须接受适当的培训，以便能够了解新的产品，正确使用新的设备。

三、制定培训表

一份详细的培训表应包括培训日期、培训内容、培训目的及培训要求等内容，见表9－5。

表9－5 **酒吧员工培训表**

培训日期	培训内容		培训目的	培训要求
略	个人形象及仪容仪表	·酒吧员工形象和仪容仪表要求 ·养成打招呼的习惯	提高个人形象和礼貌方面的素质，以符合经营的要求	·检查仪容仪表 ·热情礼貌地和顾客打招呼
略	了解和认识酒吧	·酒吧概况 ·吧台发布出品内容、范围 ·酒吧班次、人员安排情况	让员工熟悉各吧台出品范围及各班次的工作内容	·熟记各吧台工作内容 ·了解各班次的工作内容
略	相关部门间的合作	·各岗位之间如何沟通和配合 ·如何领料和办理手续	让员工认识到各岗位之间合作的重要性	·熟悉各项工作环节和配合要领 ·出品规范、存取酒程序的检查

续前表

培训日期	培训内容		培训目的	培训要求
略	酒水知识培训	· 认识酒水，吧台用具、器皿、杯具及使用方法 · 介绍各基酒、开胃酒、红酒、啤酒的主要原料、产地、酿造工艺 · 介绍鸡尾酒的起源、分类和调制技术 · 介绍洋酒、红酒的饮用方法及其他酒水的制作方法和出品方式 · 发放鸡尾酒配方	提高员工业务水平和技能，让员工在工作中更加得心应手、从容自如地为顾客服务	· 牢记鸡尾酒配方 · 认识吧台所有酒水用具、配料 · 熟记所有酒水的饮用方法及出品方式
略	酒吧工作程序	· 上班准备及班前例会 · 营业前的工作准备 · 营业中的注意事项 · 营业结束后的收档工作	让员工详细了解工作的细节，了解从上班到下班的所有工作程序	· 熟悉掌握工作程序
略	实操培训	· 对酒吧各种酒水进行现场调制、讲解和出品演练 · 操作台摆位定位 · 和其他人之间配合的实操演练 · 电脑点单出品程序及突发事件的处理方法（电脑死机、停电等）	让员工对自己的工作有感官上的认识，并熟练掌握实际工作技巧	· 每个人都能够单独调制吧台所有出品酒水
略	考核	· 酒水知识考核 · 实操考核 · 培训期间综合表现评分	淘汰不合格人员，在培训员工中挑选精英，为以后顺利开展工作奠定基础	· 熟悉掌握酒水知识、实际操作，各方面表现优良的员工方可视为合格，进入试用期

项目三 酒吧员工考核与激励

一、酒吧员工考核

酒吧员工工资级别的提升，要通过考核取得依据。考核一般半年进行一次，有时出于特定目的，可进行不定期考核。

(一) 考核的内容

酒吧员工考核的内容一般包括四个方面，即德、能、勤、绩。

(1) 德，是指员工的精神境界、道德品质和思想追求的综合体现。

(2) 能，是指员工的能力素质，如操作能力、思维能力、组织能力等。

(3) 勤，是指员工的工作态度，如工作热情、主动性、出勤率等。

(4) 绩，是指员工的工作业绩，包括工作的数量、质量、经济效益等，这是员工考核的核心内容。

(二) 考核的原则

1. 公开原则

公开原则包括三个方面的要求：一是公开评价目标、标准和方法，把这些信息公开地、无保留地传递给每一位评价对象；二是公开评价过程，接受外来监督，防止出现暗箱操作；三是公开评价结果，把结果通报给每一位评价对象。

2. 公正原则

制定的考核标准应从客观公正的原则出发，坚持定量与定性相结合的方法，建立科学适用的绩效指标评价体系。在制定绩效评价标准时，应多采用可以量化的客观尺度，尽量减少个人主观意愿的影响，要用事实来说话，切忌主观臆断和长官意志。

3. 全方位评价原则

员工在不同时间、不同场合往往有不同的行为表现。因此，在进行绩效评价时，应多方收集信息，建立起多层次、多渠道、全方位的评价体系。这一评价体系应包括上级考核、同级评定、下级评议、专家鉴定、员工自评等几个方面。

4. 制度化原则

由于酒吧的经营是连续的过程，员工的工作也是持续不断的行为，因此，考核工作也应作为一项长期化、制度化的工作来抓，这样才能最大限度地发挥考核的各项功能。

(三) 考核的方法

员工考核一般可以采用以下几种方法，酒吧可以根据自身情况，选用其中一种或几种。

1. 自我评鉴法

负责考核的人员将业绩考核的内容以问题的形式向员工提出，让员工写出自我评鉴报告。这种考核方法为员工反思、总结自己过去的工作提供了机会。员工经过系统的思考以后，可以比较容易地发现自己的成绩和不足，甚至可以发现酒吧管理中存在的问题。

2. 排序法

根据所有员工的工作成绩排列名次。这种考核方法一目了然，可以使每个员工知道自己所处的位置。但是，人数多时排序会比较困难，另外，这种方法只限于对同一种岗位的员工进行比较。

3. 对比法

将所有接受考核的员工的工作成果与其他员工进行比较。这种考核方法可以对所有参加考核的员工进行有价值的比较，全面评价所有员工的业绩，但其比较的次数要随着考核人数的增加而呈几何级数增加。

4. 绝对考核法

这种考核方法标准明确，员工自己能判断自己的工作是否符合要求，也有利于管理者对员工进行指导。绝对考核法还可以根据实际情况随时进行调整，有重点地矫正员工不符合工作标准的行为。采用这种方法不仅可以了解员工是否达到了工作标准，还可以了解他们在向标准努力的情况。但由于有了绝对标准，大家都会以达到标准为目的，谁也不会使自己的工作超出标准，这便会限制部分员工能力的发挥。

二、酒吧员工激励

（一）实施激励机制的重要性

（1）实施激励机制可以留住员工。酒吧建立起完善的激励机制，如给员工提供养老保险、医疗保险等待遇，员工会安心地留下来，全心全意为酒吧工作。

（2）实施激励机制可以调动员工的工作积极性。如果平常员工只用1/3的精力进行工作，那么，在激励机制的促进下，员工可能会投入2/3以上的精力，使工作效率明显提高。

（3）实施激励机制可以提高员工素质。除了员工培训可以使员工提高自身素质外，激励机制也可以促使员工努力学习专业知识和岗位技能，不断地提高自身的综合素质。

提高员工薪水是一种最直接的员工激励手段，这种激励手段可以充分提高员工工作的积极性，激发员工的潜在能力，使其为酒吧创造出更高的经济利润。有的经营者认为，提高员工薪水意味着提高经营成本，这样做有些不合算。其实，如果压低员工薪水，虽然降低了酒吧经营成本，但同时降低了员工的工作积极性。低薪水状态的员工会消极怠工，工作效率下降，甚至辞职，从而影响酒吧的正常经营。

（二）激励员工的6种有效手段

可采用以下手段激励员工：

（1）思想激励。通过宣传教育和思想工作，激发员工的工作积极性。这是一种最高层次的激励。

（2）精神激励。对那些在工作岗位上表现出色、成绩突出或有重大贡献者，给予精神上的奖励，以调动其工作积极性，主要形式有口头表扬、通报表扬、授予先进员工称号等。

（3）物质激励。酒吧经营者可以根据员工所做贡献的大小，分别给予不同的物质奖励，奖励要体现出差别。

（4）竞争激励。在用人上引入竞争机制，实行竞争上岗，优胜劣汰，促使员工积极工作。

（5）榜样激励。酒吧管理者以自身的敬业态度和模范言行，带领员工努力工作。

（6）情感激励。酒吧经营者应多关心员工的日常生活及精神需求，尊重员工的劳动，做到以诚待人，消除员工和经营者之间的隔阂，使员工在融洽的氛围中心情舒畅地工作。

总之，酒吧管理者要根据酒吧经营情况以及员工的特点和思想状态，因时、因事、因人制宜地采用适当的激励手段，调动员工的工作积极性。

延伸阅读

新加坡 Bar None 酒吧的人员管理

新加坡 Bar None 酒吧认为，酒吧最大的浪费是人力的浪费。一个人做的工作，绝不要安排两个人去做，应真正做到合理用工。酒吧管理人员对每个人的工作量和工作时间都应详加核算。例如：楼面部每一个服务员负责清理 5 个台面，每个领班负责 15 个台面，加上换休人员，没有一个多余的人。如果一个服务员病了，就由领班顶替，主管则代领班。一个服务员完成自己的任务后，如有多余的时间还常会被安排去做其他的工作。

Bar None 酒吧对人员使用也很节约，分为不同的班次：晚上 8:30 顾客较多时，人手就多一些，晚上 12:00 以后就少一点，有时仅一个领班和一名迎宾员。每当有大批团队进入酒吧时，大家都放下手里的事情，一起突击把顾客领到不同的台位安顿下来，然后各就各位，继续做好自己的工作。

［资料来源］李舟．饭店康乐中心服务案例解析［M］．北京：旅游教育出版社，2007.

课后练习

1. 简述酒水部经理的岗位职责。
2. 简述酒水员的岗位职责。
3. 可以采取哪几种方法对酒吧员工进行考核？

模块十 酒吧日常管理

学习目标

- 明确酒吧计划管理的内容
- 掌握酒吧质量管理的内容
- 了解酒吧计划实施与调整

项目导入

小王是某五星级酒店的实习服务员，接到顾客点的酒水单后，他在吧台上把一瓶香槟酒打开后放入托盘，并放入饮酒用的葡萄酒杯；把一瓶巴黎矿泉水打开，倒入装有半杯冰的直身杯中；量取1盎司人头马X.O，倒入古典杯中准备给顾客净饮。

如果你是这家酒吧的管理人员，请指出小王的以上操作存在哪些错误，并予以纠正。在日常管理中，你会采取什么措施来提升酒吧的服务质量，以更好地为顾客提供服务？

项目一 酒吧计划管理

一、制定酒吧管理计划

酒吧的经营管理计划主要分为以下几项：员工管理计划、营业额计划、培训计划、工作计划、购货计划。制定计划时要列出表格和详细的内容，每月做出切实可行的计划。其中，购货计划较复杂，要视酒吧的酒水用量、库存和购货时间长短而定。

（一）员工管理计划

员工管理计划包括员工数量、岗位安排、管理人员配备等项目。酒吧经理每年要列出年度员工管理计划，具体内容包括现有人数、预算人数，相互对照，以便得出所缺人数和相应职位。员工管理计划可参考表 10－1。

表 10－1 员工管理计划

部　　门	职　　位	现有人数	预算人数
领班	营业部领班	1 人	1 人
	行政部领班	1 人	1 人
营业部	调酒师	2 人	3 人
	服务员	3 人	7 人

（二）营业额计划

营业额计划是根据上年同期的营业收入和年度促销计划的安排，列出每月预计营业收入。营业额计划可参考表 10－2。

表 10－2 营业额计划

月份	预计营业收入（元）	去年同期营业收入（元）
1 月		
2 月		
3 月		
4 月		
5 月		
6 月		
7 月		

续前表

月份	预计营业收入（元）	去年同期营业收入（元）
8月		
9月		
10月		
11月		
12月		

（三）培训计划

培训计划包括培训日期、培训对象、培训主题、培训内容、培训形式、培训教师等。酒吧一般在工作之余或营业淡季开展员工培训。培训计划可参考表10-3。

表10-3　培训计划

培训日期	202×年×月×日　　星期×
培训对象	调酒员
培训主题	酒水知识
培训内容	酒的分类，重点介绍西式分类下每种酒水知识，如软饮料、啤酒、餐前开胃酒、烈酒、餐后甜酒、鸡尾酒（长饮）
培训形式	理论授课
培训教师	酒吧经理

（四）工作计划

每月制定一份工作计划，内容包括用料检查、清洁卫生、工程维修等。工作计划制定后，必须通知所有相关人员，以保证工作计划的实施。有些酒店每周会列出固定计划，让酒吧酒水员和服务员遵照执行。工作计划可参考表10-4。

表10-4　工作计划

日期	酒水员	服务员
周一	检查所有酒水的保质期，擦拭冰箱并保持清洁卫生。	擦拭凳脚及清洗银器。
周二	更换吧台内所有摆放载具用的布草并保持清洁卫生。	更换厅面使用的布草。
周三	检查各类零卖酒水瓶口，擦拭并保持清洁卫生。	擦洗厅面用的铜制品（如报架等）。
周四	检查各类用料、物料的数目是否准确无误，及时补货到位。	更换厅面客用椅套，清洗银器，备齐物料。
周五	检查酒吧内各类载具数目是否准确，并及时上报缺失状况。	检查厅面装饰物品是否完好并及时更换。
周六	检查制冰机卫生，及时清理。	整理后台卫生并检查破损情况。
周日	清理冰箱、咖啡机卫生及其基座卫生。	检查厅面死角卫生。

（五）购货计划

购货计划主要是指酒水、食品和用品进货计划。酒吧应每月定期检查酒水仓库的存货数量，调酒师根据各类酒水的用量及时填写《酒水采购申请表》，交主管领导签名后由采购人员负责采购。《酒水采购申请表》要注明酒水名称、规格、产地和公司，并写明进货时间，若是急用还可填写《酒水急购单》。

酒水仓库每两周出一份《酒水存货记录》给酒水部经理，《酒水存货记录》应将所有仓库中的酒水数量、中英文名称及规格列在表上，使用量大的软饮料，可由仓管员自动购货补仓。

成本会计每月提交一份《酒水用量表》给酒水部经理，表中将全月酒吧领用酒水的品种、数量及规格列出。调酒师在填写《酒水采购申请表》时可以参考此表，按某种酒的每月用量，考虑在购货时需进多少个月的货。较贵重的酒类品种，通常可以以半年为一个进货周期。

二、酒吧管理计划的实施与调整

每项计划制定后，要上交酒水部经理或餐饮部经理审批。酒水部经理或餐饮部经理签名批准后，各项计划就可以实施了。但是在执行过程中，经常会遇到一些意想不到的问题，如人员招聘不到位、员工流动性大、营业额不达标、培训计划未完成等，这时要立即对计划进行临时调整。调整后的各项计划，也要呈报酒水部经理或餐饮部经理批准。

各项计划是酒吧运营的参考标准，不能与实际情况偏差太大。要基于酒吧实际情况，制定酒吧经营管理计划；调整计划时，也要依实际情况而定。

计划获批后，要通知所有相关人员，通常使用纸质文稿的形式通知。在许多合资酒吧中，通常将各种已批准的计划称为《内部通启》。将《内部通启》派发到相关人员手中，也作为计划执行时的依据。调整、更改时也使用同样的方法。

项目二 酒吧与其他部门的协调

一、酒吧与餐厅的协调

酒吧是出品部门，与餐厅服务员的协调是非常重要的，否则会直接影响酒水销售。所有酒水都必须按有效出品单调制，这要求酒吧相关人员向餐厅主管和餐厅服务员清楚讲解出品酒水的程序并严格执行。

（一）错单与损耗的酒水

餐厅服务员有时会开错出品单或翻倒酒水，甚至打碎酒瓶和杯子。如遇这种情况，就需要餐厅主管签一份《酒水损耗单》，也可立即先行补出品给顾客，不能延误时间，影响服务。

（二）营业时间

酒吧必须按照餐厅的营业时间保证出品供应，不允许提早收吧。

（三）短缺或卖完的酒水品种

在《酒水单》上印出的品种，如果仓库无货，要预先通知餐厅主管，请其告知服务员，当顾客点这种酒水时要客气地解释。如果有的酒水品种已售完但仓库有货，要立即到仓库补充，以免顾客点酒水后无法及时供应。

（四）特别推荐的酒水品种

推出特别推荐的酒水品种前，要将推出的日期、酒水名称及内容等详细资料预先通知餐厅主管，以传达给各服务员，做好各项准备。

（五）顾客退酒水

顾客退酒水有两种情况：一是酒水有质量问题，经检查确定后可以立即更换，由餐厅主管签《饮食损耗报告单》；二是由于出品时间过长，顾客已吃完了饭或因为赶车、船、飞机等时间问题而退单，这时，如果这类酒水可以再销售的，允许退单，不能再销售的，可由餐厅主管签《损耗退单》。

二、酒吧与厨房的协调

酒吧与厨房的协调主要是食物与酒水的调拨及备料问题。厨房会经常因烹调菜肴要从酒吧调拨一些酒水；酒吧也需要从厨房调拨一些食品，如水果、调味料、咖啡、奶油等。虽在急用时可临时调拨，但最有效的方法是双方主管商定，各出一份《月度用量表》，厨房列出每月所用的酒水品种及数量，酒吧列出每月所用的食物品种及数量，提前做好调拨计划。

在使用器具上也会有这样的情形，如厨房使用酒杯，酒吧使用少量的碗碟等，也需要预先将需用量通知对方。

三、酒吧与食品、酒水仓库的协调

酒吧每日要领用酒水，领用时间要尽可能选在食品仓库每日较空闲的时间（以不影响酒吧营业为前提），并且提前几小时或在前一天晚上将《领货单》交到食品仓库的货单收集箱中，让仓库工作人员有充分的时间集中并分析出各项品种需用量。

四、酒吧与百货仓库的协调

百货仓库负责各类设备、固定资产及文具用品的发放。酒吧主要使用的是各种表格、记录簿、笔及其他文具用品，数量不多，可按照需要商定每周领取一次。

五、酒吧与管事部的协调

管事部负责各种酒杯、用具的库存和营业时的清洗工作，酒吧在领用酒杯时要预先开具《领用单》预定时间。清洗工作也要协商好，因酒杯是透明的，清洁度要求很高，不但要洗净消毒，而且要在光线下看不到污点，这就要求在清洗时采取一些特别措施。

六、酒吧与财务部的协调

财务部的成本会计负责每日到酒吧收取《出品单》，每月进行酒水盘点，出具《成本分析表》《酒水用量表》并计算各类食物、酒水的成本。所有相互间的联合工作都要预先通知对方，约定时间。

七、酒吧与采购部的协调

酒吧所出的各项《购货申请表》，填写时一定要字迹清楚端正，还要标注酒水的中英文名称（有的采购员对酒水品种不熟悉），并注明使用日期，方便采购部的工作安排。采购部也要经常与酒吧联系，将采购不到的品种提早通知酒吧，以便酒吧选取替代品种。

八、酒吧与收货部的协调

酒类品种鉴定需要专门的知识，所有酒水品种到货后，应由收货部通知酒吧派出调酒师对酒水的品种名称、规格和质量进行鉴定，核对《购货申请表》无误后才能验收。

所有部门工作人员的协调是建立在相互尊重、合作共赢的基础上的，应以酒店的各项工作程序为原则，绝不可凭私人感情或意气用事。

项目三 酒吧质量管理

酒吧的质量管理主要是针对调酒师的工作质量而进行的一系列控制方法，主要内容包括酒吧服务质量管理、《每日工作检查表》管理和《每日工作报告》管理。

一、酒吧服务质量管理

对于一个酒吧来讲，其经营成功与否除了与本身的装修格调有关之外，还与其服务质量有着密切的关系，如调酒师的服务质量和酒水的供应质量等。通常，酒吧的调酒师在服务时要礼貌周到，面带微笑。微笑的作用很大，不但能给顾客以亲切感，而且能解决许多本来难以解决的事情。同时，如果服务人员对酒吧的工作、酒水的内容都很熟悉，且操作熟练，就能回答顾客提出的有关酒吧及酒水的各类问题。酒吧服务从开吧到收吧，从酒单到酒的调制，都必须建立标准化的操作程序。管理人员必须注意检查，督导调酒师与服务员，不仅应以礼貌、友善的态度对待顾客，还应该按照本酒店的标准酒单、标准服务操作程序进行服务。所有的酒水都要严格按照配方要求配制出品，绝不可以任意取代或减少分量，更不能使用过期或变质的酒水，凡是不合格的酒水都不能出售给顾客。

二、《每日工作检查表》管理

《每日工作检查表》用以检查酒吧每日工作状况及完成情况，这一项工作关系到酒吧的经营效益。它通常按酒吧每日工作的项目列成表格，也可根据酒吧实际情况列入设备维修、服务质量、每日例会、收吧等内容，由领班或调酒师根据工作完成情况填写，格式见表 10－5。

表 10－5　　每日工作检查表

项　目	完成情况	备　注	签　名
领货			
酒吧清洁			
补充酒杯			
更换布草			
冰冻酒水			
早班清点酒水			
酒吧摆设			
准备装饰物和配料			
稀释果汁			
领配酒小食			
摆台（酒水单、花瓶、烟灰缸）			
电气设备工作状态			
取冰块			

三、《每日工作报告》管理

为了保证服务质量，调酒师要完成《每日工作报告》。《每日工作报告》可登记在一本记录簿上，每日一页。《每日工作报告》的主要内容有：营业额、顾客数、平均消费及特殊事件。从营业额可以看出酒吧当天的经营情况及盈亏情况；从顾客数可看出酒吧座位的使用率与顾客来源；从平均消费可看出酒吧成本同营业额的关系以及顾客的消费标准；酒吧里发生的特殊事件也很多，经常有许多意想不到的情况发生，不论好坏，都要如实记录并及时上报。

课后练习

1. 酒吧的经营管理计划主要分为哪几项内容？
2. 酒吧与餐厅协调的内容有哪些？
3. 酒吧的《每日工作检查表》一般包括哪些内容？

模块十一 酒吧原料管理

学习目标

- 掌握酒吧原料采购的影响因素和采购程序
- 掌握原料验收和储存的要求和程序
- 了解原料的发放管理程序

项目导入

某酒吧平均每天销售啤酒 5 箱，每周采购 1 次。啤酒的保险储存量是 8 箱，采购啤酒需要 1 天时间。那么，该酒吧啤酒的标准储存量、最低储存量分别是多少？采购啤酒时，仓库尚存约 9 箱，应采购多少箱？

项目一 酒吧采购管理

酒吧采购管理的目的在于满足顾客需求，保证酒吧经营，提供数量适合需要、价格较为合理的酒水。

一、制定采购计划

（一）确定采购范围

酒吧采购的范围包括：

（1）各类设备。

（2）酒吧日常用品、耗用品。

（3）各类进口、国产酒类。

（4）各类水果。

（5）酒吧供应的食品及半成品原料。

（6）各种调味品。

（7）杂项类。

（二）选定采购项目

不同类型的酒吧有不同的酒单，酒单的内容与酒水的供应和采购直接相关。酒吧原料采购项目一般包括以下几大类：

（1）酒水类：包括餐前开胃酒、鸡尾酒、白兰地、威士忌、金酒、朗姆酒、伏特加、啤酒、葡萄酒、咖啡、茶等。

（2）小吃类：包括饼干、坚果、蜜饯、肉干、干鱼片、干鱿鱼丝及一些油炸小吃和三明治等快餐食品。

（3）水果类：包括苹果、香蕉、橙子、西瓜等各种水果。

二、酒吧原料采购流程

（一）选择合格的采购员

采购工作的好坏，关键在于采购人员的素质。一般而言，一个优秀的采购人员需达到以下要求：

（1）有丰富、扎实的酒水知识。采购人员应懂得各种原料的用途、质量标准以及顾客对酒水、食品的偏爱和选择。

（2）熟悉原料的采购渠道。采购人员应该知道什么原料在什么地方买，哪里的原料质量好且价格便宜。酒吧要建立多种采购渠道，这样才能保证供应。采购渠道的保持是建立在互相信任、互相帮助的基础之上的，因此，采购人员应与各采购渠道保持良好的关系。

（3）掌握一定的采购技巧。采购人员应了解原料市场的供应情况并了解采购程序和技巧。

（4）了解进价与售价的核算方法。采购人员应了解酒单上每一个品种的名称、售价和分量，知道酒吧近期的毛利率和理想的毛利率。这样在采购时就能知道某种原料在价格上是否可以接受，或是否可以选择代用品。

（5）熟悉原料的规格及质量。采购人员应对市场上的各种原料的规格和质量有一定的了解，有鉴别优劣的能力。在采购时使用复杂的质检设备是不现实的，所以采购人员应对酒品的产地、生产年代、季节等影响产品质量的因素有一定的了解，或是接受专业技术培训。

（6）诚实可靠。采购人员应具备基本的职业道德，诚实可信，这样才能保证高质量标准，同时寻找到最合理的价格，否则应调离岗位，并进行教育和处理。

（二）填写《请购单》

《请购单》一式两联：第一联送采购人员，采购人员在采购之前请管理人员审批，并在《请购单》上签名；第二联由酒水保管员留存。《请购单》可参考表11-1。

表11-1　　请购单

类别：□食品□饮料□物料□维修材料

编号：0002097

请购部门：________申请人：________货品送达：□部门□仓库□申请人：________日期：________

序号	货物名称	规格	单位	数量		请购数量	要货日期	上次购买价格	供应商及报价			推介	预算购买金额	执行记录
				现有存量	月消耗量				1	2	3			
1														
2														
3														
4														
5														
6														
7														
8														
请购说明：								备注：				本单申请金额： ¥		

（三）填写《订购单》

《订购单》一式四联：第一联送饮料供应单位；第二联送酒水管理员，证明已经订货；第三联送验收员，以便核对发来的酒水数量和牌号；第四联由采购人员保留。《订购单》可参考表 11－2。

表 11－2　订购单

				日期：＿＿＿＿＿
送货要求：				
数量	单位（毫升）	项目	单价（元）	小计（元）
12	750	红方威士忌	210.00	2 520.00
24	750	皇冠伏特加	95.00	2 280.00
				4 800.00
				订货人：＿＿＿＿＿

当然，并非所有酒吧都有这样具体的采购流程，但每个酒吧都应保存书面进货记录，最好是用《订购单》保存书面记录，以便与到货核对。书面记录可防止在订货牌号和数量、报价、交货日期等方面产生误解和争论。购买酒水需支付大量现金，因此每个酒吧都应建立订购单制度，防止或减少差错。

（四）填写《采购明细单》

采购人员须落实采购计划，将供应商、供货时间、品种、数量、单价等情况通知仓管人员，以便仓管人员验收入库。《采购明细单》可参考表 11－3。

表 11－3　采购明细单

酒水名称：			
用　　途：			
一般概述：			
详细内容：			
产　　地		类　　型	
等　　级		包装形式	
规　　格		容　　量	
品　　种		商标名称	
特殊要求：			

三、酒吧原料采购控制

（一）酒吧原料采购数量控制

1. 影响采购数量的因素

在进行酒水采购前，酒吧经营者应考虑以下几个因素：

（1）酒水的销售量。考虑销售量的大小，以销售量决定进货量。酒吧经营有明显的周期，高峰期在公休日、节假日，这时的酒水销售量大，需要对酒水原料进行批量购买；平时酒水、食品的销售量少，就可压缩采购数量。另外，不同酒水在不同季节的需求是有变化的。咖啡等热饮在冬季销售量较大，啤酒、碳酸饮料等在夏季销售量大。因此，酒吧在采购原料时，要根据酒水销售量来确定数量。

（2）酒吧的储存能力。根据现有储存能力确定采购的数量。尽管酒水对冷冻、冷藏的条件要求并不是很高，大多数酒水可在室温下储存，但酒水所占空间较大，如果酒吧储存空间不大，应适量进货。

（3）酒吧的财务状况。酒吧以现金交易为主，使用资金较方便。经营较好的酒吧一般不存在资金短缺问题，可以适当增加采购数量；当酒吧因装修或扩大业务占用较多资金而造成资金短缺时，可适当减少采购数量，加速资金周转。因此，酒吧要根据账务状况确定采购数量。

（4）采购地点的远近。酒水原料采购地点的远近影响酒吧采购的数量。如果采购地点较远，可以增加批量，减少批次，这样可以节省采购费用，防止原料断档；如果采购地点较近，采购方便，则可以减少批量，增加批次。

（5）市场供求状况。有些进口酒水的原料市场供应不稳定，经常断货，而酒吧又不能缺少这些原料，如石榴汁、西柠汁等。在这种情况下，可以一次性多买些，防止用完后不能及时买到；市场供应较稳定的原料，可少量多次采购。

（6）食品原料的特点。酒吧的食品、水果等不易长时期保藏的原料应少量多次采购，勤于进货，否则容易导致变质、浪费。易保藏的原料如烈性酒等，由于保存期较长，在采购时可以大量少次采购。

（7）原料保质期。酒水应按基本特点分别在不同的温度和湿度条件下储存。各种酒水的保质期不同会直接影响原料的采购数量。一般而言，瓶装、听装熟啤酒储存期限不少于120天（优、一级）或60天（二级），瓶装鲜啤酒储存期限不少于7天，罐装、桶装鲜啤酒储存期限不少于3天；果酒和葡萄酒储存期限可长至2年；威士忌等烈酒储存期限可更长。需要按储存期限的长短来进货，并保证在期满之前销售完毕。

总之，酒水的进货数量和次数是由一系列因素共同决定的。除上述因素外，还要考虑到上个月期末实地盘存数量等因素。

2. 采购数量计算

（1）最低储存量。酒吧储存的各种酒水和食品都有一定的标准储存量，当各种酒水或食品数量降至需要采购的数量，而又能维持至新的原料到来时，这个数量称为原料的最低储存量。它的计算方法是：

最低储存量＝日需要量×发货天数＋保险储存量

（2）标准储存量。标准储存量是酒吧对某种酒水或原料的最高储存量。它的计算方法是：

标准储存量＝日需要量×定期采购间隔天数＋保险储存量

（3）保险储存量。保险储存量是为防止市场供货问题和采购运输问题预留的原料数量。酒吧某种原料保险储存量的确定，要根据市场供应情况和采购运输的方便程度而定。

（4）采购数量。酒水或食品的采购数量是酒吧采购控制的一个重要因素。采购过量的原料会占据仓库的空间，积压资金，影响质量。但过多的采购频率又会增加采购费用，耽误经营。酒吧必须确定合理的采购数量。它的计算方法是：

采购数量＝标准储存量－现存量＋日需要量×发货天数

（5）日需要量。酒水日需要量是指餐厅或酒吧每天需要某种酒水或原料的平均数。例如：某酒吧每月订购某品牌红葡萄酒一次，消耗量平均每天 10 瓶，葡萄酒的保险储存量是 20 瓶，采购葡萄酒需要 2 天。库管员在订货日盘点，发现库存红葡萄酒 50 瓶。由以上信息，计算葡萄酒的标准储存量、最低储存量和采购数量。

葡萄酒标准储存量＝10×30＋20＝320（瓶）

葡萄酒最低储存量＝10×2＋20＝40（瓶）

葡萄酒采购数量＝320－50＋10×2＝290（瓶）

考虑到以箱为采购单位，一般红葡萄酒 6 瓶为一箱，故可实际订货 48 箱，即 288 瓶。

（二）酒吧原料采购质量控制

酒吧的酒水可分为指定牌号和通用牌号两大类。当顾客说明需要某种品牌的酒水时，酒吧才供应指定牌号的酒水；如果顾客没有具体说明需要某种品牌的酒水，则供应通用牌号。牌号的选择应根据顾客的喜好来确定，酒吧一般选择价格较低或适中的酒水品牌作为通用牌号，其他各种品牌则作为指定牌号。根据顾客的消费能力不同，酒吧选定的通用牌号也应不同。选择通用牌号酒水是管理人员确定酒吧原料采购质量标准和成本标准的第一步。

要保证酒吧提供的产品在质量上始终如一，就必须把好原料采购的质量关，这是保证酒水成品质量的前提条件。对于酒水的质量，国家也制定了相应的标准，这些标准是酒吧采购的主要依据。

例如：食用酒精国家标准（GB/10343—2008）规定的感官要求是：外观无色透明；气味具有乙醇固有的香气，香气纯正，无异臭；口味纯净，微甜。

葡萄酒的国家质量标准（GB/15037—2006）将葡萄酒分为优、优良、合格、不合格和劣质品 5 个等级，并对年份葡萄酒、品种葡萄酒等给出了明确定义。新国标强制规定，所有产品中均不得添加合成的着色剂、甜味剂、香精、增稠剂。新国标的“术语和定义”属强制性条款，如葡萄酒的“年份”必须是指葡萄采摘的年份，“甜葡萄酒”必须是每升含糖大于 45 克的葡萄酒。

但是，目前我国酒水类的国家质量标准与国际标准相比还有一定的差距。国外对葡萄酒的品质有严格的检验标准，如法国和德国的食品协会每年都会依照地区分别制作年份表，记载葡萄酒的年份、优良等级和适宜饮用的时间。另外，洋酒标签的质量体系和参数也能反映酒的质量。

项目二 酒水验收管理

一、酒水验收的内容

酒水验收是指酒水验收员按照酒吧制定的验收程序与质量标准，检查酒水供应商发送的或由采购员购来的酒水质量、数量、规格、单价和总额等的工作，并将检验合格的各种酒水送到酒水仓库，记录检查结果的过程。酒水验收的内容见表11-4。

表11-4 酒水验收的内容

工作环节	验收内容
1. 核对发票与《订购单》	·核对送货发票上的供货单位名称与地址，避免接受酒吧未订购的酒水。 ·核对送货发票上的价格。若发票上的价格高于《订购单》上的价格，要询问送货员提价的原因，并将情况反映给酒吧经理、财务人员，无论是否退货，都要有酒吧经理和财务人员在《货物验收单》上签字，以明确责任。若供货商送货时的价格低于《订购单》上的价格，验收员应该仔细检查酒水的质量，质量合格方可按此价接收这批酒水。
2. 检查酒水质量	·检查实物酒水的质量和规格是否与采购标准规格和《订购单》相符，账单上的规格是否与《订购单》一致。 ·检查酒水的度数、商标、酿酒年份、酒水色泽、外包装是否完好，是否超过保存期，酒水质量符合要求才可接收入库。 ·若发现质量问题，如包装破损、密封不严、酒水变色、气味怪异、酒液浑浊、超过有效日期等现象，验收员有权当场退货。 ·大批量采购时，要对瓶装酒水进行抽样检查，以确定质量是否合格。
3. 检查酒水数量	·检查发送酒水的实物数量与《订购单》、发票上的数量是否一致。 ·带外包装及商标的酒水，在包装上已注明数/重量，要仔细核对。 ·必须仔细清点各种酒水的瓶数、桶数或箱数。 ·对于以箱包装的酒水，要开箱检查，检查箱子特别是其下层是否装满。

二、办理验收的手续

酒水验收的手续及相关表单见表11-5至表11-9。

表 11-5

酒水验收的手续

工作环节	具体事项
1. 在送货发票上签名	·每批货物验收结束后，验收员应在送货发票上签名或加盖验收章。 ·将第二联交回送货员，以示购货单位收到了货物，第一联则交给财务人员。
2. 填写《货物验收单》	·确定所验收酒水的价格、数量、质量等全部符合《订购单》或《酒水采购规格书》后，验收员应填写《货物验收单》（见表 11-6）。《货物验收单》一式三联，第一联交财务部，第二联交仓库，第三联验收员留存。 ·如果货到无发票，验收员应填写《无供货发票收货单》（见表 11-7）。
3. 送货分发	·验收合格的原料，一部分作为直拨原料进酒吧，另一部分则作为入库原料送仓库储存。 ·需要注意的是，分发和入库均须有领用和入库手续，并贴上必要的标签，同时应禁止送货者或店内无关人员进入库房。
4. 退货处理	·根据验收细则严格验收，放进仓库，如发现规格、质量、数量等不符合要求，验收员应填写《退货通知单》（见表 11-8）。 ·让送货人签字，将《退货通知单》随同发票退回供货单位。
5. 填写有关报表	·验收完毕后，验收员应填写《酒水验收日报表》（见表 11-9）和其他报表，并将各种验收记录呈交有关部门。《酒水验收日报表》的作用是便于分别计算食品成本和饮料成本，为编制有关财务报表提供资料，同时便于计算每日食品成本。

表 11-6

货物验收单

__________饭店

供货单位地址：____________________ 验收单编号：__________

订购单编号：____________________ 日期：__________

存货编号	项目及规格	单位	数量	单价	合计

验收员：__________

储藏室管理员：__________ 送货员：__________

表 11-7　　**无供货发票收货单**

No.

部门：＿＿＿＿＿＿　　订货日期：＿＿＿＿＿＿

补货品名	单位/数量	收货日期和具体说明	收货人

本表使用范围：1. 凡《订购单》以外需加单购置的鲜活类食品。
2. 每日散点的海鲜、河鲜食品汇总数。
3. 经收货部认可在每日17:00验收员下班后，厨房收到的鲜活类食品。
4. 如此单手续不完备或补货未填写此单，财务均不予结算付款。
5. 本表从202×年×月×日起使用。

行政总厨：＿＿＿＿＿　　采购部：＿＿＿＿＿　　收货部：＿＿＿＿＿

表 11-8　　**退货通知单**

（副本备存）　　编号：＿＿＿＿＿＿

发自：＿＿＿＿＿＿　　交至：＿＿＿＿＿＿

发货号码：＿＿＿＿＿＿　　开具发票日期：＿＿＿＿＿＿

货品	单位	数量	单价	总价

总计：＿＿＿＿＿＿

退货理由：＿＿＿＿＿＿＿＿＿＿＿＿＿＿＿＿＿＿＿＿＿＿＿＿

送货人签字：＿＿＿＿＿　负责人签字：＿＿＿＿＿＿

表 11-9　　**酒水验收日报表**

供应单位	项目	每箱瓶数（瓶）	箱数（箱）	每瓶容量（毫升）	每瓶成本（元）	每箱成本（元）	小计（元）
博汇洋酒公司	金酒	12	2	750	97.5	1 170.00	2 340.00
博汇洋酒公司	伏特加	12	1	750	95.5	1 146.00	1 146.00
合计							3 486.00

酒水管理员：＿＿＿＿＿＿

验收员：＿＿＿＿＿＿

项目三 酒水库存管理

由于酒水品种繁多，且许多高级的酒类价格昂贵，因此酒吧应加强酒水的库存控制，避免因储存不当导致酒水成本上升。

一、酒水仓库的设置

酒水仓库是储存酒水的重要场所，其内部设施要求不高，一般只需配备下列用具：（1）木质或金属结构的酒架，酒架不要太深或太高，以便拿取，每层都要有格架把酒架纵向隔成若干小格，以便按品种堆放酒水；（2）梯子，用于存货和取货；（3）推车，用于搬运货物。此外，酒水仓库还应满足下列一些基本要求：

（一）有足够的储存和活动空间

酒水仓库的储存空间应与酒吧的规模相称，地方过小会影响酒品储存的品种和数量；活动空间适当宽敞，既可减轻劳动强度，避免事故发生，又有利于通风换气及货物的进出和挪动等。

（二）通风良好

通风换气的目的在于保持酒水仓库中有较好的空气，若酒精挥发过多而空气不流通，会使易燃气体聚积，造成危险。较好的空气流通还利于工作人员的呼吸，有利于保持酒水仓库的干燥。

（三）保持干湿度

酒水仓库相对干燥的环境，可以防止软木塞的霉变和腐烂，防止酒瓶商标的脱落和质变；但过分干燥会引起瓶塞干裂，造成酒液过量挥发。保持酒水仓库干燥的方法是在地面铺盖材料上下功夫，应选择易吸水、渗水的材料。

（四）避免强光照射

自然光线，尤其是直射日光中的紫外线容易破坏酒的品质。自然光线还可能使酒氧化过程加剧，造成酒味寡淡，酒液混浊、变色等现象。酒水仓库最好采用人工照明，照明强度和方式可受到适当的控制。

（五）防震动干扰

震动容易使酒品“早熟”，造成品质下降。许多名贵的葡萄酒在长期受震后（如运输震动）常需“休息”两个星期，方可恢复原来的风格。

（六）保持适当的温度

酒水仓库应保持适当的温度。如果酒水仓库设在地下，就可以给酒品提供较好的储存条件，因为地下酒水仓库在恒温、避光、防震等方面都具有得天独厚的条件。

二、酒水储藏室的设置

一些大型酒吧除建立酒水仓库外，还在消费场所另设酒水储藏室，在那里存放一定数量的酒品，以应付日常的消费。酒水储藏室大多采用酒柜的形式，有的酒柜还装有制冷设备，方便控制酒品的储存温度。酒水储藏室使用方便，减少了许多不必要的往返取货，并可避免对酒水仓库的过多干扰。

在设置上，酒水储藏室应靠近酒吧，这样可以减少分发酒水的时间。此外，酒水储藏室还应设在出入方便、易于监视的地方，如此可以方便发料，并且降低安全隐患。

酒水储藏室要求防潮、防霉、防鼠。储藏室内部应保持清洁卫生，不能有碎玻璃。箱子打开后，每一瓶饮料都应取出，归类存放到货架上，空箱子应立即搬走。

三、酒水储存控制要点

（一）尽量分区摆放

酒水储存时应划分储藏区域，同类酒水应存放在一起，并按品牌分类。例如：所有金酒应存放在同一个地方，而所有威士忌则应存放在另外一个地方。这样排列可方便酒水的发放和领取。为便于有关人员找到所需要的瓶酒，可将存放酒水的平面布置图挂在储藏室的门上。

（二）做到合理置放

凡是软木塞的酒瓶都需要横置，酒瓶横放时，酒液会浸润瓶塞，起到隔绝空气的作用。横置是葡萄酒的主要置放方式。蒸馏酒的酒瓶大多要竖置，以便酒瓶中酒液的挥发，达到降低酒精含量、改善酒质风格的目的。在有条件的情况下，陈放 25 年以上的高级名贵酒品，应采取换塞等措施。

（三）注意定位摆放

酒品一旦放置好，不要随意挪动。特别是不要清扫落在酒瓶上的灰尘，对高级酒品尤其如此。这样做一是可以防止酒瓶摇晃而使沉淀物泛起，二是可以证明酒品的名贵。

（四）做好酒品登记

入库的酒品都要登记。每一类酒品都要标有卡片，对酒的年龄、产地、标价等内容进行登记备案。

(五) 打上储存标记

酒水管理人员在发料之前，应在酒瓶上做好标记。一般是用一种背面有粘胶剂的标签，也可用不易擦去的油墨戳记。标记上有不易仿制的标志、代号或符号，可以防止酒吧员工私带酒水出售。

(六) 完善安全措施

酒水仓库或酒水储藏室的设计和建造，必须考虑能够有效地防止非法人员入室偷盗。同时，还要配备适量的消防用品以防不测。贵重酒水应存放于特别的小间或仓库的重点分隔区内，以便实施重点管理。

项目四 酒水发放管理

一、酒水发放的操作程序

酒水发放的操作程序见表 11－10，酒水的《领料单》见表 11－11。

表 11－10　　　　酒水发放操作程序

工作环节	标　　准
1. 清查酒吧空瓶	• 酒吧调酒师下班之前，应清查已用完的酒水空瓶，记录所需添加酒水的数量。
2. 填写《领料单》	• 酒吧调酒师填写《领料单》，按《领料单》的栏目填写代码、品名、瓶数、单价等。
3. 开单	• 酒吧经理根据《领料单》核对吧台里的瓶数和牌号。如果两者相符，则应签名，表示同意领料。
4. 仓库领料	• 酒吧调酒师或服务员应将空瓶和《领料单》送到储藏室。酒水管理员根据空瓶核对《领料单》上的数据，并逐瓶替换空瓶，然后在“发料人”一栏签名；同时，调酒师或服务员在“领料人”一栏上签名。
5. 后期服务	• 为了防止员工用退回的空瓶再次领料，酒水管理员应按酒吧的规定妥善处理空瓶。 • 酒水管理员应按各种酒水的单价和瓶数计算酒水发出的总瓶数与总成本。

表 11-11　　领料单

编号：0001851

部门 DEPARTMENT ______　代号 CODE ______　日期 DATE ______

现　存	申　请		项　目	货品编号	发料数量	成　本
	数量	单位				

申请人：______　审批人：______　发料人：______　领料人：______

签收时请核对

二、酒水发放的管理重点

（一）审批人管理

审批人是酒水发放的把关人，从根本上控制着酒水的发放量。酒吧必须以制度的形式确定酒水发放的各级审批人，而各级审批人平时应注意与基层保持密切联系，掌握酒水使用情况的动态信息，根据客观需求量进行酒水审批，以动态的眼光把握酒水分配量。

（二）执行人管理

执行人涉及酒水发放过程各方面的人员，包括发料人、领料人等。执行人素质的高低直接关系到酒水发放工作的质量，应加强对这些人员的日常管理。需要注意的是，实物发料人与发料记账人应分岗设置，另设专人领料。领用酒水需凭部门主管或其他有审批权限的人员签署的《领料单》，在项目填写完整之后发料人员才可发料，严禁先出货后补手续的做法，严禁白条发货。

（三）发放区域管理

仓库是酒水储存重地，每种酒水对储藏环境和条件都有严格、明确的要求，如果大量人员频繁进出仓库，会极大地影响储藏环境，同时严重威胁酒水的数量安全。因此，应当尽量在仓储空间之外设置专门的发放区域，发货人员将待发放的酒水搬运到发放区域，领货人应在此区域点数交接，不能直接进入仓库领料。

（四）发放时间管理

发放时间可以根据酒水的用途，采取定时和不定时相结合的办法。

（五）酒水交接管理

在进行酒水交接时，发料人和领料人都必须按照《发料单》和《领料单》复核检查，点清所发酒水的品种、规格和数量，确保无差错时才可出库。如果发生差错，会导致仓库账目和成本核算等发生混乱，事后发现也难以查清问题及责任，非常被动。

课后练习

1. 简述酒吧原料采购的流程。
2. 酒水储存的控制要点有哪些？
3. 酒水发放要注意哪些事项？

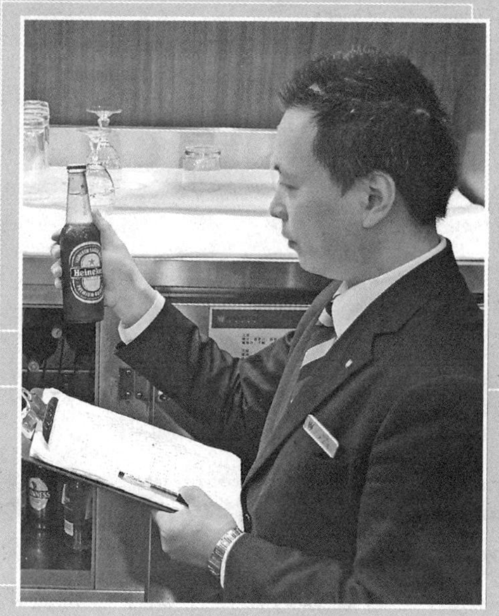

模块十二 酒吧成本管理

学习目标

- 明确酒吧成本管理的要点
- 掌握酒吧成本计算的方法
- 了解酒吧的成本构成和类型

项目导入

李先生在酒吧点了一份“金汤力”鸡尾酒，该鸡尾酒是用1盎司金酒加适量汤力水调制而成的。调酒师接到点单后，立即当着顾客的面随手倒了一份金酒，然后兑上汤力水递给顾客。顾客不接受这杯酒水，认为金酒不足量，要求退换。后来，调酒师只好重新用量杯给他换了一份。由于调酒师未按标准配方调制酒水，导致顾客退换酒水，造成酒水损失和浪费，增加了酒吧的成本。

项目一 酒吧成本认知

酒吧成本是指酒吧经营所产生的各项费用和支出。

一、酒吧成本构成

酒吧成本主要由三个方面构成：原料成本、人工成本和经营费用。

（一）原料成本

原料成本是指直接销售给顾客的各种酒、咖啡、茶、果汁和食品的成本。

（二）人工成本

人工成本是指参与酒吧经营的管理人员、技术人员和服务人员的工资和其他支出，包括酒吧或餐厅经理、调酒师、服务员及辅助人员的工资、餐费、奖金和其他支出。

（三）经营费用

经营费用是指酒水经营中，除原料成本、人工成本以外的其他费用和支出。经营费用包括各种税费，房屋租金，设施与设备折旧费，燃料和能源费，餐具、用具、酒具和低值易耗品费，采购费，绿化费，清洁费，广告费，公关费等。

二、酒吧成本类型

酒吧成本与其他营业场所成本一样，可以按多种标准进行分类。分类的目的在于根据不同成本采取不同的控制策略。

（一）固定成本、变动成本和半变动成本

1. 固定成本

固定成本是指在一定经营范围内，不随销量增减而变化的成本。不论酒水销售量是高、是低，还是几乎没有，这种成本都必须按计划支出，如设备折旧费、修理费，管理人员和技术人员的工资等。固定成本并不是绝对不变的，当酒水经营数量和经营水平超

出企业现有经营能力时，企业需购置新设备，招聘新管理人员和技术人员，这时固定成本会增加。正因为固定成本在一定的经营范围内保持相对不变，所以当酒水销售量增加时，单位酒水所负担的固定成本会相应减少。

2. 变动成本

变动成本是指随销售量成正比例变化的成本，如原料成本、临时员工和实习生工资、能源与燃料费、餐具和洗涤费等。变动成本总额会随酒水销售量增加而增加，但单位酒水变动成本不变。例如：某酒吧营业收入增加时，它的原料总成本会相应增加，而每一杯酒水的原料成本并没有发生任何变化。

3. 半变动成本

半变动成本是指随着销售量变化而部分变化的那些成本。能源费和员工工资也可以作为半变动成本。这些成本尽管随着酒水销售量的变化而变化，但这些变化不一定与酒水销售量成正比。如果加强管理和提高工作效率，就可以节省能源费，降低人工成本。

（二）可控成本和不可控成本

1. 可控成本

可控成本是指在短期内可以改变或控制的变动成本。可控成本包括原料成本、燃料和能源成本、临时员工工资和费用、广告与公关费用等。酒吧管理人员可以通过调整酒水配方改变酒水成本，通过加强管理降低经营费用。

2. 不可控成本

不可控成本是指在短期内无法改变的固定成本，如房租、固定资产折旧费、大修理费、贷款利息及管理人员工资等。因此必须改进酒吧经营，不断开发新产品，增加营业收入，降低固定成本在单位产品总成本中的比重。

（三）标准成本和实际成本

1. 标准成本

标准成本是指一定时期内及正常经营情况下所应达到的目标成本，也是衡量和控制企业实际成本的一种预计成本。标准成本是根据过去几年经营成本的记录，预测当年原料成本、人工成本和经营费用的变化而制定出来的各项成本。

2. 实际成本

实际成本是指根据企业报告期内（通常为1年）实际发生的原料成本、人工成本和经营费用核算出来的成本。它是酒吧进行财务成本核算的基础。

项目二 酒吧成本计算

一、瓶/罐装酒成本计算

瓶/罐装酒成本是指酒水在销售过程中的直接成本，通常用酒水的进价与售价来确定，也可以用百分比来计算。例如：可口可乐的进价为每罐 2 元，酒吧的售价是每罐 10 元，则酒水的成本为 2 元，成本率为 20%。

二、零杯酒成本计算

在酒吧经营中，烈性酒和利口酒一般以零杯方式出售，每杯烈性酒和利口酒的标准容量为 1 盎司。因此，计算每一杯酒的成本，需要先计算出每瓶酒可以销售多少杯酒，然后用每瓶酒的成本除以销售的杯数，得到每杯酒的成本。计算过程如下：

$$\text{零杯酒成本}=\frac{\text{每瓶酒成本}}{(\text{每瓶酒容量}-\text{每瓶酒标准流失量})/\text{每杯酒标准容量}}$$

例如：某品牌伏特加每瓶成本 180 元，容量是 32 盎司。酒吧规定在零杯销售时，每瓶酒的流失量在 1 盎司以内，零售每杯的容量是 1 盎司。计算每杯伏特加的成本如下：

$$\text{每杯酒成本}=\frac{180}{(32-1)/1}\approx 5.81\ (\text{元})$$

三、鸡尾酒成本计算

在计算鸡尾酒的成本时，不仅要计算其使用的基酒成本，而且要计算辅酒、辅助原料和装饰物的成本。

$$\text{每杯鸡尾酒成本}=\frac{\text{每瓶酒成本}}{(\text{每瓶酒容量}-\text{每瓶酒标准流失量})/\text{每杯酒标准容量}}+\text{每杯酒配料成本}+\text{每杯酒装饰物成本}$$

例如：根据表 12-1 资料，计算一杯“红粉佳人”的成本。

表12-1　　某酒吧“红粉佳人”原料配方

原料名称	重/数量	成本
金酒	1盎司（约30毫升）	哥顿金酒每瓶采购价格130元，容量26盎司，每瓶烈性酒标准流失量为1盎司
柠檬汁	20毫升	合计1.70元
石榴糖浆	1茶匙	
鸡蛋	1个	

$$1杯“红粉佳人”的成本=\frac{130}{(26-1)/1}+1.70=6.90（元）$$

四、酒水售价计算

酒水的售价是在酒吧定出成本率后确定的。每一个酒吧都要按照自身服务定位、装修格调和人员素质定出成本率（如有些纯酒吧将成本率定为24%左右），然后计算酒水的销售价。在计算售价时，不能将每一种酒水都单独计算，要分组计算。

例如：根据表12-2的资料，计算果汁的售价与成本。酒吧常用的果汁有5种：橙汁、柠檬汁、菠萝汁、西柚汁和番茄汁。在确定成本率为25%以后，它们的进价与售价见表12-2。

表12-2　　某酒吧果汁类进价与售价

项目（每杯）	进价（元）	售价（元）
橙　汁	1.20	6.00
柠檬汁	1.20	6.00
菠萝汁	1.50	6.00
西柚汁	2.00	6.00
番茄汁	1.60	6.00
合　计	7.50	30.00

选5种果汁各一杯，相加得7.5元，这是果汁类的一组进价成本，按25%的成本率计，应卖7.5÷0.25=30元，30元为5杯果汁的总销售价，所以每杯果汁的价格为30÷5=6元。这样制定价格既方便计算，又有利于营业，也方便调酒师记忆。

其他酒水的计算方法也相同，可将酒水分为几类：流行名酒（包括一般品牌的烈性酒），名贵酒类（包括各种名贵烈性酒），各类威士忌、干邑白兰地和雅邑白兰地、开胃酒、餐后甜酒、鸡尾酒和长饮、餐酒、啤酒、果汁、矿泉水和软饮。然后分组计算出售价，低价的酒水成本率可以低些，名贵的酒水成本率可以高些。

五、员工工作效率计算

酒吧员工工作效率主要有两种计算方法：员工年平均创毛利额和人工成本占毛利总额的百分比。员工年平均创毛利额越高，工作效率越高；人工成本占毛利总额的百分比越低，工作效率越高。两者的计算公式为：

员工年平均创毛利额＝（销售额－原料成本）÷员工人数

人工成本占毛利总额的百分比＝人工成本÷毛利总额

例如：某酒吧有员工 10 名，去年销售额为 100 万元，原料成本为 22 万元，每月员工工资总额为 1.5 万元。请计算该酒吧去年员工工作效率。

该酒吧去年员工平均创毛利额＝（100－22）÷10＝7.8（万元）

该酒吧去年人工成本占毛利总额的百分比＝1.5×12÷（100－22）≈0.23＝23％

项目三 酒吧成本控制

酒吧成本控制贯穿于产品成本形成的全过程。酒吧成本控制的内容主要包括原料（酒水）成本控制、人工成本控制和经营费用控制。

一、原料（酒水）成本控制

在酒水的调制过程中，很容易发生酒水的损耗与浪费，如不加强控制，就会不可避免地增加酒水成本。酒水成本控制主要有以下一些方法：

（一）标准用量控制

标准用量控制既不考虑成本额，也不考虑销售额，而是根据酒吧库存记录确定各种烈酒的消耗量，同时根据销售记录计算各种烈酒的销售量，然后对两者进行比较分析。

对占销售量绝大部分的常用烈酒，可以采用这一方法进行管理，其步骤如下：根据库存记录，计算各种烈酒的标准消耗量；根据销售记录，计算各种烈酒的实际消耗量；对比实际消耗量和标准消耗量，进行具体分析。若两者差异为 2～3 盎司，属于正常现象；若两者差异大于 3 盎司，则必须检查使用和储存过程，找出产生差异的原因。

例如：某天，某酒吧某品牌的威士忌当日工作开始前的期初存货为 5 瓶，当日领料 7 瓶，当日酒吧间相互转账相抵后顺差 2 瓶，当日工作结束的期末存货为 4 瓶。假定每瓶威士忌有 26 盎司，则这一天该酒吧威士忌的消耗量为 5＋7＋2－4＝10 瓶，即 10×26＝260 盎司。假定该日酒吧根据销售记录计算的威士忌耗用总量是 278 盎司，这表明实际耗用量与盘存量之间存在 18 盎司的差异。若管理人员确定每瓶威士忌的允许溢出量为 1 盎司，那么还有 18－10×1＝8 盎司的威士忌不知去向，管理人员就应查明原因。

必须指出，每天盘点酒吧中各种烈性酒的存货较费时间，因此实际工作中可以只对酒吧常用的威士忌、朗姆酒、金酒、伏特加和特基拉等烈性酒采用标准用量控制。

（二）标准收入管理

标准收入管理是根据酒水实际消耗量计算应得营业收入，然后将其与实际营业收入进行对比和分析，并据此发现问题的一种成本管理方法。使用这种方法，需要分别计算整瓶销售、零杯销售、混合销售酒水的应得营业收入，再将应得营业收入与实际营业收入进行比较。

1. 整瓶销售酒水的应得营业收入计算

整瓶销售酒水的应得营业收入的计算公式为：

整瓶销售酒水的应得营业收入＝（实际消耗瓶数－应扣项目瓶数）×每瓶标准售价

例如：某酒吧上日结存青岛啤酒20瓶，本日领料240瓶，本日结存40瓶，其中内部招待用酒10瓶。若青岛啤酒每瓶售价8元，则其应得营业收入为：

（20＋240－40－10）×8＝1 680（元）

2. 零杯销售酒水的应得营业收入计算

零杯销售酒水的应得营业收入的计算公式为：

零杯销售酒水的应得营业收入＝(每瓶容量－允许溢出量）/每杯标准容量×实际消耗瓶数×每杯标准售价

例如：假定某酒吧某日共消耗4.25瓶金酒，而每瓶金酒的容量为32盎司，每瓶的允许溢出量为1盎司，每杯金酒的标准容量为1.5盎司，每杯标准售价为10元，则其应得营业收入为：

（32－1）/1.5×4.25×10≈878（元）

使用这种方法，酒吧管理人员要将零杯销售的酒水折算为每瓶的应得营业收入总额，并记录在营业收入核算表上，这样只需每日盘点实际消耗的瓶数，再对照实际营业收入便可控制酒水的消耗成本。

如果整瓶酒的售价低于每瓶酒散卖的销售价格，可用以下两种方法调整标准收入数额。第一种方法是从烈酒耗用量中扣减整瓶酒的营业收入数额。第二种方法是调整标准收入总额，以便与包括整瓶酒的营业收入在内的实际营业收入总额进行比较。例如：每瓶酒散卖的售价为38元，整瓶出售价为22元，那么，每出售一整瓶酒，就应从标准收入总额中扣减16元，以便与实际营业收入总额比较。无论用哪种方法计算，在评估酒吧成本控制业绩时，销售价格的数据都是非常有用的。

3. 混合销售酒水的应得营业收入计算

混合销售酒水的应得营业收入可以采用主要配料平均价值法计算，即酒吧在规定的测试期内，统计出各种酒水的零杯销售数量和销售额、混合销售数量和销售额，然后计算出每瓶酒水的应得营业收入。

例如：某酒吧某月共销售干马天尼鸡尾酒300杯，每杯售价20元，而调制1杯干马天尼鸡尾酒需要1.5盎司金酒和0.5盎司干味美思，那么，在每杯干马天尼鸡尾酒的营业收入中，20元可以看作金酒的销售价格（见表12-3）。在此过程中，需要处理这样一个问题，即混合销售的酒水中含有两种或两种以上的烈酒，则其应得营业收入还需作进一步调整。因为本例中干马天尼的销售收入全部计入金酒这一主要配料身上，并未分摊给干味美思。若干味美思只用于配制干马天尼一种混合饮料，这样是可以的，只需将干味美思的每瓶应得营业收入定为0元即可。但如其他混合饮料中也同时使用这种干味美思，则本例中金酒的应得营业收入要做相应调整。如果该酒吧同时供应干味美思纯饮，每份3盎司，售价12元，则每盎司售价4元，干马天尼中0.5盎司干味美思的价值为2元，据此干马天尼鸡尾酒的售价应调整为20－2＝18元，每瓶金酒的应得营业收入调整为401.23元。

表12-3　　某酒吧酒水平均价值测算

酒水名称：金酒					每瓶容量：32盎司
品名	销售份数（份）	金酒每份用量（盎司）	金酒总用量（盎司）	售价（元）	营业收入（元）
零杯销售	400	1.5	600	16	6 400
干马天尼	300	1.5	450	20（18）	6 000（5 400）
红粉佳人	250	1	250	18	4 500
合计			1 300		16 900（16 300）

金酒销售瓶数＝1 300/32＝40.625（瓶）

金酒每瓶应得营业收入＝16 900/40.625＝416（元）

金酒每盎司平均售价＝416/32＝13（元）

各种混合饮料凡属上述情况者，其所用烈酒的每瓶应得营业收入都应以此方法进行调整。且当酒水销售结构或销售价格出现调整变动时，就应重新计算各种酒水的每瓶应得营业收入。然后用每瓶应得营业收入与各种烈性酒每天耗用瓶数相乘，就得出每天酒吧耗用的烈性酒的销售价值总额，这个总额可与当天的实际营业收入数额进行比较。

4. 应得营业收入与实际营业收入比较

应得营业收入与实际营业收入的比较，主要通过营业收入差异率这一指标来衡量：

营业收入差异率＝（实际营业收入－应得营业收入）/应得营业收入×100%

一般酒吧规定的营业收入差异率在±3%之间，若营业收入差异率过大，管理人员应分析原因，可能会有以下几种情况：

（1）对酒水结存量估计不准。

（2）库存酒水丢失或被私用。

（3）粗心打破酒瓶或倒酒时溢出。

（4）未严格按标准配方调酒或调酒时斟酒过多。

（5）售出酒水没有正确记载及其他销售控制不严的现象。

（三）标准成本管理

标准成本管理是指定期将某个时期内酒水的实际成本与标准成本进行比较，分析其百分比的变化。标准成本管理是检查酒水成本管理是否存在问题的一种管理方法。

1. 标准成本管理的基本方法

根据酒水的不同，确定某一控制期内的标准成本总额和标准收入总额，与实际成本总额和实际收入总额进行比较。此外，还可以计算标准成本率，与实际成本率相比较。酒水成本率计算应依据酒水单的顺序逐项计算，便于酒吧服务员和调酒师遵照执行。各种酒水的销售量可根据顾客账单统计或由收银机自动记录的数字统计。

酒吧某个时期的实际成本总额和实际成本率的计算公式是：

实际成本总额＝期初存货数额＋本期领料数额＋期内调拨进数额
－期内调拨出数额－期末存货数额

实际成本率＝实际成本总额/实际收入总额

使用标准成本管理，可以将标准成本总额与实际成本总额进行比较，还可以对标准收入总额与实际收入总额进行比较。只要酒吧能正确地记录酒水的销售量和售价，就能马上查明标准成本与实际成本产生差异的原因。另外，整瓶酒的售价一般低于按杯零售的一瓶酒的售价，若酒吧也出售整瓶酒，则必须单独计算。

使用标准成本管理，还可以对标准成本率与实际成本率进行比较。一般而言，实际成本率会高于标准成本率。需要指出的是，使用标准成本管理，酒吧在某个时期（1天、1周或1个月）的标准成本率会随着酒水销售构成的变化而有所不同。

2. 确定测试期标准成本率的步骤

确定测试期标准成本率，一般可以采用以下步骤：

（1）确定标准配方、标准用量、标准容量和每杯酒水的标准成本。

（2）确定测试期。测试期既应包括销售量最高的时间，也应包括销售量较低的时间，通常至少应有两周，最好是连续三周，并选择不同的班组，这样才能获得较为精确的数据。

（3）通知所有有关人员，让他们了解测试的目的、意义、方法和要求。强调员工必须严格遵守所有的标准工作程序和测试期的规章制度。

（4）计算测试期酒水成本和成本率。测试期确定的酒水成本率是酒吧应当在各个控制期努力实现的目标。

（5）比较分析控制期的实际成本率与测试期的标准成本率之间的差异。如果实际成本率接近标准成本率，说明酒水成本控制较好；如果两者差异过大，管理人员应查明原因，采取改进措施。

通常，控制期的实际成本率不能超过测试期的标准成本率的±0.5％。如果实际成本率高于标准成本率0.5％，说明浪费和损耗太多，要查清原因；如果实际成本率低于标准成本率 0.5%，说明出品质量有问题，要查清原因。

二、人工成本控制

酒吧人工成本控制主要包括用工数量控制和员工工资总额控制。

（一）用工数量控制

在人工成本控制中，酒吧管理人员应对酒吧员工数量进行控制。应尽量减少缺勤工时、停工工时、非生产和非服务工时，提高员工出勤率、劳动生产率及工时利用率，严格执行劳动定额。

（二）员工工资总额控制

为了控制人工成本，管理人员应控制酒吧员工工资总额，并按照每人每班的工作情况，逐日进行实际工作时间与标准工作时间的比较和分析，做出总结和报告。

三、经营费用控制

在酒吧经营费用中，能源成本占有一定的比重。酒吧能源消耗主要是电和水，尤其是在电的消耗方面相当高。控制能源成本的主要方式是教育和培训员工，促使他们重视节约能源，懂得节约能源的方法。此外，管理人员应该经常对员工的节能效果进行检查、分析和评估，并提出改进措施。

除了能源成本外，酒吧还有许多经营费用支出项目，如固定资产折旧费，设备保养和维修费，酒具、用具与低值易耗品耗用费，绿化费用及因销售发生的各项费用。这些费用有的属于不可控成本，有的属于可控成本。只有通过加强酒吧日常管理，才能实现对经营费用的有效控制。

课后练习

1. 什么是变动成本？酒吧的变动成本有哪些？

2. 若某品牌朗姆酒每瓶成本 240 元，容量是 32 盎司。酒吧规定在零杯销售时，每瓶酒的流失量为 1 盎司以内，零售每杯朗姆酒的容量是 1 盎司，那么，每杯朗姆酒的成本是多少？

3. 酒吧成本控制的内容有哪些？

模块十三 酒水销售管理

学习目标

- 明确酒水销售管理的重点
- 掌握酒水销售的流程
- 了解酒水销售的各项指标

项目导入

某日，某音乐酒吧的《酒水盘存表》中显示某品牌葡萄酒的开吧基数为10瓶，领进数为5瓶，调进数为4瓶，调出数为2瓶，售出数为9瓶，管理人员检查发现表中的盘存数（8瓶）与实际库存量（7瓶）不符。如果你是酒吧的管理人员，在酒水的销售管理过程中发现报表上的盘存数与实际库存量出现误差，你会怎么分析，又该如何纠正这些误差呢？

项目一 酒水账单管理

一、酒水账单的作用

点酒单也用作向顾客收款的凭证，所以点酒单也称为酒水账单。酒水账单是酒吧营业收入最重要的凭证。酒水销售管理的第一个环节，就是要求调酒师和服务员将顾客所点的酒水及其价格，清楚而准确地记载在顾客的酒水账单上。如果销售的酒水不记载在账单上，酒吧营业收入流失和现金短缺就难以追查。具体来说，酒水账单具有以下几个作用：

（1）作为产品销售凭据，从酒吧内领取饮料和食品。

（2）从顾客处收取其应支付的款项。

（3）成本核算部门根据账单入账。

二、酒水账单的内容

酒水账单应该列载以下内容：

（一）基本信息

酒水账单上要有日期、桌号、服务员姓名（或工号）、顾客数等。提供这些信息，既便于服务员向顾客提供服务，以免将酒水送错地方；又能帮助辨别各账单和吧台由哪个服务员负责；还便于在服务过程和收入核算过程中发现问题、追查责任。基本信息也可用于管理决策。汇总这些信息，能统计每天酒吧服务的顾客数、各时段服务的顾客数，以及每个服务员服务的顾客数。

（二）购买信息

酒水账单要列载顾客所点酒水的名称、数量和价格。账单上的酒水是顾客点的，是对酒吧生产下达的指令，其金额是向顾客收费的凭证。购买信息也是酒水销售信息，汇总酒水销售额可统计出酒吧每天的酒水营业收入，可以帮助酒吧进行经营核算。在经营决策时，可利用酒水账单上各种酒水的销售量汇总信息，帮助确定酒水生产计划和人员配备计划。

（三）存根

有的酒吧酒水账单下方有一联存根。存根上有酒水账单的编号、日期、服务员姓名、账单总金额、收银员签字等项内容。服务员向收银员送交酒水账单，顾客付款后，收银员在账单和存根上盖上“现金收讫”戳，并将存根撕下交服务员保存。此存根可证明服务员已将酒水账单和收取的钱款交给收银员，如再有营业现金的短缺，则应由收银员负责。

三、酒水账单的管理

（一）账单形式

由于酒吧一般只提供各种酒水及很少种类的食品，因此其账单形式相对来说较为简单，但是也应包括应有的基本内容，如酒水名称、数量、价格、日期、桌号和顾客人数等。

（二）账单编号

大多数酒吧的酒水账单有编号。账单编号能防止收入流失，明确哪位服务员对哪些账单负责。营业结束时核对账单编号，可以很快查出酒水账单是否短缺。如果账单短缺，可能是顾客未付账就离开了，也可能是服务员或者收银员不诚实，隐藏了账单，私吞了营业现金。采用账单编号制度，可促使服务员监督顾客结账付款，控制服务员和收银员严格按账单收款，防止现金短缺。一旦发现酒水账单短缺，管理人员要追查责任，采取措施，堵塞漏洞。

账单上的酒水价格不正确或账单短缺，一般会追查到服务员。因而一些酒吧规定服务员对哪些账单和账单号负责并要求签字，这样一旦出了问题，责任十分明确。采取这种制度，在开吧前，服务员领账单时要记下账单的起始号，营业结束后要记下账单的结束号。

如果服务员粗心或故意在账单上开错价格（如将 28 元的酒水记成 18 元），或者是酒水账单缺号，通过查找酒水账单编号的责任人，就可以很容易地追查到责任者。为加强控制，有些酒吧要求领班负责检查每天的账单有无漏号，价格填写是否正确。发生差错对收银员或服务员要通报批评。

（三）酒水账单副本制度

酒水账单要设计成一式两联或三联，正联和副联以不同颜色印刷，印制相同的编号，并用复写纸印刷。正联作为酒水账单，是向顾客收款的凭证；副联送吧台调酒师，作为生产酒水的指令，调酒师必须严格按照副联上填写的酒水种类和数量生产。这样可防止出售酒水在收银时流单，减少服务员私吞收款的机会。副联不能丢，有的酒吧在服务员取走酒水后，将酒水副联存放在一个带孔并上锁的盒子里，这样可在营业结束时对照检查有无空号。

项目二 酒水销售程序

酒水销售管理一定程度上依赖于严密的程序。下面对小型酒吧和大型酒吧的酒水销售程序分别加以说明。

一、小型酒吧酒水销售程序

对于小型酒吧而言，也许只有一位调酒师兼服务员和收银员，较好的控制方法是使用收银机，并明确收银机的使用规范。通过使用收银机，调酒师可在出售酒水时记录每笔消费，为每一位顾客累计消费额，并在收银机上开出小票放在顾客面前，以便顾客自行核对账目。顾客结账可一次性付费，调酒师将销售金额键入收银机。每天营业结束，收银机记录的酒水销售总额应等于全部销售总额。严禁不开票供应酒水的情况，一旦发现，要予以严惩。

二、大型酒吧酒水销售程序

对于大型酒吧而言，应重点做好酒水账单的流程控制。一般而言，酒吧使用酒水账单流程销售时常采用以下做法：

（1）服务员在一式三联的账单上记录顾客点的所有饮料后，将两联账单分别交给调酒师和收银员，顾客留存一联。

（2）调酒师配制饮料；收银员将款项键入收银机。

（3）结账时，服务员向顾客收款并收回账单，然后交给收银员，收银员在收银机上记录打印销售额。

（4）如果顾客用现金结账，服务员收款后，应将现金和账单一起交给收银员。收银员在收银机上记录现金收入金额，存入现金后，将找零交给服务员，再由服务员送给顾客。

（5）如果顾客用信用卡结账，服务员应向顾客收取信用卡和账单，填写信用卡记账单。顾客在填写好信用卡记账单并签名后，服务员应核对笔迹，然后将账单和信用卡记账单交给收银员。收银员检查信用卡记账单后，在收银机上键入记账金额。这样，财务人员和管理人员可以核对放在调酒师处的账单、收银员处的账单和收银机内的金额，如果存在差异，应及时查明原因。

项目三 酒水销售指标

酒水销售指标是指对酒吧酒水销售额起关键作用的各项指标。酒水销售额是酒吧所销售的各种酒水与服务的总价值，此价值可以是现金，也可以是保证未来支付的现金值，如支票、信用卡等。提高酒水销售总额，是酒吧经营的主要目的。为了有效提高酒水销售总额，加强对相关指标的管理至关重要。

一、酒水平均消费额

酒水平均消费额是指平均每位顾客每次来酒吧支付的酒水费用。酒水平均消费额这个数据之所以重要，是因为它能反映酒水的销售效果以及酒吧酒水销售工作的成绩，能帮助酒吧管理人员了解酒水的定价是否过高或过低，了解酒水服务员和调酒师是否努力推销产品。因此，管理人员对此必须给予足够的重视。

通常，酒吧要求每天都分别计算酒水平均消费额，其计算方法是：

酒水平均消费额＝酒水总销售额÷总顾客数

管理人员应经常注意酒水平均消费额的高低。如果一段连续时间内酒水平均消费额过低，就必须考虑酒水生产、服务、推销或定价是否存在问题。

二、每座位销售额

每座位销售额这一数据可用于比较相同档次、不同酒吧的经营好坏程度，对于评估酒吧的销售情况十分重要。每座位销售额以平均每座位产生的销售金额及平均每座位服务的顾客数即周转率计算得出，其计算方法是：

每座位销售额＝平均每座位销售额×座位周转率

在酒吧中，一位顾客也许喝一杯酒水就匆匆而去，也许整个下午都在那里商谈公务，要订十几次酒水。这样就难以统计座位周转率和酒水平均消费额，所以往往用每座位销售额来统计一段时间内的酒水销售情况。平均每座位销售额是由酒水总销售额除以座位数得到的，其计算方法是：

每座位销售额＝酒水总销售额÷座位数

三、平均每座位服务的顾客数

平均每座位服务的顾客数也常常被称作座位周转率，该指标反映酒吧吸引顾客的能力。由于各酒吧特点不同、经营情况不同，座位周转率差异也比较大。

座位周转率是以一段时间内的顾客数除以座位数，再除以天数得到的，其计算方法是：

座位周转率＝某段时间内的顾客数÷座位数÷天数

四、每位酒水服务员销售量

该销售量有两种指标，一种指标以每位酒水服务员服务的顾客数来表示。这个数据反映服务员的工作效率，为酒吧配备服务员、安排工作班次提供了基础，也是服务员业绩评估的基础。当然，该数据要有一定的时间范围才有意义，因为服务员每天、每时段、每小时服务的顾客数是不同的。

另一种指标以每位服务员的酒水销售额来表示。这个数据是用该服务员在某段时间内产生的酒水总销售额除以其服务的顾客数得到的。

例如：某酒吧在月末对服务员的工作业绩进行比较时，获得了以下销售数据（见表 13－1）。

表 13－1　某酒吧服务员工作业绩

项目	服务员 A	服务员 B
服务顾客数	1 950	2 008
产生销售额（元）	51 675	51 832.20
顾客平均消费额（元）	26.50	25.81

上述数据明显反映了服务员 B 无论是在服务顾客数方面，还是在产生的销售额方面，都超过服务员 A，说明他在积极主动地接待顾客方面，比服务员 A 更为出色。但是服务员 B 服务顾客的平均消费额为 25.81 元，服务员 A 服务顾客的平均消费额为 26.50 元，服务员 B 比服务员 A 少 0.69 元，这说明服务员 B 在推销高价酒水、引导顾客追加酒水方面不如服务员 A。据此，酒吧经理可向服务员 B 指明努力方向，指出如果他在上述方面多加努力，那么在提高酒水销售额方面还有很大潜力。

服务员的销售数据，可由收银员对酒水账单的销售数据进行汇总，也可由酒吧经理对酒水账单存根的销售数进行汇总而得到。

五、时段销售量

某时段（各月份、各天、每天不同的钟点）的酒水销售数据，对于服务人员的配备、酒水推销、安排最佳的营业时间和打烊时间，是特别重要的。

时段销售量可以用两种形式来表示，一种是一段时间内酒吧服务员服务的顾客数，另一种是一段时间内产生的酒水销售额。

例如：某酒吧 15：00—18：00 服务的顾客数为 40 位，产生的销售额为 900 元；18：00—21：00 服务的顾客数为 250 位，产生的销售额为 7 000 元。很明显，在这两个不同时段，应配备不同人数的员工。

又如：某酒吧原定于凌晨 2：00 停业，但在午夜 24：00—2：00 期间只产生了 80 元的酒水销售额。经过计算发现，这两个小时营业时间的费用和成本会超过营业收入，因此不如提前打烊。

六、酒水销售额指标

销售额是显示酒吧经营好坏的重要销售指标。一段时间内的酒水销售额指标可以通过下面的公式来计算：

一段时间内的酒水销售额指标＝座位数×预计平均座位周转率
×平均每位顾客酒水消费额×天数

项目四　酒水销售控制

酒吧销售的酒水，特别是进口酒类，价格一般都比较高。一些酒吧员工，特别是调酒师，可能会利用工作之便，私吞酒吧销售的酒水牟利。因此，在酒吧经营过程中，要严格防止此类行为，减少酒水销售损失。在酒吧经营过程中，常见的酒水销售形式有三种，即整瓶销售、零杯销售和混合销售。这三种销售形式各有特点，管理和控制的方法也各不相同。

一、整瓶销售控制

整瓶销售一般是指各种葡萄酒、啤酒及软饮料等酒水以瓶为单位的对外销售，一般酒水整瓶售价要低于零杯销售价。为了防止调酒师和收银员联合作弊，减少酒水销售的损失，对整瓶售出的酒可以用《整瓶酒水销售日报表》（见表 13－2）进行严格控制。该表一式两联或三联，每日由酒吧员填写，交酒吧主管签字后附上订单，一联交财务部，一联酒吧留存。

表 13-2　　整瓶酒水销售日报表

酒吧：________			日期：________
项　目	售出瓶数	账单编号	备　注
酒吧员：________			酒吧主管：________

二、零杯销售控制

零杯销售是酒吧经营中常见的一种销售形式，主要用于一些烈性酒如白兰地、威士忌等的销售，葡萄酒偶尔也会采用零杯销售的方式销售。销售时机一般在餐前或餐后，尤其是餐后，客人用完餐，喝杯白兰地或餐后甜酒，一方面可以消磨时间、相聚闲聊，另一方面可以帮助消化。零杯销售的控制首先必须计算每瓶酒的销售份额，然后统计出每一段时间的总销售量，采用还原控制法进行酒水的成本控制。

由于各酒吧采用的标准计量不同，各种酒盛装容器的容量不同，在计算酒水销售份额时首先必须确定酒水销售标准计量。目前酒吧常用的计量有每份 30 毫升、每份 45 毫升和每份 60 毫升三种，同一酒店的酒吧在确定标准计量时必须统一。标准计量确定以后，便可以计算出每瓶酒的销售份额。以人头马 V. S. O. P 为例，每瓶容量为 700 毫升，每瓶溢损为 30 毫升，每份计量设定为 1 盎司（约 30 毫升），计算方法如下：

$$销售份额=\frac{每瓶酒容量-溢损量}{每份计量}=\frac{700-30}{30}\approx 22.3（份）$$

计算公式中，溢损量是指酒水存放过程中自然蒸发损耗和服务过程中的滴漏损耗。根据国际惯例，这部分损耗控制在每瓶酒 1 盎司左右可视为正常。根据计算结果可以得出，每瓶人头马 V. S. O. P 可销售 22 份，核算时可以分别算出每份或每瓶酒的理论成本，并将之与实际成本进行比较，从而发现问题并及时纠正销售过程中的差错。

零杯销售控制关键在于日常控制，日常控制一般通过《酒吧酒水盘存表》（见表 13-3）来完成，每个班次的当班调酒师必须按表中的要求对照酒水的实际盘存情况认真填写。

表 13－3　　酒吧酒水盘存表

班次：________						日期：________	
编号	酒品名称	基数（开班前存数）	调进数	领进数	调出数	售出数	实际盘存数

《酒吧酒水盘存表》的填写方法是：调酒师每天上班时按照表中品名逐项盘存，填写存货基数；营业结束前统计当班销售情况，填写售出数；再检查有无内部调拨（如厨房、酒吧之间进行调拨，见表 13－4），若有则填上相应的数字；最后，用“基数＋调进数＋领进数－调出数－售出数＝实际盘存数”的方法计算出实际盘存数填入表中，并将此数据与酒吧存货数进行核对，以确保账物相符。按惯例，酒水领货一般每天一次，此项可根据酒店实际情况列入相应的班次。管理人员必须经常不定期检查《酒吧酒水盘存表》中的数量是否与实际库存量相符，如有出入应及时检查，及时纠正，堵塞漏洞，减少损失。

表 13－4　　厨房-酒吧转账单

下单：________					编号：________
调出：________		转入：________			日期：________
编号	品名	单位	数量	单价	总金额
发货人：________	发货时间：________	总厨批准：________	成本：________	总计：________	

另外，由于绝大多数国产名酒和葡萄酒的销售量较大，而且以整瓶销售居多，因此也可以用《酒吧酒水盘存表》进行控制。

三、混合销售控制

混合销售通常又称为配制销售或调制销售，主要是指混合饮料和鸡尾酒的销售。鸡尾酒和混合饮料在酒水销售中所占比重较大，涉及的酒水品种较多，因此，销售控制的难度也较大。

酒水混合销售的控制比较复杂，有效的手段是建立标准配方。标准配方的内容一般包括酒名、各种调酒材料及用量、成本、载杯和装饰物等。建立标准配方的目的是使每一种混合饮料都有统一的质量，同时确定各种调配材料的标准用量，以加强成本核算。

标准配方是成本控制的基础，不但能有效地避免浪费，而且可以指导调酒师进行酒水的调制操作。酒吧管理人员则可以依据鸡尾酒的配方采用还原控制法实施酒水的控制，其控制方法是先根据鸡尾酒的配方计算出某一酒品在某段时期内的使用数量，然后按标准计量还原成整瓶数。计算方法是：

酒水消耗量＝配方中该酒水用量×该鸡尾酒实际销售量

以干马天尼为例，其配方是金酒 1.5 盎司、干味美思 0.5 盎司，假设某一时期共销售干马天尼 150 份，那么，根据配方可算出金酒的实际用量为：

1.5×150＝225（盎司）

每瓶金酒的标准份额为 25 盎司，则实际耗用整瓶金酒数为：

225÷25＝9（瓶）

因此，混合销售完全可以将调制的酒水分解、还原成各种酒水的整瓶耗用量来核算成本。

在日常管理中，为了准确计算每种酒水的销售量，混合销售可以采用《鸡尾酒销售日报表》（见表 13－5）进行控制，每天将销售的鸡尾酒或混合饮料登记在日报表中，并将使用的各类酒品数量按照还原法记录在《酒吧酒水盘存表》中，管理人员将两表中酒品的用量相互核对，并与实际库存数进行比较，检查是否有差错。《鸡尾酒销售日报表》一式两联，由当班调酒师、主管签字后，一联交财务部，一联酒吧留存。

表 13－5　　鸡尾酒销售日报表

日期：________　　　　部门：________

项目	库存	期初存货	调进	耗用	其他	期末存货	
						结存	现存
COCA COLA							
DIET COLA							
SPRITE							
SUNKIST ORANGE							
SUNKIST LEMON							
SODA WATER							
TONIC WATER							
GINGER ALE							
PERRIER							
EVIAN							
LOCAL MINERAL WATER							
COCONUT JUICE							
ORANGE JUICE							
PINEAPPLE JUICE							
TOMATO JUICE							
GRAPEFRUIT JUICE							

续前表

项目	库存	期初存货	调进	耗用	其他	期末存货	
						结存	现存
MANGO JUICE							
IMPORT HOUSE WINE（RED）							
IMPORT HOUSE WINE（WHITE）							
LOCAL HOUSE WINE（RED）							
LOCAL HOUSE WINE（WHITE）							
咖啡豆							
咖啡粉							
好立克							
阿华田							
巧克力粉							
制表：________审核：________							

总之，酒水的销售控制虽然有一定的难度，但只要管理者认真对待，注意做好员工的思想工作，建立完善的操作规程和标准，是可以做好的。

课后练习

1. 简述酒水账单的作用及内容。
2. 开错酒水账单该如何处理？
3. 酒吧常见的酒水销售形式有哪些？

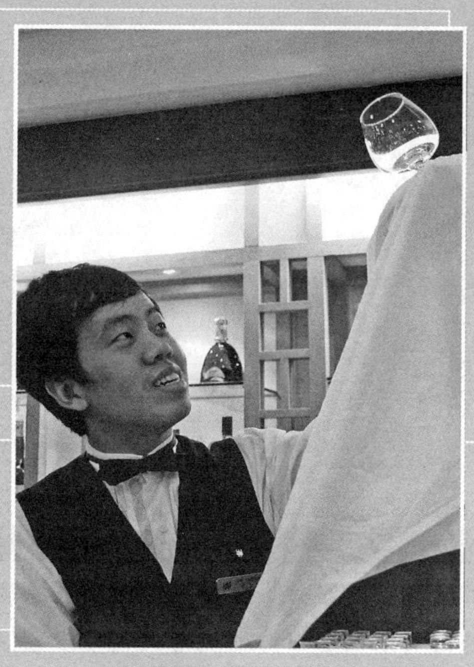

模块十四 酒吧安全与卫生管理

学习目标

- 明确酒吧安全管理要点
- 掌握酒吧卫生管理内容
- 了解酒吧卫生清洁方法

项目导入

某酒店酒吧晚上营业结束时，服务员关了灯，锁好门下班了。凌晨3点左右，保安部员工巡逻至酒吧门口，发现门缝内有浓烟冒出。发现情况不妙后，保安赶紧通知值班室，拿来钥匙开门进去查看：只见吧台上的加热器已经烧焦，吧台被烧了一个大窟窿，木质的吧台已经着火且火势正向旁边的电脑蔓延。保安当机立断，马上切断电源，取下墙上的“1211”灭火器迅速扑灭了火。

事后查明，服务员下班时忘记把加热器的电源关掉，致使水壶内的水烧干，炽热的金属加热器使吧台木板温度过高自燃，引起了这起事故。幸亏保安及时发现，否则后果不堪设想。

项目一 酒吧安全管理

一、酒吧防火管理

火灾会给酒吧带来巨大的损失，轻则使酒吧财产遭受损失，重则危及员工及顾客的生命安全。因此，防火工作是酒吧经营管理中不容忽视的一个重要内容。酒吧要长期不断地采取防火措施，员工也应自觉遵守安全操作程序，提高防火自觉性。

（一）酒吧安全防火措施

为避免火灾的发生，保障人身和酒吧财产安全，酒吧应采取以下措施。

1. 保持酒吧内外清洁，保证物品摆放整齐

酒吧要随时清除滴漏的酒液，在火源附近不放置易燃、易爆的危险品。酒精、汽油、火柴等易燃物品，不能置于炉具或电源插座附近。

2. 指定专人进行防火检查

指定专人检查电源、火源、热源等开关是否确实关闭；请专业电工布设酒吧内的供电线路，并做到定期检查；发现电源配线老旧、外部绝缘体破裂或插座损坏等现象时，应立即更换或修理；一旦出现电线老化、过载冒烟，应迅速切断电源，以防漏电伤人；电力机器运行时间过长，常会生热起火，要注意进行定期检修；所有的开关及插座都应该有覆盖，以免漏电伤人。

3. 培养员工的消防安全意识

酒吧要加强消防安全宣传，增强员工消防安全意识；训练员工正确使用消防工具；经常检查消防器材，以免失效。

（二）火灾中的应变措施

酒吧一旦发现火灾，应及时把酒吧内的人员和重要财产及文件资料撤离到安全的地方，组织不当会引起严重的人员伤亡和财产损失。通常，发生火灾后的疏散工作主要包括以下程序（见表 14－1）：

表14-1 发生火灾后的疏散工作程序

工作环节	标　准
1. 通知顾客	·一旦发生火灾，要立即通知顾客。
2. 指导疏散	·一旦发生火灾，要立即指导顾客离开火灾地点，从安全门向下面楼层疏散。如遇浓烟迫近，要用湿手帕、湿毛巾将口、鼻掩住，以免吸入过多的浓烟导致昏迷，必要时可使用室内消防栓射水救护。
3. 疏散要求	·疏散时不可使用电梯；应优先疏散离火灾最近的顾客，并优先疏散女士和老人。同时，应注意疏散时的秩序，不可造成人员混乱。指导疏散时必须大声呼叫、指示，以免场面混乱时顾客听不到指令。一旦人员疏散至安全地带，要禁止顾客返回取物。
4. 检查搜救	·人员疏散完毕后，要检查厕所、酒吧其他地方是否还有人员，确认着火区已无人员后，关闭火灾区域的防火门。

（三）降低火灾损失

酒吧在制定火灾疏散方案的同时，要让酒吧里每一个员工都明确火灾发生时该采取怎样的应变措施，这样才能将火灾带来的损失降至最低。

遇到火灾时，酒吧员工应采取下列应对措施（见表14-2）：

表14-2 发生火灾后的员工应变工作程序

工作环节	标　准
1. 侦察情况	·当隔壁或楼上发生火灾时，酒吧服务员应察看火势大小。如火势不大，可用灭火器灭火，切勿惊慌大叫。
2. 切断电源	·电线短路引发火灾时，应立即切断电源，切勿用水乱泼，以免造成触电，尽量使用隔离空气的方法灭火。
3. 报警撤离	·当火势到了无法控制的程度时，应立即拨打119报警，并打开安全门，组织顾客有序疏散。酒吧工作人员应保持镇定，维护疏散秩序，并检查酒吧内是否有未疏散的顾客。派遣适当的工作人员保护财务人员携带财务资料撤离，工作人员最后有序撤离，并在酒吧外围设置必要的警戒。

二、酒吧防盗管理

酒吧在营业过程中，会保留数量较多的现金及大量的酒水和贵重财物、设备，因此要制定完善的防盗措施。

（一）加强钥匙管理，防止外部人员偷窃

控制酒吧钥匙的数量，设置《钥匙登记簿》，严格执行钥匙领用、归还签名制度。

另外，酒吧设备、用具、物品等需要送到外面修理的，必须由相关负责人员签名，并由值班人员登记后才能放行。

（二）防止内部人员偷窃

酒吧员工在日常工作及服务过程中，常常直接接触酒吧的各处财产与物品，因此，

预防内部员工偷窃是一项必不可少的工作。一般而言，酒吧可采取以下措施进行防范：

1. 录用素质较高的员工

严格把关员工录用标准，对员工进行经常性的教育，制定严格的奖惩措施。一旦发现员工有偷窃行为，应根据情节轻重进行严肃处理。

2. 加强日常防范管理

明确规定严禁携带贵重物品到酒吧，若必须带入，应交柜台保管；在发薪日，现金或薪资支票应锁于保险柜中，下班时员工方可领取。领完钱后员工应立即离开，勿在酒吧中无故逗留。加强对酒水的管理，做好酒水盘点和每日清查工作，防止员工侵吞、私藏酒水。

三、酒吧防中毒管理

发生食物中毒的原因主要有细菌污染、掺杂掺假使食品携带毒素、酒精中毒、化学性食物中毒几种。

（一）防止食物受细菌污染

多数酒吧会向顾客提供一些佐酒小食品，如果这些食品变质或受到细菌污染，就有可能导致顾客食物中毒。食物受细菌污染导致的食物中毒，致病原因并不是细菌本身，而是细菌繁殖时排泄出的毒素。为了避免食品变质或受到细菌污染，酒吧要加强食品安全管理，超过保质期的食品要坚决废弃，绝对不能怀有侥幸心理提供给顾客。采购的食品要妥善存放，避免被细菌污染。密封食品一旦拆封，就要尽快消耗掉，避免长期存放。

（二）杜绝掺杂掺假行为使食品携带毒素

一些食品生产商和销售商为了谋求经济利益，在一些无毒的食品中掺加了一些有害物质，或者把伪劣食品当成优质食品出售，致使酒吧食品成为有毒食品。为了避免这类情况的发生，酒吧要加强采购管理，杜绝采购不安全的食品及向不可信的供应商采购食品。

（三）防止酒精中毒

过量饮酒会导致酒精中毒。当顾客已经醉酒时，不应继续向顾客提供酒水，应劝其离开酒吧。还有一种引发酒精中毒的情况，就是酒吧购买了假酒或劣质酒水。为了防止酒精中毒事件的发生，采购酒水时，要向正规供货商采购，验收时要认真检查酒水是否变质或过期。调酒师调制酒水时，也要掌握基酒、辅料、调味料之间是否会产生化学反应，是否会引发酒精中毒。

（四）防止化学性食物中毒

有些酒吧在对酒具和杯具进行消毒时，可能会使用化学消毒剂；清扫卫生时，会使用化学清洁剂；清洗水果时，会使用化学洗涤剂。这些化学药品可能具有一定的毒性，因此在使用时必须远离食品和酒水。用化学药剂清洁过的杯具、酒具和水果，要用大量清水冲洗，以免造成食物中毒。食品包装材料和密封材料，应尽量选用聚乙烯、聚丙烯制品。

四、酒吧操作安全管理

酒吧操作安全管理主要有以下几个方面：

（一）预防跌伤

为了预防跌伤，在日常管理中要注意：一是始终保持地面清洁和干燥；二是入口处不得有积水、积渣，酒吧地面不得有障碍物，如发现此类情况，应当及时清理或报修；三是明确服务员行走路线，避免路线交叉，禁止服务员在酒吧里跑跳；四是取放物品要稳妥，取放置于高处的物品时，要小心缓慢，注意地面湿滑。

（二）预防割伤

（1）正确使用刀具。在吧台加工水果时，要正确使用刀具，集中精力，保持砧板的清洁和干爽，持刀时刀口不得向人，禁止使用刀具开罐头食品。应保持刀具的清洁，不要将刀具放在抽屉中。

（2）正确处理破损杯具。破碎的玻璃不能用手直接收拾，应该用扫帚加以清除。接触破损用具时，应特别留意，尽量不接触破损处。

（3）正确使用搅拌机等切割设备。在使用搅拌机等切割设备前，要认真阅读使用说明书，正确操作，以免被割伤、轧伤。

（三）预防烫伤

（1）严格遵循操作规程。不管使用何种设备，都应当遵守操作规程。如使用蒸锅或蒸汽设备时，要先打开阀门，再背向掀开蒸盖；在使用热水时，要注意避免热水溅出造成烫伤，倒入容器时要适量，端起时要用垫布。

（2）在开烤箱或烤炉门时，禁止面部直接面向炉门，最好能侧站，防止开炉时蒸汽灼伤面部，待设备冷却后再进行清洁。拿取置于热源附近的金属用具时，应使用干垫布，潮湿的垫布会产生蒸汽，导致烫伤。

（四）预防电击伤

电击伤是由于电器设备老化、电线损坏或接线处理不当，或是用湿手碰触电器设备造成的。虽然电击伤发生的概率不大，但危害非常大。为了预防电击伤，日常管理中应注意以下几点：

（1）加强电路安全检查。酒吧应定期请工程人员检查电路、电源、电线，若有安全隐患，必须立即采取措施加以修复。

（2）正确使用电器设备。在使用设备前，应对设备的安全状况进行检查，查看电线接头是否牢固或有无暴露，绝缘性能是否良好，有无损坏或老化现象。使用设备过程中如果出现故障，应立即关闭电源，不得在故障情况下继续使用设备。清洁电器设备时，一定要先切断电源。员工在接触设备前，一定要确保站在干燥的地方，且双手是干燥的。

（3）做好安全警示。在容易发生触电事故的地方，酒吧应置放醒目的标志，以引起员工及顾客的注意。

项目二 酒吧卫生管理

一、酒吧环境卫生管理

（一）地面的卫生清洁

保持酒吧地面干净，是落实卫生安全与清洁观念的需要。管理人员每日应检查酒吧地面是否有脏物、污物，发现有脏物、污物要立即清理。每天要保证至少彻底清扫地面一次，并根据不同的地面性质进行清扫。其他时间如发现地面有灰尘、脏物要随时清扫。由于地面装饰材料的性质不同，在对地面进行卫生清洁时，操作方法也有所不同：瓷砖地面，要先用扫帚清扫一遍，再用清洁剂清洗；橡胶地板，可先用软扫帚清扫，再用干净、微温的水擦洗。

（二）墙壁的卫生清洁

墙壁清洁是环境卫生的重要内容。不同的墙壁，清洗方法也不相同。

（1）墙纸。墙纸可用吸尘器吸尘，每周至少一次，防止灰尘积落。如果墙纸太脏，则要及时更换。

（2）石墙。打磨过的石墙，要用专用清洁剂来擦洗，可把清洁剂喷洒在抹布上擦洗墙壁。未经打磨的石墙，可用吸尘器吸尘。

（3）半透明的玻璃墙。可把清洁剂喷洒在抹布上擦洗墙壁。

（4）漆墙。油漆过的墙壁，要在喷洒清洁剂之后擦洗。如果油漆褪色或剥落，要重新油漆。

（三）洗手间的卫生清洁

酒吧客用洗手间的地面与门，是顾客接触最多的地方，也是最不易保持卫生清洁的地方。地面与门不仅容易脏，而且很容易造成有害细菌交叉污染，因此，地面与门是洗手间清洁的关键部位。

（四）制冷设备的卫生清洁

冷藏柜、冰箱、冷冻柜等设备，应定期除霜、清理，并保持清洁、无异味，过期物品应清出，不再储存。

二、酒吧家具卫生管理

酒吧家具主要是指吧台、桌椅、柜子等。在清洗桌、柜表面时，首先，用托盘安全迅速地移走上面的碟、杯等用品；其次，用干净抹布擦洗吧台、桌椅、柜子，并检查是否干净，保证其表面没有任何污点存在；最后，待吧台、桌椅、柜子表面干燥后，给表面上光。

三、员工个人卫生管理

（一）自我卫生管理

服务人员的自我卫生管理，是酒吧卫生管理的基础。个人清洁状况不仅表明服务人员个人的自尊自爱，也代表着酒吧的形象。通常，对服务人员的个人卫生管理要求如下：

（1）养成良好的个人卫生习惯。酒吧员工要做到五勤，即勤洗澡、勤理发、勤刮胡须、勤刷牙、勤剪指甲，并将头发梳理整齐。

（2）提高员工卫生意识。要在员工中经常灌输“卫生素质、人人有份、互相监督、共同提高”的思想，使每一个员工既监督别人，又接受别人的监督。

（3）注意手部卫生。工作前后要洗手，大小便后要洗手；不可涂指甲油上班。

（4）注意口腔卫生。要经常漱口，保持口气清新；不能带异味上班，故上班前忌吃葱、蒜、韭菜、海鲜等有异味的食物；工作中不抽烟。

（二）健全检查制度

酒吧从业人员身体健康，能够有效地防止病毒感染，防止食品和酒水污染，保证酒吧的卫生与顾客的安全。酒吧必须遵守国家和地方的卫生法规，制定出针对本酒吧的具体卫生管理制度。此外，酒吧从业人员要持健康证上岗，每年参加一次体检，重点检查肠道传染病、肝炎、肺结核、渗出性皮炎等。凡患有上述各种疫病及带菌者，均不可从事酒吧服务工作。

四、酒吧器具的清洗与消毒

酒吧器具包括酒杯、碟、咖啡杯、咖啡匙、点心叉、烟灰缸、滤酒器等。

（一）清洗步骤

酒吧器具清洗通常分为四步：冲洗→浸泡→漂洗→消毒。具体见表 14－3。

表 14-3 常用器具的清洗步骤

清洗步骤	标准
1. 冲洗	·用自来水将用过的器具上的污物冲洗掉，必须注意冲洗干净，不留任何点、块状污物。
2. 浸泡	·将冲洗干净的器具（带有油迹或其他冲洗不掉的污物）放入洗洁精溶液中浸泡，然后擦洗直到没有任何污迹。
3. 漂洗	·把浸泡后的器具用自来水漂洗，使之不残留洗洁精。
4. 消毒	·用开水、高温蒸汽或化学制剂消毒。

（二）消毒方法

常用的消毒方法有高温消毒法和化学消毒法。凡有条件的地方都应采用高温消毒法，其次才可考虑化学消毒法。

1. 高温消毒法

（1）煮沸消毒。煮沸消毒是公认的简单又可靠的消毒法。将器具放入水中后，将水煮沸并持续 2～5 分钟就可以达到消毒的目的。但要注意：器具要全部浸没在水中；消毒时间从水沸腾后开始计算；水沸腾后的 5 分钟内不能用冷水降温。

（2）蒸汽消毒。消毒柜上插入蒸汽管，管中的流动蒸汽是过饱和蒸汽，一般温度在 90℃左右，消毒时间为 10 分钟。消毒时要尽量避免消毒柜漏气。器具之间要留有一定的空隙，以利于蒸汽穿透流通。

（3）远红外线消毒法。远红外线消毒也属于热消毒。使用远红外线消毒柜，在 120℃～150℃高温下持续消毒 15 分钟，基本可达到消毒的目的。

2. 化学消毒法

一般情况下，不提倡采用化学消毒法，但在没有高温消毒的条件下，可考虑采用化学消毒法。常用的药物有氯制剂（种类很多，使用时用其溶液浸泡器具3～5 分钟）和酸制剂（如过氧乙酸，使用时用其 0.2%～0.5%溶液浸泡器具 3～5 分钟）。化学消毒后，器具要经过一定时间的清水浸泡和严格的冲洗，以清除残留药剂。

消毒后的茶具、酒具应在防蝇、防尘的专柜中存放，防止再次污染。废弃物、泔水应用密封容器存放，日产日清。

五、酒吧用具的清洗与消毒

酒吧用具是指酒吧常用的工具，如酒吧匙、量杯、摇酒器、电动搅拌机、水果刀等。用具通常只接触酒水，不接触客人，所以只需直接用自来水冲洗干净就行了。但要注意：酒吧匙、量杯不用时一定要泡在干净的水中，水要经常换；摇酒器、电动搅拌机每使用一次就需要清洗一次。酒吧用具也可采用高温消毒法和化学消毒法，但同样要注意清洗干净，防止药剂残留。

六、鲜榨果汁的卫生管理

（1）盛装水果的塑料柜必须在每次使用前清洁、晾干，放入水果前可以先垫上一层保鲜膜，放入冰箱及运送途中也需要在表面加封保鲜膜，防止二次污染。

（2）冰箱必须每日清洁，果汁等含有糖分的污迹可以用刀叉布沾热水后擦干净。放置鲜榨果汁的冰箱每日必须使用“无水酒精”消毒（用刀叉布沾无水酒精擦拭一遍即可）。

（3）盛装鲜榨果汁的塑料桶，原则上为一次性使用，不可以反复直接盛装。塑料桶清洗后倒置晾干，至无水方可使用。

（4）盛装果汁的塑料桶必须及时贴上标签。标签的注释为三个要点：装桶时间、装桶日期、责任人，缺一不可。标签为一次性使用，涂改无效。

（5）砧板、刀具和刨子要在收档后浸入配制好的消毒溶液内，消毒溶液中药剂与水的比例为 1∶200，浸泡 5 分钟，然后用清水洗净。开档时重复收档清洗程序，用清水冲洗后方可使用。使用过的砧板、刀具，在浸入消毒溶液之前必须先用清水洗涤干净，消毒溶液应严格按照要求配制，及时更新。

课后练习

1. 简述酒吧安全防火的措施。
2. 简述酒吧防盗管理的措施。
3. 酒吧器具常用的消毒方法有哪些？

参考文献

[1] 曹辉雄．鸡尾酒果雕杯饰制作［M］．北京：中国轻工业出版社，2009.

[2] 张超广．酒水与酒吧管理［M］．郑州：郑州大学出版社，2010.

[3] 林小文．调酒知识与酒水出品实训教程［M］．北京：科学出版社，2014.

[4] 李伟慰，周妙贤．咖啡制作与服务［M］．广州：暨南大学出版社，2015.

[5] 王勇，吴卫东．酒水知识与调酒［M］．武汉：华中科技大学出版社，2016.

[6]［德］克劳斯·圣·莱纳．鸡尾酒调酒的艺术［M］．田芙蓉，译．北京：中国轻工业出版社，2017.

[7] 陈健．鸡尾酒制作大全［M］．北京：化学工业出版社，2009.

[8] 调酒师网，http://www.tiaojiushi.com.

附录一　酒吧常用鸡尾酒的调制

1. 马天尼（Martini）

（1）干马天尼（Dry Martini）

材料：金酒1.5盎司

干味美思5滴

制法：加冰块将上述材料搅匀后滤入鸡尾酒杯，用橄榄和柠檬皮装饰。如果将装饰物改成珍珠洋葱，干马天尼就变成吉普森（Gibson）鸡尾酒了。

（2）甜马天尼（Sweet Martini）

材料：金酒1盎司

甜味美思2/3盎司

制法：加冰块将上述材料搅匀后滤入鸡尾酒杯，用一颗红樱桃装饰。

（3）中性马天尼（Medium Martini）

材料：金酒1盎司

干味美思1/2盎司

甜味美思1/2盎司

制法：加冰块将上述材料搅匀后滤入鸡尾酒杯，用红樱桃和柠檬皮装饰。中性马天尼又称为完美型马天尼（Perfect Martini）。

2. 曼哈顿（Manhattan）

（1）干曼哈顿（Dry Manhattan）

材料：黑麦威士忌1盎司

干味美思2/3盎司

安哥斯特拉苦精1滴

制法：在调酒杯中加入冰块，注入上述酒料，搅匀后滤入鸡尾酒杯，用红樱桃装饰。

（2）甜曼哈顿（Sweet Manhattan）

材料：黑麦威士忌1盎司

甜味美思2/3盎司

安哥斯特拉苦精 1 滴

制法：在调酒杯中加入冰块，注入上述酒料，搅匀后滤入鸡尾酒杯，用红樱桃装饰。

（3）中性曼哈顿（Medium Manhattan）

材料：黑麦威士忌 1 盎司

干味美思 1/2 盎司

甜味美思 1/2 盎司

安哥斯特拉苦精 1 滴

制法：在调酒杯中加入冰块，注入上述酒料，搅匀后滤入鸡尾酒杯，用一颗红樱桃和一片柠檬装饰。中性曼哈顿又称为完美型曼哈顿（Perfect Manhattan）。

3. 威士忌酸（Whisky Sour）

材料：威士忌 1.5 盎司

鲜柠檬汁 1/2 盎司

砂糖 1 匙

制法：将上述材料加冰搅匀后滤入高球杯中，并加满冰苏打水，将一块柠檬拧出汁滴在酒的表面，再用一片柠檬和一颗红樱桃装饰。

4. 得其利（Daiquiri）

材料：淡色朗姆酒 1.5 盎司

鲜柠檬汁 1/2 盎司

砂糖 1/2 匙

制法：将上述材料加冰搅匀后滤入糖圈口的鸡尾酒杯或加有冰块的老式杯内，必要时可多加点糖，用一片柠檬装饰。

5. 玛格丽特（Margarita）

材料：特基拉酒 1 盎司

橙皮香甜酒 1/2 盎司

鲜柠檬汁 1 盎司

制法：先将浅碟香槟杯用精细盐圈上杯口待用，再将上述材料加冰摇匀后滤入杯中，饰以一片柠檬即可。

6. 螺丝钻（Gimlet）

材料：伏特加 1.5 盎司

鲜橙汁 4 盎司

制法：将碎冰置于阔口矮型杯中，注入酒和橙汁，搅匀，以鲜橙点缀。

7. 白兰地亚历山大（Brandy Alexander）

材料：白兰地 2/3 盎司

棕色可可甜酒 2/3 盎司

鲜奶油 2/3 盎司

制法：将上述材料加冰块充分摇匀，滤入鸡尾酒杯后，将一块柠檬拧出汁滴在酒面，再用一颗红樱桃进行装饰，并在酒面上撒上少许豆蔻粉。

8. 百家地（Bacardi）

材料：百家地朗姆酒 1/5 盎司

鲜柠檬汁 1/4 盎司

石榴糖浆 3/4 盎司

制法：将冰块置于调酒壶内，注入酒、石榴糖浆和柠檬汁充分摇匀，滤入鸡尾酒杯，以一颗红樱桃点缀。

9. 吉普森（Gibson）

材料：金酒 1 盎司

干味美思 2/3 盎司

制法：将上述材料加冰摇匀后滤入鸡尾酒杯，然后放入一颗小洋葱。它的别名为“无苦汁的马天尼”，饮用时可放入柠檬片，口味更加清爽。

10. 特基拉日出（Tequila Sunrise）

材料：特基拉酒 1 盎司

橙汁适量

红石榴糖浆 1/2 盎司

制法：在高脚杯中加适量冰块，量入特基拉酒，兑满橙汁，然后沿杯壁放入石榴糖浆，使其沉入杯底，并使其自然升起呈太阳喷薄欲出状。

11. 红粉佳人（Pink Lady）

材料：金酒 1.5 盎司

柠檬汁 1/2 盎司

石榴糖浆 2 茶匙

蛋白 1 个

制法：将酒料加冰摇匀至起泡沫后，滤入鸡尾酒杯，以红樱桃点缀。

12. 生锈钉（Rusty Nail）

材料：苏格兰威士忌 1 盎司

杜林标甜酒 1 盎司

制法：将碎冰放入老式杯中，注入上述材料慢慢搅匀即成。

13. 罗伯·罗伊（Rob Roy）

材料：苏格兰威士忌 2 盎司

甜味美思 1/2 盎司

安哥斯特拉苦精 1 滴

制法：将上述材料搅拌均匀后滤入鸡尾酒杯，放入一片柠檬即可。

14. 边车（Side Car）

材料：白兰地 1.5 盎司

橙皮香甜酒 1/4 盎司

柠檬汁 1/4 盎司

制法：将上述材料摇匀后注入鸡尾酒杯，饰以一颗红樱桃。

15. 金菲士（Gin Fizz）

材料：金酒 2 盎司

君度酒 2 盎司

鲜柠檬汁 2/3 盎司

蛋白 1 个

糖粉 2 茶匙

苏打水适量

制法：将碎冰放入调酒壶，注入酒料，摇匀至起泡沫，倒入高球杯中，并在杯中注满苏打水即可。

16. 血腥玛丽（Bloody Mary）

材料：伏特加 1.5 盎司

番茄汁 4 盎司

辣酱油 1/2 茶匙

精盐 1/2 茶匙

黑胡椒 1/2 茶匙

制法：在老式杯中放入两块冰块，按顺序在杯中加入伏特加和番茄汁，然后撒上辣酱油、精细盐、黑胡椒等，最后放入一片柠檬，用芹菜秆搅匀即可。

17. 新加坡司令（Singapore Sling）

材料：金酒 1.5 盎司

君度酒 1/4 盎司

红石榴糖浆 1 盎司

柠檬汁 1 盎司

安哥斯特拉苦精 2 滴

苏打水适量

制法：将各种酒料加冰块，摇匀后滤入柯林杯内，并加满苏打水，用红樱桃和柠檬片装饰。

18. 青草蜢（Grasshopper）

材料：白可可甜酒 2/3 盎司

绿薄荷甜酒 2/3 盎司

鲜奶油（或炼乳）2/3 盎司

制法：将上述材料充分摇匀，使利口酒和鲜奶油充分混合，滤入鸡尾酒杯，用一颗红樱桃装饰。

19. 古典鸡尾酒（Old Fashioned）

材料：威士忌 1.5 盎司

方糖 1 块

安哥斯特拉苦精 1 滴

苏打水 2 匙

制法：在老式杯中放入安哥斯特拉苦精、方糖、苏打水，将糖搅拌后加入冰块、威士忌，搅匀后，将一块柠檬挤出汁滴在酒面，并饰以橙皮和樱桃。

20. 约翰・柯林（John Collins）

材料：威士忌 1.5 盎司

樱桃白兰地 2/3 盎司

砂糖 3 匙

苏打水适量

制法：将上述材料充分摇匀后滤入柯林杯内，并在杯中加满冰苏打水，以柠檬片和红樱桃装饰。

21. 自由古巴（Cuba Libre）

材料：深色朗姆酒 1/2 盎司

可口可乐 1 瓶

制法：在高球杯内加入三块冰块，并放入一片柠檬，然后加入深色朗姆酒，用可乐加满酒杯。

22. 黑俄罗斯人（Black Russian）

材料：伏特加 1.5 盎司

咖啡利口酒 3/4 盎司

制法：在阔口矮型老式杯中加入冰块，注入酒料，轻轻搅匀即可。

23. 史丁格（Stinger）

材料：白兰地 1.25 盎司

白薄荷酒 1.25 盎司

制法：在调酒杯内放上冰块，注入酒搅匀，滤入鸡尾酒杯，以红樱桃装饰。

24. 布朗克斯（Bronx）

材料：金酒 1.5 盎司

干味美思 1.5 盎司

甜味美思 0.5 盎司

橙汁 2/3 盎司

制法：先将冰块放进摇酒壶中，再用量杯将酒和饮料量入其中，用摇和法过滤冰块，然后把酒水倒入鸡尾酒杯中，最后用小刀切一颗红樱桃挂在杯边作为装饰。

25. 尼克罗尼（Negroni）

材料：金酒 2 盎司

金巴利酒 1 盎司

甜味美思 1 盎司

制法：用调和滤冰法，先把冰块加入调酒杯中，再用量杯将三种酒按配方量入杯中，然后用酒吧匙搅拌 5 分钟，过滤冰块，把酒倒入鸡尾酒杯中，最后削一片长柠檬片，轻扭 90 度角，垂入杯中作为装饰。

附录二　酒吧常用咖啡的调制

1. 意式浓缩（热）

材料：咖啡粉 7 克
纯净水

载杯：60 毫升带柄瓷杯

制作：（1）取 7 克咖啡粉，倒入蒸馏咖啡机的过滤器内。
（2）平敲咖啡滤盖，使咖啡粉均匀分布，用压棒按压滤盖中的咖啡粉。
（3）装上咖啡器，依机器指示放入纯净水，启动开关，抽取 30 毫升的浓缩咖啡，趁热饮用。

2. 意式浓缩（冷）

材料：意式浓缩 30 毫升
1∶1 糖水 10 毫升
冰块 4～5 块

载杯：60 毫升带柄瓷杯

制作：将上述材料依次倒入载杯即可。

3. 卡布奇诺（热）

材料：意式浓缩 30 毫升
牛奶 250 毫升

载杯：250 毫升玻璃杯

制作：（1）先制作意式浓缩 30 毫升。
（2）将 250 毫升牛奶倒入发泡盅打成奶泡。
（3）将发泡盅内的粗奶泡刮掉，用勺挡住奶泡，向杯中倒入牛奶，倒到杯子1/2 的时候，用勺把奶泡刮入杯中。（咖啡、牛奶、奶泡的比例为 1∶2∶2，剩余的牛奶回收冷却后可以重新使用。）

4. 卡布奇诺（冷）

材料：意式浓缩 60 毫升（急冷）

冰牛奶 150 毫升

冰块 4～5 块

冰奶泡 50 毫升

1∶1 糖水 15 毫升

载杯：300 毫升玻璃杯

制作：（1）先制作意式浓缩 60 毫升，放在小钢杯（或雪克壶）里把咖啡快速冰冷。

（2）用发泡器把冷牛奶打成细腻的冷奶泡。

（3）将糖水倒入玻璃杯，依次加入冰块、冰牛奶和冰咖啡，用吧勺搅拌均匀。

（4）将冰牛奶泡慢慢倒入，撒肉桂粉装饰。

5. 拿铁（冷）

材料：意式浓缩 60 毫升（急冷）

冰牛奶 80 毫升

冰块 4～5 块

冰奶泡 50 毫升

1∶1 糖水 15 毫升

载杯：300 毫升玻璃杯

制作：（1）先制作意式浓缩 60 毫升，放在小钢杯（或雪克壶）里把咖啡快速冰冷。

（2）用发泡器把冷牛奶打成细腻的冷奶泡。

（3）将糖水倒入玻璃杯，加入冰块及牛奶，用吧勺搅拌均匀，缓缓加入咖啡（可以用吧勺，或倒在冰块上），使其分层。

（4）将冰奶泡缓缓倒入。成品共分为三层，撒可可粉装饰。

6. 摩卡（热）

材料：意式浓缩 30 毫升

巧克力酱 5 毫升

热牛奶 120 毫升

发泡奶油适量

载杯：250 毫升带柄玻璃杯

制作：（1）首先将巧克力酱倒入杯底，然后倒入意式浓缩 30 毫升，用吧勺搅拌均匀。

（2）将牛奶发泡，将发泡盅内的粗奶泡刮掉，用勺挡住奶泡，向杯中倒入牛奶，倒入杯子 1/2 的时候，用勺把奶泡刮入杯中至九分满。

（3）打上一层发泡奶油，撒巧克力屑装饰。

7. 摩卡（冷）

材料：意式浓缩 30 毫升（急冷）

巧克力酱 10 毫升

冰牛奶120毫升

冰块4～5块

发泡奶油适量

载杯：300毫升玻璃杯

制作：（1）先制作意式浓缩30毫升，放在小钢杯（或雪克壶）里把咖啡快速冰冷。

（2）将巧克力酱倒入杯底，加入冰块后倒入冰牛奶。注意不要搅拌，使其自然分层。

（3）缓缓地加入咖啡（可以用吧勺，或倒在冰块上），使其分层。

（4）打上一层发泡奶油，撒巧克力屑装饰。

8. 维也纳咖啡（热）

材料：意式浓缩30毫升

牛奶

发泡奶油适量

载杯：250毫升玻璃杯

制作：（1）制作一杯卡布奇诺（九分满）。

（2）打上一层发泡奶油，撒可可粉装饰。

9. 爱尔兰咖啡（热）

材料：意式浓缩30毫升

威士忌15毫升

白砂糖7克

液体奶油或者奶泡50毫升

载杯：爱尔兰咖啡杯

制作：（1）先制作意式浓缩30毫升。

（2）将白砂糖和威士忌加入小钢杯，放在火上加热，使酒燃烧后倒入杯中。

（3）将咖啡倒入，用吧勺搅拌均匀。

（4）缓缓加入液体奶油或者奶泡，使其分层（奶油要搅拌，使其黏稠），放上2颗咖啡豆装饰。

10. 摩卡其诺（热）

材料：意式浓缩30毫升

巧克力酱10毫升

牛奶

载杯：250毫升带柄玻璃杯

制作：（1）将巧克力酱倒入杯底，倒入意式浓缩30毫升，不要搅拌。

（2）将牛奶发泡，将发泡盅内的粗奶泡刮掉，用勺挡住奶泡，向杯中倒入牛奶，倒入杯子1/2的时候，用勺把奶泡刮入杯中即可。

附录三　酒吧常用茶饮的调制

1. 菊花茶

配方：白菊花 6 克

绿茶 6 克

载杯：玻璃杯

制法：白菊花和绿茶放入杯中，加开水冲泡 3～5 分钟即可。

2. 奶茶

配方：热浓红茶 1 杯

砂糖 1 茶匙

凉牛奶 2 餐匙

载杯：瓷杯或玻璃杯

制法：先将牛奶倒入茶杯，再加入沏泡好的红茶，最后加糖。

3. 冰红茶

配方：浓红茶半杯

冰块适量

糖水半杯

配料：柠檬片和薄荷叶

载杯：瓷杯或玻璃杯

制法：先在杯中放入冰块，然后加入热红茶，最后用薄荷叶装饰。备柠檬片、糖水，放在杯边。

4. 柠檬茶（热）

配方：红茶 1 杯（或速溶茶袋 1 个）

砂糖半包

配料：柠檬片

载杯：瓷杯或玻璃杯

制法：用热水将红茶冲开后，加入砂糖，挤柠檬汁于杯中。如果在杯中加冰块，即可制成冰柠檬茶。

5. 香蕉茶

配方：香蕉原汁 3/4 量杯
糖 1 茶匙
红茶适量
载杯：瓷杯
制法：先在热红茶汁中加糖，再加入香蕉汁，拌匀即可。

6. 菠萝茶

配方：菠萝原汁 3/4 量杯
糖 1 茶匙
红茶适量
载杯：瓷杯
制法：在热红茶中加入糖，搅拌溶化后，加入菠萝原汁，搅拌均匀后，倒入杯中。

7. 咖啡冰茶

配方：咖啡半杯
糖浆 1 茶匙
冰浓红茶适量
制法：将咖啡冲调后冰凉。在饮用杯中加冰块，然后将咖啡、红茶、糖浆放入杯中搅拌即可。

8. 陈皮茶

配方：红茶叶 2 克
陈皮 1 个
白糖适量
载杯：瓷杯
制法：将陈皮洗净，切成碎块，与茶叶、白糖用开水冲泡，加盖保温即可。

9. 果茶味冰激凌

配方：水果冰激凌 50 克
橙汁 30 毫升
茶汁 1/2 杯
载杯：葡萄酒杯
制法：先在杯中放入冰激凌，然后倒入橙汁，最后加入茶汁即可。

10. 桂花茶

配方：干桂花 1 克、茶叶 2 克
载杯：保温杯
制法：将桂花、茶叶放入保温杯中，用沸水冲泡并加盖浸泡 5 分钟即可。

附录四　酒吧常用服务英语及专业词汇

一、酒吧常用服务英语

1. Exchange of Greetings 见面招呼

1）How are you today/this evening,sir? 先生，今天/今晚还好吗？

2）Fine,thanks. 不错，谢谢。

3）Very well,thank you,and you,sir? 非常好，谢谢。您呢，先生？

4）It's nice to see you again,sir. 先生，很高兴再次见到您。

5）Good morning,welcome to our lobby lounge. 早上好，欢迎光临大堂酒吧。

2. Seating the Guests 领位

1）A table for two? 请问是两位吗？

2）This way,please! 这边请！

3）How about this table? 这张桌子怎么样？

4）How about the table near the stage/dancing floor? 坐在舞台/舞池附近怎么样？

5）Would you like this table? 这张桌子怎样？

6）Would you like to sit at the bar? 您喜欢坐在吧台吗？

7）Please take a seat. 请坐。

3. Taking Orders 点单

（1）起始询问。

1）Are you ready to order,sir? 您已经准备好点单了吗，先生？

2）What would you like to drink? 您想喝点什么？

3）Here is our drink list/wine list. 这是酒水单/葡萄酒单。

4）How about the beer or whisky? 来点啤酒或威士忌怎么样？

5）What do you prefer? 您喜欢什么？

6）We have...do you want to try? 我们这儿有……您想试试吗？

7）May I take your order now,sir? 我现在可以帮您下单吗，先生？

（2）如果听不清楚顾客说什么。

1）Pardon? 请原谅，请再说一遍好吗？

2）Could you please say it again? 请再说一遍好吗？

3）Would you mind repeating? 请再说一遍好吗？

（3）可以供应顾客所需时。

1）Certainly,sir/madam. 好的，先生/女士。

2）Yes,sir/madam. 是的，先生/女士。

3）I'll go and get it right away,sir/madam. 我马上去拿给您，先生/女士。

（4）不能供应顾客所需时。

1）Sorry,I'm afraid we do not have Westlake beer. 真对不起，我们没有西湖啤酒。

2）Do you mind changing your order? 请您改一下单好吗？

（5）未能确定能否供应顾客所需时。

1）If you could wait a moment,sir/madam. I'll try to find out. 先生/女士，请您稍等一会儿，我去问一下。

2）I'm sorry to have kept you waiting,I'm pleased to say we do have it. 对不起，让您久等了。很高兴告诉您我们有。

（6）点完单后。

1）May I repeat your order ? 给您重复一下点单好吗？

2）Your order is... 您点的是……

3）Just a moment,please! 请稍等！

（7）特别要求。

1）straight up 净饮；

2）on the rocks 加冰饮用；

3）with ice 加冰；

4）without ice 不加冰；

5）with water 加水。

4. Presenting 出品

1）Excuse me! Here is your beer/coffee. 打扰了！这是您的啤酒/咖啡。

2）Please enjoy your drink! 请享用！

3）Would you like anything else? 还需要些什么吗？

4）May I take this glass/bottle/chair away? 我可以拿走这个杯子/瓶子/椅子吗？

5）One more round. 再要一轮。

6）Would you like one more beer? 再要一杯啤酒吗？

5. Presenting the Bill 结账

1）Just a moment,please,sir. 先生，请您稍等一下。

2）Here is your bill sir,totally is ...yuan. 先生，这是您的账单，一共是……元。

3）Please wait a moment,I will give you change. 请您稍等，我会给您找零。

4）Here's your change,sir. 先生，这是您的找零。

5）Please sign the bill. 请签单。

6）Do you mind showing me your room card? 请给我看一下您的房卡，好吗？

6. Seeing off the Guests 送客

1）I hope you enjoy your staying here. 希望您在这里过得愉快！

2）Have a good time! 过得愉快！

3）Have a nice day! 祝您有个愉快的一天！

4）See you! 再见！

5）I hope to see you again! 希望再次光临！

7. Presenting Something to Guests 向客人展示东西

1）Here's your coffee, sir. 先生，这是您的咖啡。

2）Here's our menu, sir. 先生，这是菜单。

8. Answering a Guest's Call 回答客人的呼唤

1）Yes, sir. / Certainly, sir. 是的，先生。

2）Just a moment please, sir. 先生，请您稍等一下。

3）I'll be with you in a moment, sir. 先生，我一会儿就过来。

4）Sorry to have kept you waiting, sir. 对不起，先生，让您久等了。

9. When Guest Apologizes 当客人向你道歉时

1）That's quite all right, sir. 没关系，先生。

2）Please don't mention it. 没关系。

10. When Guest Passes You by Saying "Excuse me" 让路给客人

1）I'm sorry, sir/madam. 对不起，先生/女士。

2）You first, please. 您先请。

二、酒吧常用专业词汇

1. 器具类

Bar 酒吧

Counter 吧台

Bar Chair 吧椅

Barman 酒吧男招待

Barmaid 酒吧女招待

Bartender 调酒师、酒吧男服务员

Bottle Opener 开瓶刀

Corkscrew 酒钻

Ice Shaver 削冰器

Ice Maker 制冰机

Ice Bucket 小冰桶

Ice Tong 冰块夹

Ice Scoop 冰勺

Cocktail Shaker 调酒器

Pouring Measure 量酒器

Juice Extractor 果汁榨汁机

Electric Blender 电动搅拌机

Water Jug 水壶

Champagne Bucket 香槟桶
Straw 吸管
Mixing Glass 调酒杯
Beer Mug 啤酒杯
Champagne Glass 香槟杯
Measuring Jug 量杯
Wine Glass 葡萄酒杯
Brandy Glass 白兰地杯
Tumbler 平底无脚酒杯
Goblet 高脚杯

2. 饮料类

Mineral Water 矿泉水
Orange Juice 橘子原汁
Orange Squash 橘子水
Lemon Juice 柠檬原汁
Lemonade 柠檬水
Soda Water 苏打水
Coke，Coca Cola 可口可乐
Sprite 雪碧
Milk Shake 奶昔
Milk Tea 奶茶

3. 咖啡类

Cappuccino 卡布奇诺
Latte 拿铁
Black Coffee 黑咖啡
White Coffee 牛奶咖啡
Coffee with Cream and Sugar 加奶加糖的咖啡
Plain Coffee 纯咖啡
Blue Mountain 蓝山咖啡
Mocha 摩卡
Viennese Coffee 维也纳咖啡
Irish Coffee 爱尔兰咖啡
Decaffeinated Coffee 无咖啡因的咖啡
Mesdames Coffee 贵夫人咖啡
Espresso Coffee 意式浓缩咖啡

4. 酒类

Light Beer 淡啤酒
Draught Beer 扎啤
Rice Wine 黄酒
Aperitif 餐前酒
Gordon's Gin 哥顿金酒
Rum 朗姆酒
Bacardi 百家地朗姆酒
Vodka 伏特加
Smirnoff 斯米诺伏特加
Whisky 威士忌
Brandy 白兰地
Baileys 百利甜酒
Budweiser 百威啤酒
Foster's 福士啤酒
Beck's 贝克啤酒
Carlsberg 嘉士伯啤酒
Champagne 香槟酒
Cocktail 鸡尾酒
Amaretto Sour 杏仁酸酒
Margarita Cocktail 玛格丽特鸡尾酒
Eggnog 蛋酒
Whisky Sour 威士忌酸味鸡尾酒

附录五 酒吧鸡尾酒酒品密度

一、分层原理

鸡尾酒是由两种或两种以上的酒或由酒掺入果汁配合而成的一种饮品，按密度的大小依次倒进杯子，使之不混合在一起，从而形成分层。

二、酒品密度

不同的酒品密度是不同的，见附表1。

附表 1　　不同酒品的密度

酒名	中文名	密度	颜色
Crème de Cassis	黑醋栗乳酒	1.18	黑红色
Crème de Noyaux	杏仁核乳酒	1.17	粉红色
Anisette	茴香酒	1.17	红色
Crème de Almond	杏仁乳酒	1.16	褐色
Kahlua	甘露咖啡酒	1.15	褐色
Coffee Liqueur	咖啡利口酒	1.14	褐色
Crème de Banane	香蕉乳酒	1.14	黄色
Crème de Cacao Noir	深可可乳酒	1.14	褐色
Crème de Cacao Blanc	白可可乳酒	1.14	无色
Licorice Schnapps	甘草蒸馏酒	1.13	无色
Chocolate Cherry Liqueur	巧克力樱桃利口酒	1.124 7	褐色
Chocolate Mint Liqueur	巧克力薄荷利口酒	1.123	褐色
Blue Curacao Liqueur	蓝香橙利口酒	1.121 5	蓝色
Cherry Liqueur	樱桃利口酒	1.12	红色
Crème de Menthe Verte	绿色薄荷乳酒	1.12	绿色
Crème de Menthe Blanche	白色薄荷乳酒	1.12	无色
Strawberry Liqueur	草莓利口酒	1.12	红色
Swiss Chocolate Almond	杏仁巧克力酒	1.118 1	褐色
Galliano	加利安奴酒	1.11	明黄色
Orange Curacao	柑香酒	1.108 6	白色
Blackberry Liqueur	黑莓利口酒	1.1	紫红色
Apple Schnapps	苹果蒸馏酒	1.099 9	黄褐色
Crème de Strawberry	草莓乳酒	1.098 6	红色
Strawberry Schnapps	草莓蒸馏酒	1.096 6	无色
Grape Schnapps	葡萄蒸馏酒	1.093 3	紫色

续前表

酒名	中文名	密度	颜色
Tia Maria	添万利利口酒	1.09	褐色
Apricot Liqueur	杏仁利口酒	1.09	橘黄色
Cranberry Cordial	蔓越莓酒	1.087 2	红色
Amaretto	意大利苦杏酒	1.084 2	黄褐色
Sambuca Liqueur	桑布加利口酒	1.081 3	白色
Drambuie	杜林标利口酒	1.08	金黄色
Frangelico	榛子利口酒	1.08	褐色
Watermelon Schnapps	西瓜蒸馏酒	1.079 6	粉红色
Coffee Flavored Brandy	咖啡白兰地	1.079 4	褐色
Raspberry Schnapps	覆盆子蒸馏酒	1.075 2	无色
Apricot Schnapps	杏蒸馏酒	1.073 3	黄褐色
Cinnamon Schnapps	肉桂蒸馏酒	1.073 2	红色
Spearmint Schnapps	绿薄荷蒸馏酒	1.072 7	无色
Shamrock Schnapps	三叶草蒸馏酒	1.061 7	绿色
Peppermint Schnapps	胡椒薄荷蒸馏酒	1.061 5	无色
Apricot Brandy	杏仁白兰地	1.06	橘黄色
Blackberry Brandy	黑莓白兰地	1.06	紫红色
Cherry Brandy	樱桃白兰地	1.06	紫红色
Peach Brandy	桃味白兰地	1.06	琥珀色
Campari	金巴利	1.06	红色
Yellow Chartreuse	黄色查特酒	1.06	黄色
Peach Schnapps	桃味蒸馏酒	1.059 5	无色
Raspberry Brandy	覆盆子白兰地	1.056 6	红色
Midori Melon Liqueur	米多丽利口酒	1.05	绿色
Baileys	百利甜酒	1.05	咖啡色
Root Beer Schnapps	根啤蒸馏酒	1.044 1	褐色
Cointreau	君度酒	1.04	无色
Peach Liqueur	桃味利口酒	1.04	琥珀色
Sloe Gin	野莓金酒	1.04	深红色
Kummel	顾美露酒	1.04	无色
Bénédictine	法国廊酒	1.04	金黄色
Brandy	白兰地	1.04	琥珀色
Cinnamon Spice Schnapps	加香肉桂蒸馏酒	1.035 8	红色
Green Chartreuse	绿色查特酒	1.01	绿色
Water	水	1	无色

图书在版编目（CIP）数据

酒吧服务与管理/何立萍，卢正茂主编．--3版．--北京：中国人民大学出版社，2021.1
21世纪高职高专规划教材．酒店管理系列
ISBN 978-7-300-23783-1

Ⅰ.①酒… Ⅱ.①何… ②卢… Ⅲ.①酒吧-商业服务-高等职业教育-教材 ②酒吧-商业管理-高等职业教育-教材 Ⅳ.①F719.3

中国版本图书馆CIP数据核字（2020）第150738号

21世纪高职高专规划教材·酒店管理系列
酒吧服务与管理（第3版）
主　编　何立萍　卢正茂
副主编　张雪丽　杜金玲
Jiuba Fuwu yu Guanli

出版发行	中国人民大学出版社		
社　　址	北京中关村大街31号	**邮政编码**	100080
电　　话	010－62511242（总编室）		010－62511770（质管部）
	010－82501766（邮购部）		010－62514148（门市部）
	010－62515195（发行公司）		010－62515275（盗版举报）
网　　址	http://www.crup.com.cn		
经　　销	新华书店		
印　　刷	北京市鑫霸印务有限公司	**版　　次**	2012年11月第1版
规　　格	185 mm×260 mm　16开本		2021年1月第3版
印　　张	15.25 插页1	**印　　次**	2021年1月第1次印刷
字　　数	298 000	**定　　价**	34.80元

信息反馈表

尊敬的老师：

您好！为了更好地为您的教学、科研服务，我们希望通过这张反馈表来获取您更多的建议和意见，以进一步完善我们的工作。

请您填好下表后以电子邮件、信件或传真的形式反馈给我们，十分感谢！

一、您使用的我社教材情况

您使用的我社教材名称			
您所讲授的课程		学生人数	
您希望获得哪些相关教学资源			
您对本书有哪些建议			

二、您目前使用的教材及计划编写的教材

您目前使用的教材	书名	作者	出版社
您计划编写的教材	书名	预计交稿时间	本校开课学生数量

三、请留下您的联系方式，以便我们为您赠送样书（限1本）

您的通信地址			
您的姓名		联系电话	
电子邮箱（必填）			

我们的联系方式：

地　址：苏州工业园区仁爱路158号中国人民大学苏州校区修远楼

电　话：0512-68839320　　传　真：0512-68839316

网　址：www.crup.com.cn　　邮　编：215123